Thomas     Käsbohrer

# AM BERG.
## Bergretter über ihre dramatischsten Stunden.

millemari.
BIBLIOTHEK DER EXTREME BAND6

*„Wir sind Retter. Nicht Richter.“*

# Inhalt

# Vorwort

Dieses Buch entstand im Herbst 2018 in vielen Einzelgesprächen mit Bergwachtlerinnen und Bergwachtlern, die ich an ihren Wohnorten zwischen Bad Reichenhall an der österreichischen Grenze und Sonthofen im Allgäu um ein Gespräch gebeten hatte. Ihre erste Reaktion auf meine Bitte war stets dieselbe. „Ich hab nix zu erzählen. Ich hab ja nix Besonderes erlebt", sagten sie. Es brauchte nie mehr als eine halbe Stunde, bis klar war: Fast alles an ihren Erlebnissen ist besonders. Und an ihren Leben auch.

Auf den ersten Blick sind sie Menschen wie Du und ich. Lehrer, Schreiner, Maurer, Bodenleger, Schäfer. Eine Ärztin. Eine Almerin. Ein Amtsrichter. Die Jüngste 24. Der Älteste 85. Begannen sie zu erzählen, was sie erlebt hatten und in jeder Woche erleben, kamen ungewöhnliche Grenzgänger beiderlei Geschlechts im Dienst am Anderen zum Vorschein. Menschen, einerseits in ihrer Heimat tief verwurzelt. Und andererseits von dem lebensfeindlichen Raum der Berge vor ihrer Haustür gleichermaßen fasziniert wie sie getrieben sind von der Idee, anderen zu helfen.

Die Auseinandersetzung mit der Natur, dem Fels und dem eigenen Können zieht diese Grenzgänger ebenso magisch an wie der Augenblick des Glücksgefühls, einen Vermissten oder Verunglückten zu finden und lebend in einen am Steilhang klebenden Hubschrauber zu heben.

Was immer es war: Ihr Wesen oder ihr Grenzgängertum hat sie bewogen, Risiken auf sich zu nehmen. Anders als es heute oft verbreitet ist, sind sie sich des Risikos bewusst, das sie eingehen, wenn sie ihrer Leidenschaft folgen.

Erzählte ich davon, dass ich zwar in Oberbayern aufgewachsen, aber eher Segler und nicht Bergsteiger bin, der sich die letzten Jahre auf langen Soloreisen segelnd übers Meer bewegt hat, sahen sie mich häufig mit schreckgeweiteten Augen an.

„Im Wasser? Um Himmels willen. Da kann ich mich ja nirgends mehr festhalten", sagten die, die an den Abgründen links und rechts des schmalen Jubiläumsgrats mal eben in vier Stunden ohne Halt entlang eilen, als sei das nichts anderes als ein Gang über die Stufen des Treppenhauses.

Bohrte ich in den Gesprächen nach, warum sie nicht öfter Unmut äußerten über die häufig durch eigenes Verschulden am Berg in Not Geratenen, bekam ich oft dieselbe Antwort: „Wir sind Retter. Nicht Richter." Nicht mehr. Nicht weniger. Simple fünf Worte reichen, um sich das Mitgefühl für jeden Verunglückten zu bewahren. Und nicht in jenes altkluge Blaffen und vorschnelle Urteil zu verfallen, das einem die an sich wertvollen Sozialen Medien heute oft verleidet.

Wollte ich wissen, was sie für ihren Einsatz bekämen, lautete die Antwort: „Nichts". Wer heute an einem Sonntagnachmittag als Bergwachtler mit 20 Kilo auf dem Rücken zu einem Verunglückten aufsteigt, hat seine Berg- oder Skistiefel samt Ski und Rucksack aus der eigenen Tasche bezahlt. Nur die blau-rote Einsatzjacke kann meist aus Spenden an die Bereitschaft bezahlt werden. Und er erhält für sein Risiko keinen Cent. Nicht selten steht er dann einem Hilfesuchenden gegenüber, der davon keine

Ahnung hat, und der meint, es bestünde ein Recht auf Rettung.

Nicht zuletzt deshalb haben wir vom Verlag millemari. uns entschlossen, auf einen Teil des Erlöses aus dem Verkauf dieses Buches zu verzichten und den Bergrettern zur Verfügung zu stellen.

Dieses Buch erzählt von Bergretterinnen und Bergrettern. Aber auch von Unfallopfern. Ihre Namen und Herkunftsorte, soweit sie bekannt sind, wurden geändert. Es wurde keineswegs in der Absicht geschrieben, dem Leser im Blick auf die Bergunfälle einen Schuldigen zu präsentieren. Oder etwa, um ihm ein vorschnelles „Wie-konnte-der-bloß!" zu entlocken. Auch geht es nicht um Voyeurismus mit möglichst vielen, möglichst gruseligen Details. Dieses Buch ist dem Credo der Bergwacht „Wir sind Retter. Nicht Richter" zutiefst verpflichtet.

Es kommt darauf an, zu begreifen, dass Unfallsituationen von Menschen wie Du und ich verursacht werden. Sie können jedem von uns jederzeit widerfahren. In die Berge zu gehen, ist immer mit Wagnis verbunden. Das zeigen nicht zuletzt die Eigenunfälle der Bergwachtler, von denen sie hier freimütig erzählen.

Bei meinen Darstellungen folgte ich in den Details strikt den Schilderungen der Retter, so wie sie die Vorgänge erlebten und im Gespräch schilderten. Der Bericht eines Beteiligten ist immer subjektiv. Und manches an den Darstellungen mag von den Tatsachen etwas abweichen, wie Augenzeugen oder Betroffene am ein oder anderen Detail vielleicht bemerken werden.

Doch immer war für mich der Bericht der Retter, wie sie die Situation erlebten, die Richtschnur für meine Rekonstruktion dessen, „wie es gewesen sein könnte". Dort, wo ich in die Person eines Unfallopfers schlüpfte (wie etwa in der Einstiegsgeschichte), erlaubte ich mir etwas größere erzählerische Freiheit, mit der ich die Emotionen eines Verunglückten schilderte. Doch für mich war das subjektive, teils emotionale Erleben der Bergretter und Bergretterinnen, der Wunsch nach der Rekonstruktion der dramatischen Vorgänge die Motivation, die zum Entstehen dieses Buches führte.

Der vorliegende Band verdankt seine Entstehung der Mitarbeit vieler. Ohne die tatkräftige Mithilfe von Roland Ampenberger und Lisi Frühholz von der Bergwacht Bayern wäre dieses Buch niemals entstanden. Ebensowenig ohne die bemerkenswerte Offenheit und das Vertrauen, das mir die Frauen und Männer der Bergwacht allesamt schenkten, indem sie mir freimütig ihre sehr persönlichen Erlebnisse und Empfindungen für dieses Buch anvertrauten.

Dr. Andreas Meyer von VERLAGSCONSULT in München danke ich für viele Gespräche und Einsichten, was Leser angeht, Benita Clegg-Littler, Marion Selinger, Alexandra Maurer für viele Anregungen beim Lesen der ersten Rohfassungen.

Wie immer schulde ich größten Dank Susanne Guidera für die Klugheit, Beharrlichkeit und Leidenschaftlichkeit, mit der sie im 20sten Jahr unserer Zusammenarbeit dieses Projekt mit entwickelte, kritisch begleitete und umsetzte. Meiner Frau Katrin für ihre Ermunterung. Und die Freiheit, sechs Monate im Jahr meiner Leidenschaft auf dem Meer zu folgen und nicht für sie da zu sein. Und selbst wenn ich da bin, dann doch nie ganz da bin, sondern zu oft in Gedanken an Texten feilend den Geschichten anderer im Raum lausche.

Die Bergwacht rückte im Jahr 2018 zu rund 8000 Einsätzen aus. Kaum ein Jahr vergeht, ohne dass nicht ein Bergretter in den Alpen verunglückt. Dieses Buch schrieb ich für die Männer und Frauen der Bergwacht, die hier ihre Geschichten erzählen. Und für diejenigen, die sie mir nicht erzählen konnten. Aus welchen Gründen auch immer.

Iffeldorf vor den Bergen,
im Winter 2019

Thomas Käsbohrer

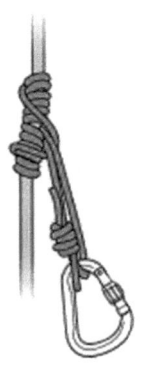

*Es ist Frühsommer. Für einen ambitionierten*
*Bergwanderer soll es mit Steigeisen über das Höllental*
*bei Garmisch-Partenkirchen zum Höllentalferner gehen.*
*Als der Münchner auf einem Schneefeld*
*einen falschen Schritt macht,*
*geht es für ihn von einem Moment auf den anderen*
*um Leben oder Tod in einer Gletscherspalte.*

Anton Vogg Senior / Anton Vogg Junior

# Zugspitze. Der Mann aus dem Eis.

Ein paar Tage nach Sonnwend herrscht in diesem durchwachsenen Frühsommer endlich ein wenig Sonnenschein. In München freut sich der 37-jährige Hermann H. (Name von der Redaktion geändert) seit Tagen auf den Höllentalferner. Er ist leidenschaftlicher Bergsteiger. Den Kollegen im Büro schwärmt er von der geplanten Tour im Hochsommer in den Westalpen vor. Und dass er sich dafür ein paar neue Steigeisen gekauft hat, die er vielleicht am Wochenende ausprobieren will. An diesem Sonntagvormittag packt er seinen Rucksack, es soll ja keine große Tour werden. Nicht ganz rauf bis zur Zugspitze. Nur den Weg bis zum Gletscher. Nur mal dort probieren, ob er die richtigen Eisen gekauft hat.

Viel braucht er nicht, am Abend will er ja wieder zurück sein. Einen Anorak. Ein paar Müsliriegel. Etwas Wasser. Eispickel, Eisbeil oder Seil braucht er nicht.

Hermann H. freut sich. Auf den Ausflug nach Grainau. Auf den Berg. Auf den Gletscher.

## Sonntag, 24. Juni. Höllentalferner.

Auf dem Höllentalferner ist das Wetter herrlich. Klare Sicht bis ins Tal, fast wolkenlos. Es hat die letzten Tag geschneit oben. Das Geröll, das im Sommer sonst offen auf dem Gletscher zwischen den Spalten liegt, ist leicht überzuckert vom Neuschnee der letzten Tage. Der Schnee des langen Winters hat sich auf der sonnenabgewandten Seite der Zugspitze auf der einen Kilometer langen Eiszunge des Höllentalferner ein letztes Refugium geschaffen. Hermann H. schnallt sich die Steigeisen an, als er den Gletscher auf 2570 Meter erreicht. Er ist allein hier draußen, seit längerer Zeit hat er keinen Bergsteiger mehr gesehen. Kein Laut dringt durch die magische Stille.

Zaghaft macht er seine ersten Schritte auf dem Eis. Er ist überrascht, wie gut die Steigeisen durch den pudrigen Schnee hindurch Halt finden. Es geht leichter, als er sich das vorgestellt hat. Er macht ein paar Sprünge, begeistert, Donnerwetter, wie die Eisen ins Eis beißen. Er wandert ein Stück den Gletscher nach oben, der steil ansteigt. Geröllbrocken liegen im Neuschnee auf dem Eis, er ist achtsam dort, wo die Felswände etwas vorspringen und die Gletscherzunge verengen, dort sind meist die Spalten.

Er folgt dem Pfad weiter nach oben, sein Schritt ist sicher. Mutig geworden, verlässt er den Weg nach oben, wo unberührt ein Schneefeld liegt. Es ist weit am Nachmittag. Ein paar Meter steigt er auf, schaut vielleicht kurz nach oben. Als er den nächsten Schritt macht, trifft sein Eisen unter dem Schnee auf – nichts mehr... Er tritt ins Leere. Sein schwerer Schuh mit dem Steigeisen bricht durch die zarte Schneedecke. Er verliert das Gleichgewicht und rutscht durch den scheinbar festen Boden wie durch hauchdünnes Eis nach unten. Er fällt, haltlos zwischen zwei enger werdenden Eiswänden, soviel sieht er vielleicht noch.

Eine Ewigkeit dauert sein Fall, so kommt es ihm wohl vor, dann schlägt er unten überraschend weich auf einem Schneehaufen auf. Als er die Situation begreift, beginnt er, sich langsam zu bewegen. Seine Glieder sind heil. Bis auf ein paar Kratzer ist er unverletzt. Der Rücken tut ihm etwas weh, doch nichts ist gebrochen. Er steht auf und schaut sich um. Er ist auf einem etwa zwei Meter breiten Balkon zwischen den Wänden aufgeschlagen. Links und rechts daneben fällt die Spalte jäh weiter nach unten ab. Vor sich und hinter sich hat er Wände aus blankem Eis, fast kann er sich mit den Armen nach links und rechts abstützen. Vor ihm und in seinem Rücken läuft die Spalte weiter. Über sich, in knapp zehn Metern Höhe, befindet sich eine geschlossene Schneedecke. Durch das kleine Loch, das er beim Sturz durch die Schneedecke gerissen hat, sieht er ein Stück des strahlend blauen Himmels über ihm leuchten, als wäre nichts geschehen. Doch plötzlich fühlt er: Der blaue Himmel ist unerreichbar weit weg. Noch weiter weg, als er für ihn jemals war.

## Montag, 25. Juni, München.

Am späten Vormittag wundern sich die Kollegen, warum Hermann H. nicht zur Arbeit erschienen ist. Das sieht ihm gar nicht ähnlich, einfach nicht zur Arbeit zu kommen, ohne sich abzumelden. Auf dem Handy antwortet er nicht. Aber einer von ihnen erinnert sich, dass Hermann H. doch nach Grainau wollte, hinauf auf den Höllentalferner, mit den neuen Steigeisen. Als ihr Kollege acht Stunden späten immer noch nicht erreichbar ist, verständigen sie am Nachmittag die Polizei.

## Montag, 25. Juni. Grainau.

Für Toni Vogg Senior war es kein ruhiger Sonntag gewesen in der Bergwachtstation Grainau. In der Abenddämmerung kommt ein Alarm, zwei Männer müssen sie wegen Erschöpfung vom Jubiläumsgrat abbergen, zwei Stunden ist der Helikopter aus Landsberg im Einsatz. Für Toni Vogg nichts Neues. Er ist 48, er hat eine Firma für Elektroinstallation in Grainau, es ist sein freies Wochenende, das wieder einmal für die ehrenamtliche Arbeit in der Bergwacht draufgeht. Aber Toni Vogg weiß, warum er in der Bergwacht ist. Er war 16, als ihm beim Klettern oben an der Riffelscharte ein Griff ausbrach und er 40 Meter in die Tiefe stürzte. Das war 1975. Handys waren noch nicht erfunden und die Luftrettung per Helikopter gerade erst im Aufbau. Sein Freund musste ihn liegen lassen, musste eilends absteigen und Hilfe holen. Es dauerte Stunden, bis die Retter aus dem Tal zum Schwerletzten aufgestiegen waren, und ihn als schmerzendes Bündel Meter für Meter hinunter ins Tal trugen. Drei Wochen lag er im Koma. Als er nach vier Monaten auf eigenen Beinen das Krankenhaus verlassen konnte, beschloss er, sich in seiner Heimatgemeinde Grainau der Bergwacht anzuschließen. Aus Dankbarkeit, dass Menschen ihr Leben aufs Spiel gesetzt hatten, bloß um seines zu retten.

Auch seine beiden Söhne Christoph und Toni sind bei der Bergwacht Grainau. Der Toni ist in diesem Juni 2007 gerade 17 Jahre alt und trotzdem voll dabei. „Vogg I" und „II" nennt man die beiden Tonis bei der Bergwacht lapidar, um Vater und Sohn auseinanderzuhalten, wenn sie wie so oft gemeinsam auf einen Einsatz gehen.

Es ist 17:30 Uhr, als an diesem Montag im Juni der Alarm reinkommt. „Vermisste Person am Höllentalferner", lautet die Nachricht auf den Funkmeldeempfängern bei vier Bergwachtmännern in Grainau. Und bei Vater und Sohn Vogg. Eine Viertelstunde später machen sich die sechs auf den Weg zur Seilbahn und fahren hinauf zum Gipfel der Zugspitze. Vom schönen Wetter des Sonntagnachmittags ist so gar nichts geblieben, als sie den Berg hinaufschauen. Es herrscht dichter Nebel. Wolken jagen Schauer körnigen Eises um die Gondel der Seilbahn.

Während der Fahrt überlegen die Männer, wo sie überhaupt mit der Suche beginnen sollen. Das Suchgebiet ist eigentlich zu groß. Und keiner weiß, wo der Vermisste sich befinden könnte. Wäre er abgestürzt, da sind sie sich sicher, dann hätte man das dank des schönen Wetters bemerkt. Irgendjemand hätte irgendwas gesehen. Weil derartige Hinweise fehlen, gehen die Bergwachtmänner davon aus, dass der Vermisste am Höllentalferner in eine Spalte gestürzt ist.

Eile ist geboten. Das Unglück liegt 24 Stunden zurück. In zwei Stunden wird es dunkel. Wetter und Sicht sind miserabel. So miserabel, dass der SAR-Hubschrauber, der die Nordostseite der Zugspitze absuchen soll, nach einer halben Stunde die Suche abbricht und nach Landsberg zurückfliegt. Kurz nach 19:00 Uhr erreichen die Männer den oberen Rand des Gletschers. Regen. Graupel. Sicht um die drei Meter. Dichter Nebel dämpft das Geräusch ihrer Schritte und ihre Rufe, während sie sich auf dem rutschigen, steil abfallenden Gletscher langsam abwärts bewegen.

Alle paar Augenblicke bleiben sie stehen. Lauschen angestrengt in die Stille. Aber nichts regt sich. Bis in die anbrechende Nacht suchen die sechs Männer den Gletscher ab. Als Blitze in der Dämmerung den Gipfel über ihnen grell erleuchten und der Regen in Schnee übergeht, beschließen die sechs, ihre Suche zu unterbrechen. Und ins Tal zurückzukehren. Um 22:50 Uhr erreichen sie die Höllental-Angertalhütte. Um 24:00 Uhr sind sie wieder im Tal. Sie ahnen zu diesem Zeitpunkt nicht, dass sie keine 30 Meter an Hermann H. vorbeigewandert sind.

## Montagabend. Höllentalferner. Die Nacht im Eis.

Hermann H. ist fassungslos, wie er den 10-Meter-Sturz in die Spalte unversehrt überstanden hat. Aber die Freude verfliegt jäh, er muss hier irgendwie raus und ruft um Hilfe, so laut er kann. Doch der Schnee über ihm dämpft jeden seiner Schreie, so als hätte er in ein Kissen gerufen. Vielleicht tut ihm das Schreien gut, doch auf jeden Schrei folgt die Stille. Und die ist um so unerträglicher. Dumpfe Stille von oben. Dumpfe Stille zwischen den kalten Wänden.

Er greift zum Handy. Aber das Display zeigt ihm nur ein lakonisches „Kein Netz". Das bleibt auch so, als er eine Nummer wählt. Er ist zu weit oben, er steckt zu tief im Eis, als dass er hier Empfang haben könnte. Nach einigen Versuchen stellt er das Handy aus, um den Akku zu schonen. Ein Foto von dem Loch über sich macht er noch, das wird ihm eh niemand glauben. Die Enge. Das kleine Loch, durch das er gefallen ist wie in ein anderes Leben, mit dem tiefen Blau am Sonntagnachmittag oben drüber. Vielleicht denkt er auch daran, dass irgendwann jemand dieses Handy finden könnte. Mit der Aufnahme. Dann wüssten sie, was mit ihm passiert ist. Er steckt das Handy wieder ein und machte sich an die Arbeit. Wozu hat er denn Steigeisen? Auch wenn ihm Eisbeil und Pickel fehlen: Vielleicht kann er sich ja zwischen den sachte tropfenden Wänden so abstemmen, dass er irgendwie nach oben kommt. Er versucht es. Ein Mal. Drei Mal. Sieben Mal. Am Anfang geht es leicht, jedes Mal schafft er es ein kleines Stück nach oben. Aber da, wo sich über ihm die senkrechte Eiswand leicht ausbeult, verliert er den dürftigen Halt und kippt langsam nach hinten.

Den Versuch, die glatten Wände zu erklimmen, gibt er nach einer halben Stunde auf. Lieber die Kräfte schonen. Wenn er sich jetzt verausgabt, wird er schneller ermüden. Er weiß: Sein Feind ist der Schlaf. Wenn er in der Nacht zwischen den Eiswänden einschliefe, dann wäre das sein sicheres Ende. Im Schlaf würde sein Körper, ohne dass er es bemerkte, kälter und kälter werden. Die Unterkühlung seines Körpers würde ihr Werk tun. Er würde nichts merken. Er würde einfach nur schlafen.

Noch bevor die Dunkelheit hereinbricht, hat er den Inhalt seines Rucksacks inspiziert. Viel ist es nicht. Eine Handvoll Müsliriegel. Nur noch wenig zu trinken im Gefäß. Ein Pullover. Eine Mütze. Viel mehr ist es nicht. Er hat seinen Rucksack auf dem Schneehaufen ausgebreitet und sich daraus einen Sitz gebaut, soweit das in seiner Eiskammer möglich ist.

Er verbietet sich das Einschlafen. Immer wieder steht er auf. Tritt auf der Stelle. Schlägt mit den Armen um sich. Stampft in seinem zwei Meter langen Verließ auf der Stelle, um sich zu wärmen. Und wieder steht er auf. Gegen Morgen nickt er ein erstes Mal kurz ein. Auf die Zunge beißen, darauf herumkauen, bis es schmerzt ... Alle Tricks, die er kennt von langen nächtlichen Autofahrten.

19

Doch nichts hilft gegen den Schlaf. Er gibt ihm einfach nach. Nach zehn Minuten schreckt er mit einem Schrei hoch, es ist, als hätte er sich selber geweckt. Er hatte geträumt, doch um ihn war nur die Stille. Und die eisigen Wände. Voller Panik streckt er seine kalt gewordenen Glieder, er zwingt sich – zum wievielten Mal? – auf der Stelle zu treten, in der Dunkelheit Rumpfbeugen, Gymnastik zu machen, um Blut in seine Glieder zu bekommen.

Quälend langsam kommt der Morgen oder das, was Hermann H. durch das schmale Loch wahrnimmt. Der blaue Himmel weicht über den Tag einem Grau, das am Nachmittag in Finsternis übergeht. Das Loch ist nur noch ein grauer Schemen, durch das der Wind vereinzelte Regentropfen treibt. Davon merkt er freilich nichts, nur dass Tropfen die Eiswände herunterrinnen. Lange muss er die Hand aufhalten, sehr lange, bis sich wenige Tropfen Gletscherwasser in seiner Hand sammeln, die er gierig aufleckt. Er sieht nichts. Er hört nichts.

Noch quälender die Frage: Ob ihn überhaupt jemand vermisst? Ob irgendjemand nach ihm sucht? Klar, er hat einem Kollegen vor dem Wochenende kurz von seinem bevorstehenden Ausflug erzählt. Aber reicht das?

Er bereitet sich darauf vor, die zweite Nacht in der Spalte zu verbringen, eine zweite Nacht seinen Kampf aufzunehmen gegen das Einschlafen und die Kälte. Noch hat er Kraft. Er hört die Retter nicht, die am Abend nur etwa 30 Meter entfernt durch den Nebel an seinem Loch vorbeiziehen. Alle paar Meter stehenbleiben. Und rufen. Der Nebel und die Schneedecke über ihm schlucken jedes Geräusch.

## Dienstag, 26. Juni, 7:00 Uhr. Grainau

Am Morgen des zweiten Tages hat sich das Wetter weiter verschlechtert. Die Wolken hängen tief, vom Gipfel ist nichts zu sehen, es regnet in einem fort seit der Nacht und in den Tag hinein. In der Einsatzzentrale der Bergwacht am Fuß des Berges treffen sich die Grainauer Bergwacht-Leute, um ihr weiteres Vorgehen zu besprechen. Bei dem Wetter macht eine Rettungsaktion wenig Sinn. Natürlich könnten sie hinauffahren, ein zweites Mal vom Gipfel der Zugspitze zum Gletscher hinuntersteigen. Ein zweites Mal würden sie bei der geringen Sicht nicht das Geringste entdecken, wie blind durch den Nebel stolpern.

Die Chancen, einen Verunglückten zu entdecken, sind bei diesen Bedingungen gering. Wenn der Mann noch lebt und nicht schwerverletzt da oben liegt. Nein. Warten. Und auf Wetterbesserung hoffen.

Am späten Vormittag lässt der Regen nach, starker Wind jagt die Wolkendecke auseinander. Die Polizei startet mit ihrem Helikopter eine Rettungsaktion und fliegt trotz heftiger Böen hinauf, sobald sich ein Wolkenloch oben zeigt. Sie wollen systematisch die 1000 Meter lange und 700 Meter breite Gletscherzunge auch bei schlechter Sicht absuchen. Nach einer Spur des Vermissten. Als sich nach vier Stunden das Wetter erneut verschlechtert, bricht die Hubschrauberbesatzung ihre Suche für diesen Tag ab. Sie kehrt ins Tal zurück. Vielleicht morgen noch einmal. Alle Beteiligten wissen: Ihnen läuft die Zeit davon.

## Dienstag, 26. Juni. Der dritte Tag im Eis.

In der Spalte ist die zweite Nacht für Hermann H. noch schrecklicher als die erste. Die Kälte zwischen den Eiswänden. Die Feuchtigkeit. Die Müdigkeit. Der Wunsch seines Körpers, endlich einzuschlafen, der ungeheuren Müdigkeit endlich nachzugeben. Das kurze Einnicken und das gleich darauf folgende panikartige Aufwachen. Wieder und wieder macht er Gymnastik in der Dunkelheit, um sich wachzuhalten, um nur ja die Wärme in seinem Körper zu halten. Der Hunger nagt in seinem Bauch.

Am Morgen tropft es von oben wie aus einer undichten Regenrinne. Der Regen scheint nun dichter zu fallen, wenigstens verdursten wird er hier drin nicht. Er hält die Hand auf, es dauert, bis sich eine Handvoll Eiswasser darin gesammelt hat, er schlürft es hastig. Und träumt von einem heißen Tee. Gegen Mittag wird es heller über dem Loch, für einen kurzen Moment zeigt sich sogar ein winziges Stück blauer Himmel. Plötzlich hört er den Hubschrauber, der über dem Gletscher kreist. Hört aufgeregt, wie der Hubschrauber mal näher kommt. Sich wieder entfernt. Dann wieder näher kommt.

Er schreit aus Leibeskräften, er springt in die Höhe auf seinem schmalen Schneebrett, als könnte er durch seine Sprünge in der engen Spalte auf sich aufmerksam machen. Doch er weiß, er ist verborgen in seinem eisigen Schrank, zu dem niemand den Schlüssel besitzt. Sie wüssten ja nicht mal, wo genau sie nach ihm suchen sollten.

Als der Hubschrauber sich am Nachmittag entfernt und sein Knattern nicht wiederkehrt, ergreift ihn Verzweiflung. Er weiß, dies war seine Chance gewesen. Vielleicht seine letzte. Er weiß, eine dritte Nacht wird er zwischen den Eiswänden nicht durchstehen. Diesmal würde er nicht mehr kämpfen. Er würde nachgeben. Und wenn es soweit war, einfach tief und fest schlafen.

## Dienstag, 26. Juni. Grainau am späten Nachmittag.

Als der Hubschrauber meldet, seine Suche ohne Ergebnis abzubrechen, ist das für die Bergretter ein Tiefschlag. Zwei Tage ist der Mann nun vermisst. Zwei Tage mit miserablen Bedingungen.

Nur einem lässt das keine Ruhe. Anton Vogg, der Vater. Vogg I. Er ist zu diesem Zeitpunkt 48 Jahre alt, er hat es als Zwanzigjähriger am eigenen Leib erfahren: „Wenn keiner kommt, bist Du weg vom Fenster." Es ist das einzige, was er sicher weiß. Sonst weiß er nichts. Er ist sich nur sicher in seinem Gefühl: „Der Mann muss da oben irgendwo sein. Irgendwo auf dem Gletscher. Das gibt's nicht, dass er weg ist. Bei der intensiven Suche hätte man ihn längst woanders entdeckt."

Anton Vogg bleibt hartnäckig. Trommelt, kaum dass Feierabend ist, wieder die anderen zusammen. Fordert erneut den Hubschrauber der SAR aus Landsberg an, der um 17:17 Uhr in Grainau eintrifft. Acht Männer steigen ein, der Hubschrauber wird sie nach oben bringen, das Wetter ist halbwegs gut. Diesmal wollen sie die Suche anders angehen: In vier Zweierteams wollen sie sich aufteilen, sich den Gletscher systematisch vornehmen. Je zwei Teams in jeder Ecke unten am Gletscher. Zwei Teams sollen ab der Mitte aufwärts suchen.

Die acht konzentrieren ihre Suche zunächst auf die bekannten Spalten am Höllentalferner. Jeder von ihnen kennt die Zonen, wo die Spannung des Eises den Gletscher reissen lässt. Aber sie wissen auch, dass der Gletscher beständig sein Antlitz verändert, sie längst nicht jede einzelne Spalte kennen können. Systematisch steigen die vier Teams unabhängig voneinander nach oben, sie rufen, sie schreien. Eineinhalb Stunden steigen sie den Gletscher langsam aufwärts. Nichts. Kurz vor 19:00 Uhr vernimmt einer, der mit seinem Kollegen die obere rechte Kante des Gletschers absucht, ein schwaches Rufen. Es dringt aus einem schmalen Loch in der geschlossenen Schneedecke. Als sie vorsichtig nähertreten, entdecken sie die Spalte. Und den Mann dort unten. In Windeseile versuchen sie, ihn von da unten heraufzuholen. Er ist schwach, kann sich aber selber noch ins Seil einhängen, das die beiden Retter zu ihm hinunterlassen. Als die übrigen Kollegen zum Unglücksort aufgestiegen sind, ist der Mann schon aus der Spalte befreit.

Hermann H. spricht nicht viel, als sie ihn sofort in eine wärmende Rettungsdecke wickeln und in einen Luftrettungsbergesack legen. Er ist nicht nur mit seinen Kräften am Ende, als ihn die Männer im Bergesack am Tau des Hubschraubers befestigen. Langsam wird der Verletzte nach oben gewinscht, wo er ins Innere des Helikopters geholt wird.

Als sich wenige Augenblicke später über ihnen die Tür des Hubschraubers schließt und er abdreht, Richtung Tal, um Hermann H. in die Klinik zu fliegen, stehen die Männer einen Moment lang noch zusammen. Auf einem Foto sieht man ihre Gesichter. Eben noch angespannt, sind sie jetzt gelöst. Einer raucht. Und schaut den Steilhang hinunter, glücklich, dass es gut ausgegangen ist, und sie den Vermissten gegen alle Wahrscheinlichkeit lebend bergen konnten. Ihren Gesichtern sieht man an, wie stolz sie sind in diesem einen Moment, bevor sie gleich ihr Material sortieren, ihre Rucksäcke packen. Und auf den Hubschrauber warten, der auch sie in der Dämmerung vom Höllentalferner nach unten bringen wird.

Es ist ein sonniger Oktobernachmittag, doch kühl im Bergwachthaus am Fuß der Zugspitze, in dem Vater und Sohn Vogg abwechselnd diese Geschichte erzählen, die jetzt elf Jahre zurückliegt und die sie trotzdem nicht vergessen haben. Und über die Gegenwart nachdenken. „Fast jedes Jahr kommt es zu Spalten-Unfällen. Aber noch höher ist die Zahl der ‚Beinahestürze' und der Personen, die sich selber wieder befreien können", sinniert der junge Bergwachtler. „Die Ursache für Stürze ist oft etwas ganz Banales in einem Moment, in dem man sich sicher glaubt: Etwa das Hantieren an den Schuhen, dort wo der Übergang vom Eis zum Felsen ist."

Ob sie bei der engen Zusammenarbeit in kleinen Teams nicht öfter in leidige Vater-Sohn-Diskussionen gerieten? Da lachen die beiden. Nein, das käme nicht oft vor. Ihr Geheimnis sei, die Stärken des anderen gut zu kennen: „Mein Vater ist besser in der Organisation. Er behält stets den Überblick, wenn er einen Einsatz koordiniert." „Dafür bist du schneller bei einem Verletzten, als ich oft schauen kann. Du bist der geborene Rettungssanitäter von uns beiden. Das wichtigste ist: Jeder im Team muss seine Stärken ausspielen. Erst wenn jeder die Chance hat, das zu tun, was er am besten kann, wächst das ganze Team."

Beide sind sie verheiratet. Was ihre Frauen über einen Einsatz wie den am Höllentalferner dächten? Wie sie denn mit ihrer Sorge um die Männer bei einem Einsatz umgingen?

Da müssen die beiden einen Moment überlegen. Sie sind in unterschiedlichen Lebenssituationen. Bei Anton Vogg Senior sind die Kinder aus dem Haus, die Firma läuft. „Mir war die Bergwacht immer wichtig. Das Helfen. Meine Frau hat das immer verstanden und akzeptiert. Sie ist viele Touren mitgegangen, sie kennt das."

Anton Vogg Junior ist noch keine 30. Er hat eine Familie gegründet, hat einen drei Jahre alten Sohn und eine einjährige Tochter. „Meine Frau geht zwar in die Berge", sagt er, „sie unternimmt aber keine Kletter- und Hochtouren. Dass der Christoph und ich uns engagieren, ist für sie in Ordnung."

Er macht eine Pause. Denkt nach, als fiele ihm schwer zu sagen, was er jetzt sagt: „Nur manchmal, wenn ich morgens um zwei raus muss, wenn wir die ganze Nacht bei schlechtem Wetter am Berg unterwegs sind und Bergsteiger retten, die sich überschätzt haben, falsch ausgerüstet sind, sich nicht vernünftig über die Tour oder Verhältnisse informiert haben, und hinterher erzähle, dass wir jemanden aus der Wand geholt haben, dann schaut mich meine Frau an: ‚Spinnt's ihr eigentlich?', sagt sie dann, ‚Warum musst du in der Nacht rauf auf den Berg, nur weil sich einer überschätzt oder verlaufen hat, der es hätte wissen können?'" Aber warum er morgen Früh wieder gehen würde, das weiß Anton Vogg Junior an diesem Oktobertag. Genauso wie sein Vater.

*Martina Bauer ist ein Kind der Berge. Am wohlsten ist ihr,*
*wenn sie unterwegs ist. Auch dann, wenn es bedeutet,*
*im strömenden Regen einen Verunglückten zu bergen,*
*der hilflos auf Rettung wartet. Doch ihre schwerste*
*Prüfung kommt völlig überraschend.*

Martina Bauer

# Kampenwand. Rettung im Regen.

Wer Martina Bauer auf ihrem Hof bei Sachrang zum ersten
Mal begegnet, dem ist es, als säße er Heidi gegenüber. Der
echten Heidi, der, welche das Vorbild abgab für eines der
erfolgreichsten Kinderbücher und unzählige Verfilmungen.
„Ich war immer viel draußen", erzählt die wettergebräun-
te Martina Bauer, wenn man sie nach ihrer Kindheit fragt.
„Ich war viel mit anderen Kindern beim Lager-Bauen,
Indianer-Spielen. Ich hab viel gelesen. Nur gelernt hab' ich
nicht so gern, Schule machte keinen Spaß, ich war ein bisschen faul."

Vielleicht hatte sie damals auch schon anderes im Sinn
als das Leben aus Schulbüchern kennenzulernen. Ihr Vater und ihr Onkel waren bei der Bergwacht. Und die gehörte zum väterlichen Hof dazu wie der Apfelbaum zum
Bauerngarten, vor dem wir an der Hauswand sitzen. Sie
wusste, was es bedeutet. Kannte die vielen Einsätze, die die
Männer auf dem Hof im Sommer und Winter einfach von
der Landwirtschaft weg in die Berge führten. Und wusste:

Wenn der Vater im Sommer mal Urlaub vom Hof machte, dann war es ein Urlaub droben auf der Bergwachthütte.

„Als kleines Kind erzählte ich allen, ich gehe mal zur Bergwacht!", sagt Martina Bauer. Aber so einfach war das nicht, damals, mit der Bergwacht und den Frauen. Noch bis weit in die 90er-Jahre waren weibliche Mitglieder nicht zugelassen. „Ich war 12, als eine junge Murnauerin vor Gericht zog und sich 1992 die Mitgliedschaft in der dortigen Bergwacht erkämpfte. Kaum war das Urteil raus, bin ich zur hiesigen Bereitschaft marschiert. Aber ob Mann, ob Frau: Man kann erst mit 16 aufgenommen werden, als Anwärter, daran hatte auch das Gerichtsurteil nichts geändert. Vier Jahre später hatte ich mit 16 meinen Realschulabschluss. Gleich am Freitag nach meiner letzten Prüfung, da bin ich dann zur Bereitschaft Sachrang, um mich zu bewerben."

Was ihre Eltern denn dazu gesagt hätten? Martina Bauer grinst spitzbübisch: „Meinem Vater war das gar nicht recht. Er zeigte mir Bilder von Einsätzen. Und von Bergtoten. ‚Magst du das wirklich sehen?', fragte er. Aber ich war mir ganz sicher. Ich will zur Bergwacht. Gleich bei der ersten Übung, an der ich als Anwärterin teilnahm, habe ich das schwere Stahlseil hinauf geschleppt. Ich wollte mich selber testen: ‚Wie weit bist du eigentlich bereit zu gehen als Frau, wenn du das wirklich willst?' Ich habe mich damals bewusst nicht zurückgenommen oder geschont. Bevor du aufgenommen wurdest, schauen sich Mitglieder einer Bereitschaft dich schon genauer an. Bei mir gab's tatsächlich ein paar Ältere, die sich nicht vorstellen konnten, dass Frauen das kräftemäßig und konditionell durchhalten. Doch die, die damals skeptisch waren, sind heute meine größten Befürworter."

Wir sitzen vor dem Haus. Es ist ein Tag im Herbst. Regenwolken ziehen von Westen über die Berge heran. Aber

Martina Bauer zieht es nicht ins Haus. „Lassen Sie uns hier vor dem Haus auf der Bank sitzen. Ich will soviel wie möglich draußen sein." Der Himmel wird dunkler, während sie ihre Geschichte erzählt.

„Es war im August 2011, ein schwüler Nachmittag. Wie jeden Sommer war ich als Almerin auf der Steinling-Alm am Fuß der Kampenwand. Seit 14 Jahren gehe ich jedes Jahr für den Sommer da rauf, um von Ende Mai bis Ende September auf der Alm zu arbeiten. Zu Fuß ist es eine Stunde hinunter nach Aschau, der Berggasthof ist gleich daneben, da läuft ja auch der Panoramaweg. Ich war gerade im Gasthof, als unser Polizist, der Jupp, mit dem Polizeiauto vorfuhr. Er wolle nur mal nach dem Rechten schauen, Wanderer hätten vom Gipfelkreuz aus Hilferufe unterhalb der Kampenwand gehört, aber nichts Auffälliges entdecken können. Während der Jupp noch erzählte, hab ich schon überlegt, was ich mitnehme. Ich dachte mir, ich geh lieber mal nachsehen. Alarm war noch keiner – ich packte trotzdem Rucksack, Funkgerät und Piepser und machte mich auf den Weg. Die Steinling-Alm liegt auf 1450 Metern. Von da aus geht es steigartig weiter bis zum Gipfelkreuz auf 1669 Metern, man muss trittsicher sein und konditionell fit. Das Wetter war nicht gut, noch hielt es gerade so, aber für den Spätnachmittag waren Gewitter für den südlichen Chiemsee vorhergesagt.

Allerdings wollte ich nicht hinauf zum Gipfel, sondern gleich auf die Südseite der Kampenwand. Wenn der Hilferuf von oben gehört worden war, konnte er nur von dort, irgendwo unterhalb des Gipfelkreuzes gekommen sein. Ich hatte fast den Grat erreicht, da ging auch schon mein Piepser los und meldete „Hilferufe unterhalb der Kampenwand". Ich folgte weiter dem Maximiliansweg, dem Weitwanderweg vom Bodensee zum Königssee, das Handynetz ist da oben schwierig. Als ich den Grat erreicht hatte, entdeckte ich den Verunglückten auch schon. Halb unter dem Latschengebüsch lag ein etwa 65-jähriger Mann. Er war allein unterwegs gewesen, am Stahlseil ausgerutscht, sechs Meter in die Tiefe gestürzt und dann noch ein Stück weiter gerutscht, bis die Latschen seinen Fall gebremst hatten. Es sah nach einer schweren Verletzung aus, wahrscheinlich Oberschenkel- und Schulterbruch. Der Mann konnte sich nicht mehr bewegen, ans Aufstehen war überhaupt nicht zu denken. Nur schwach um Hilfe hatte er noch rufen können.

Ich hatte ihn eben entdeckt – es war jetzt nicht mehr zu übersehen, dass es Gewitter geben würde. Von Westen her überzog der Himmel sich schwarz. Über Funk gab ich die Position des Verletzten durch und machte mich an die Erstversorgung. Körpercheck. Die Schulter und der Oberschenkel waren tatsächlich gebrochen, das sah ich schnell. Während ich dem Mann gut zuredete, kümmerte ich mich um Schürf- und Platzwunden, und darum, dass er besser liegt.

Ich war noch keine zehn Minuten beim Verunglückten, als erste dicke Tropfen vom nun vollends düsteren Himmel herunterprasselten. Das machte die Bergung schwierig: Ein Hubschraubereinsatz käme wegen des einsetzenden Starkregens nicht infrage.

Ich wartete auf die Helfer, die jetzt schon durch den Regen auf dem Weg zu uns sein mussten. So gut es ging, hatte ich den Verunglückten verarztet, ihn mit meinem Anorak und Wärmefolie zugedeckt. Notdürftig einen einfachen Regenschutz gebaut. Als die anderen eintrafen, hoben wir das Unfallopfer in eine Gebirgstrage, bei derart schweren Verletzungen ist das häufig ein schmerzhafter Moment.

Mittlerweile schüttete es, was herunterfallen konnte. Nie im Leben war ich so schnell so durchnässt, das Wasser lief am Kragen oben rein und füllte im Nu die Bergstiefel unten. Die Augusthitze war weg, es hatte merklich abgekühlt. Wir waren zu acht und brauchten eineinhalb Stunden durch den dichten Regen, bis wir den Verunglückten in der Gebirgstrage die 200 Höhenmeter den Steig hinunter bis zur Steinling-Alm geschoben, gezerrt, gehoben hatten, wo dann auch das Bergwachtauto auf uns wartete und ihn zum Rettungswagen ins Tal brachte.

Im Nachhinein denke ich mir heute, dass der Verunglückte ungeheures Glück hatte. Wären seine schwachen Rufe nicht am Gipfel gehört worden, hätten die Leute nicht den Jupp alarmiert, wäre es fraglich gewesen, wie der Verletzte die Nacht überstanden hätte. Die schweren Verletzungen. Der heftige Regen. Der Temperatursturz. Als ich ihn fand, lag er auf seinem Rucksack, nur mit T-Shirt und Hose bekleidet. Er war nicht mehr in der Lage, sich selbst umzuziehen oder sich zu schützen. Auskühlung wäre unvermeidlich die Folge gewesen. Wer weiß, wie das ausgegangen wäre."

Als sie ihre Erzählung beendet hat, schaut Martina Bauer hinaus in den Garten, wo erste Böen die Blätter von den Bäumen reißen. Sie denkt nach. „Männer und Frauen ticken anders. Von der Herangehensweise bei einem Einsatz. Frauen sind irgendwie emotionaler beim Einsatz dabei. Männer gehen rationaler ran. Das muss aber kein Nachteil sein. Ich empfinde genau diese Verbindung als eine der Stärken der Bergwacht." Ob sie dafür ein Beispiel nennen könne?

„Im Sommer bin ich auf der Steinling-Alm und im Winter hauptamtlich bei der Skiwacht auf der Zugspitze. Letzten Winter hatte ich einen Verletzten auf der Piste, der sich bei einem Sturz die Finger gebrochen hatte. Etwas ganz Alltägliches. Zwei Finger der rechten Hand. Keine große Sache eigentlich. Und nichts, was nicht wieder heilen würde. Während ich ihn versorgte und mit ihm redete, stellte sich heraus, dass der Mann Berufsmusiker in der Philharmonie war. Solist. Er wusste, dass der alltägliche Unfall möglicherweise seine berufliche Karriere zerstört hatte. Das eine bei der Bergwacht ist, dass man einen Knoten perfekt beherrscht. Das andere ist, dass man bei aller Routine auch über den Tellerrand schauen können muss."

Als der Gewitterregen fällt, sitzt Martina Bauer immer noch draußen vor dem Bauernhaus. „Aber manchmal reicht selbst die Fähigkeit, über den Tellerrand zu schauen, nicht aus." Sie wird ernst. „Vor Jahren raste hier in der Gegend ein Auto in einen Bagger. Ein Toter. Zwei Schwerverletzte. Dem Fahrer ist am wenigsten passiert. Ich kannte das Auto, ich wusste, wer in dem Auto gesessen hatte. Ich ahnte nur nicht, dass der tödlich Verunglückte der Freund meiner Schwester gewesen war. ‚Sagst du es deiner Schwester?', fragte mich die Feuerwehr. Mir war ganz schlecht. Da habe ich beschlossen, es soll mir nicht mehr so dreckig gehen, wie es mir damals ging. Du kennst das ganze Auto voller Leute. Dann zur Schwester fahren, ihr das sagen. Ich war überfordert, Du bist auf sowas nicht vorbereitet. ‚Wie kann man das besser hinkriegen?', fragte ich mich.

Ich habe dann beschlossen, eine Ausbildung beim Kriseninterventionsdienst der Bergwacht, kurz ‚KID-Berg' zu machen. Sie kümmern sich um Angehörige und Helfer in belastenden Situationen. Ich habe da Vieles gelernt. Vor allem einem Angehörigen gegenüber nicht eine halbe Stunde um den heißen Brei zu reden. Sondern schlechte Nachrichten kurz und bündig zu überbringen. ‚Schlimme Dinge' immer zuerst. Und ohne Umschweife."

Dann nimmt sie ihre Sachen und geht ins Haus, in dem sie mit ihrem Großvater lebt. Als wäre sie auch in dieser gelebten Beziehung die Heidi, wie man sie aus den Romanen kennt.

*Für die meisten Menschen sind die Berge eine herrliche Landschaft. Für Nik Burger sind sie wie ein Buch, das die Geschichten seiner Zeit bei der Bergwacht festhält. Manche davon begleiten ihn für immer. – Wie die Stunden, die er in der Schrofenwand verbrachte.*

Nik Burger

# Am Staufen.
# Allein mit dem Tod.

Nik Burger ist ein großgewachsener Kerl, dem man seine 62 Jahre nicht ansieht. Nur wenn man in seine Augen sieht, merkt man, was Nik Burger schon alles gesehen hat im Leben.

Was die Bergwacht angeht, sei er ein Spätberufener, sagt er. Die Berge und das Klettern waren immer seins, aufgewachsen in Bad Reichenhall. Aber irgendwann kam das Jurastudium in der Ferne, die berufliche Tätigkeit im Ministerium in München und später als Staatsanwalt und Richter in Traunstein. Und Familie, eins, zwei, drei Kinder. Hatte er am Wochenende Zeit für sich, ging's hinauf in die Berge und hinein in die Wände.

„Als meine Frau mich kennenlernte, bereitete ich mich auf eine Andenexpedition vor. Sie wusste: Ich war Bergsteiger. Ich bin Bergsteiger. Ich würde immer Bergsteiger bleiben, aus Leidenschaft."

Für eine ehrenamtliche Tätigkeit in der Bergrettung war neben Beruf, Familie, Kindern und ambitionierten Berg- und Klettertouren wenig Platz. „Ich war bereits über 40, als ein Nachbar mich überredete, in die Bergwacht einzutreten: ‚Wir könnten dich gut gebrauchen …‘ Leicht war das anfangs nicht. Man läuft zuerst ja nur mit, das kostet Zeit, die man nicht hat. Erst recht die vielen Verpflichtungen. Und dann auch noch zahlreiche Prüfungen, obwohl man bereits schwierige und schwierigste Touren auf der Welt machte. Meine Frau, selbst Bergsteigerin, war wenig begeistert, mit drei Kindern im schulpflichtigen Alter. Ich hab‘ dann mit meinem Kletterpartner Michi, ebenfalls dreifacher Familienvater, eine Bergwacht-Jugendgruppe gegründet, mit unseren Kindern. Also Ausbildung Jugendlicher im Bergsteigen und Klettern, um Kinder und Bergwacht wenigstens etwas unter einen Hut zu bringen.

Es war ein Sonntag, ein friedvoller, harmonischer Tag, Mitte Juli. Ich war nicht im Dienstplan eingeteilt. Prima Wetter, erst zum frühen Abend sollten von Westen her Gewitter aufziehen. Ich war in den Bergen unterwegs und gerade zu Hause angekommen. Den Funkmeldeempfänger hatte ich am Mann. Gewohnheit und auch Pflicht. Als die Meldung reinkam, an der Südseite des Staufens, dem Reichenhaller Hausberg, sei ein Mann abgestürzt, 100 Meter tief nach Lagemeldung, und schwerverletzt, sein Sohn sei zu ihm in das abweisende Gelände runter, wusste ich: schwieriges Gelände, schwierige Rettung, schwere Verletzungen, es eilt sehr! Ich kenne den Berg wie meine Westentasche …

Meine Ausrüstung liegt stets im Kofferraum bereit, ich setzte mich ans Steuer und fuhr die Rettungswache an. Stress pur. Ausflugsverkehr am Sonntagnachmittag. Wenn du weißt, irgendwo oben liegt ein Verletzter und muss so schnell wie möglich ins Tal gebracht werden, ist es eine irre

Anspannung, es zerreißt einen förmlich, in der Ausflügler-
kolonne brav hinter einem Sonntagsfahrer herzuschlei-
chen, nicht einfach das Gaspedal durchzudrücken und aus-
zuscheren. Ich wünschte mir, auch die Einsatzkräfte hätten
bei der Anfahrt schon Sonderrechte und Blaulicht.

Angekommen sagte der Einsatzleiter: ‚Wir brauchen
noch einen Mann oben am Staufen an der Unfallstelle.
Der Notarzt ist schon oben. Der Hubschrauber bringt dich
hoch.'

Am Landeplatz wartete schon der Heli mit laufen-
dem Rotor, nahm mich am 40 Meter langen Tau auf. Der
Transport mit dem Tau war nötig, weil die Unglücksstelle
unwegsam und eine Landung oder ein Absetzen über die
Kufe nicht möglich war. Langsam stieg ich mit dem Hubschrauber hoch, dann bergwärts, frei 40 Meter unter dem
Helikopter durch die Luft schwebend, 1000 bis 1300 Meter über dem Talgrund. Gedanken schossen mir durch den
Kopf: Ob ich dem Verletzten helfen könnte? Ob ich rechtzeitig oben wäre? Was, wenn er stirbt, der arme Kerl? Dieses angespannte, aber doch kontrollierte Gefühl vor jedem
schweren Einsatz... Und neben allen Sorgen die unberührte Schönheit der Berchtesgadener Berge an einem Julinach-
mittag, aus der Luft. Die Autos, die mir eben noch im Weg
waren und die jetzt so unwirklich klein wie Käfer unter
meinen Füßen durch die Miniaturlandschaft schlichen.

Als wir uns nach mehreren Schleifen der Einsatzstelle näherten, war das Gelände abweisend, fast unzugäng-
lich. Der Liegeort, ein schräger Felsblock in der gestuften
Wand. Darüber die etwa 100 Meter steile Schrofenwand,
die der Verunglückte abgestürzt war. ‚Einsatzstelle er-
kannt', funkte ich. So gut es ging, dirigierte ich den Hubschrauber von unten zu einer Stelle, die mir fürs Aussteigen
halbwegs brauchbar erschien – kein leichtes Manöver nahe

der Schrofenwand für die Piloten oben, sie sehen ja überhaupt nichts von den Hindernissen, die mir unten im Weg liegen.

Zehn, acht, sechs, vier, zwei Meter. Dann der Boden … Ich war noch ganz auf Eigensicherung und Aushängen des Tauhakens konzentriert, als ich den Sohn des Verunglückten wahrnahm. Ich sah nur sein Gesicht. Für einen Augenblick. Das Entsetzen. Sein Gesicht sagte alles. Dass die Wiederbelebung des Notarztes, der wenige Minuten vor mir eingetroffen war, wirkungslos war. Alle Mühen vergebens waren.

Das eine ist das Entsetzen, besser die Fassungslosigkeit, die Trauer, die Anteilnahme. Die Wucht, mit der ein Leben abrupt endet und sich zugleich das Leben eines Angehörigen in Augenblicken komplett verändert. Das andere ist das unerbittlich nüchterne Räderwerk des Einsatzes. Sobald der Tod festgestellt ist, endet die Verantwortung des Notarztes. Er sollte so schnell wie möglich bereit stehen für das nächste Unfallopfer. Der Einsatzleiter im Tal und ich entschlossen uns, Notarzt und Sohn sofort mit dem Rettungstau ins Tal zu fliegen. Der Helikopter kam wieder. Ließ das Tau herab. Ich prüfte eingehend, ob ich die beiden auch richtig in den Tauhaken eingeklinkt hatte. Ich kann mich nicht mehr erinnern, was ich zu dem Sohn des Verunglückten sagte, wie ich es ihm erklärte, dass er zu seiner eigenen Sicherheit jetzt ins Tal geflogen werden müsse. Er ließ sich überzeugen. Dann stieg der Hubschrauber langsam nach oben. Und mit ihm sein ohrenbetäubendes Knattern, das mich bis hierher begleitet hatte. Der Lärm des Rotors verklang in der Ferne. Plötzlich war da nur noch der Tote auf dem Stein. Die Stille in der Schrofenwand. Das leise Rauschen eines Windhauchs in den Latschen. Und der Respekt vor dem Toten.

Dem Sohn waren nur wenige Augenblicke für seinen Abschied geblieben. Ich setzte mich neben den Mann, noch ergriffen vom Abschied. Von der Stille, die nun über dem Ort des Geschehens lag. Ich war berührt von dem Frieden über der Szenerie. Der Tote hatte seinen Frieden gemacht mit der Welt, er lag entspannt, alle Hast, alle Hetze, alles Müssen waren vorüber. In mir kam keine Unruhe auf. Kein Schock. Keine Panik. Kein Zweifel. Nur Ruhe.

Ich beobachtete das Wetter. Wetterverschlechterung, Gewitter und Sturm waren angekündigt, von Westen sollte die Front heraufziehen, aber die südliche Schrofenwand versperrte mir den Blick nach Westen. Ich blickte hinauf zum Grat. Alles war noch gut. Ich saß neben dem Verunglückten und wartete auf den Polizeihubschrauber aus München. Unser Rettungshubschrauber führt keine Totenbergung durch. Für die Unfallaufnahme und die Totenbergung ist die Polizei zuständig, freilich mit unserer Hilfe.

Ich war jetzt für ihn verantwortlich. Ich hielt Wache. Ich dachte: ‚Jetzt ist dein Sohn fort. Ich passe jetzt auf dich auf.‘

Das Licht des Spätnachmittags, es wurde weicher und schwächer. Die Zeit verging.

Es ist eher ungewöhnlich bei der Bergwacht, so lange allein bei einem Toten zu bleiben. Die Umstände hatten es an diesem Tag mit sich gebracht, die Situation war aus der Notwendigkeit des Einsatzgeschehens entstanden. Aus meinem harmonischen Bergsonntag war eine Totenwache geworden. Aber der Hubschrauber sollte ja bald zurückkehren. Dann würden wir den Toten mit der Winde bergen. Und meine Aufgabe wäre getan.

Ich wartete. Der Wind nahm an Stärke zu, Wolken zogen auf. Wolken, die nichts Gutes verhießen. Aber der Hubschrauber kam nicht. Wahrscheinlich noch ein Einsatz, irgendwo unten bei einem Verkehrsunfall. Die Sonne verschwand, ich hielt Wache. Ein Schleier senkte sich über die Landschaft wie ein Vorhang, als wolle er auch den Tagen des Verunglückten in der Welt ein würdiges Ende setzen. Nichts war bedrohlich in diesem Moment.

Die Wolkendecke hing tief über den Bergen, fast schien es, als verkünde sie den Menschen im Tal das Unglück und die Trauer. Ich empfand dies nicht als bedrohlich, es blieb in meinem Inneren friedvoll. Auch düsteres Wetter hat etwas Ausdruckstarkes, Schönes, ja Erhabenes.

Die Zeit verging. Es zog zu. Es fing zu tröpfeln an, unangenehm. Der Hubschrauber kam immer noch nicht. Der Schleier war in tiefes Grau übergegangen, viel Zeit würde dem Piloten nicht mehr bleiben, um genug Sicht für die schwierige Bergung aus der Schrofenwand zu haben. Ich stieg zum Grat auf, um den Hubschrauber besser einweisen, einsprechen zu können, hielt mich bei Windböen am Fels gut fest.

Als die ersten richtigen Sturmböen einsetzten, sah ich den Hubschrauber. Endlich. Aber kaum hing dessen Lärm über mir, drehte er nach erstem Funkkontakt gleich wieder ab. Das Wetter hatte nun vollends umgeschlagen. Es gab nicht die geringste Chance, bei schlechter Sicht und den Winden an dem steilen Abhang zu einer Bergung anzusetzen. Erste Regenschauer. Wind und Sturm durchbrachen nun die Stille. Ich musste aus der Gefahrenzone, auch wegen des Steinschlags. Der steile Abhang hinunter schien mir versperrt. Starkregen würde Steinschlag auslösen. Zwischen polternden Brocken nach unten klettern und absteigen? Keine gute Idee. Ich gab meine Entscheidung per Funk durch, der Einsatzleiter war einverstanden. Ich hatte nur eine Chance: Ich musste durch den Regen nach oben. Da hinauf, wo der Mann ausgeglitten und abgestürzt war. Und drüben, auf der anderen Seite den Normalweg hinunter. Also Aufstieg und dann nordwärts den kürzeren Web absteigen.

Ich verabschiedete mich von meinem Kameraden. Er war zwar tot, aber in meinen Augen nach wie vor ein Kamerad, ein Bergkamerad. Die Sturmböen waren heftig, peitschender Regen schlug mir ins Gesicht. Aber es war kein Wettersturz mit Minusgraden. Ich stieg flott ab, das schlechte Wetter hielt an, der Regen ließ dann nach. Ich war durchnässt, als ich den Treffpunkt erreichte, an dem mich ein junger Bergwachtmann im Geländewagen auflesen sollte. Ich wartete.

Doch der Kamerad war noch nicht so ortskundig, er hatte den Weg zum vereinbarten Treffpunkt offenbar nicht nur einmal verfehlt. Ich fror. Ich gab der Einsatzleitung durch, weiter abzusteigen, mich zu bewegen, bis zur nächsten Hütte zu laufen, statt zu warten.

Ich war triefnass, als ich die Tür der Alm öffnete. In der Stube herrschte zünftiges Leben. Die Leute waren ausgelassen, froh, für die Nacht vor dem Schlechtwetter ein Dach über dem Kopf und ein warmes Essen gefunden zu haben. Vielleicht hatten sie auch einen durchzechten Abend hinter sich. Es gab Bier und noch mehr Gaudi. Ein Witz jagte den nächsten. Doch ich war allein, ich war woanders mit meinen Gedanken. Ich blieb in meiner Welt. Jedem Retter wäre es so ergangen. Ich dachte an meinen Kameraden dort weit oben, in der Wand, im Regen und im Sturm, wolkengebettet.

Mir war nach allem anderen zumute, als die Zeit jetzt mit den lustigen Gesellen in der Almhütte zu teilen. Ich ging nach draußen. Zu kalt, ich war ja durchnässt. Ich ging wieder hinein. Einer fragte mich, was los sei. Doch reden, über mein Erlebnis, über das, was ich gesehen hatte, das war nicht möglich. Wer konnte schon wissen, ob nicht ein Freund des Verunglückten hier saß? Oder jemand von der Presse? Eine unbedachte SMS, ein gedankenloser Anruf hier aus der Hütte, wo vielleicht noch nicht mal die weiteren Angehörigen verständigt waren? Ich schwieg. Bis endlich der Kamerad mit dem Geländefahrzeug erschien. Und mich erlöste. Es war Zeit, ins Tal zu kommen. Der Einsatz war bis auf meine Rückkehr unterbrochen, bis zur Wetterbesserung am nächsten Tag. Ich fuhr heim. Mein Kamerad in der Südwand des Staufens war mir auch in der Nacht sehr nah. Gut schlief ich nicht.

Als sich das Wetter am nächsten Tag besserte, konnte der Hubschrauber den Toten wie geplant mit der Seilwinde bergen. Doch daran war ich nach Absprache mit der Einsatzleitung nicht mehr beteiligt. Ich musste dringend in die Arbeit. Bergrettung ist Ehrenamt, jedenfalls hier in Bayern."

„Meine drei Kinder," erzählt Nik Burger auf Nachfrage, „sind auch Kletterer. Unsere Familie verbringt oft die Wochenenden in den Bergen, in den Loferern. Die Verwegenste ist derzeit meine Tochter. Ich habe aber meine Kinder gebremst, sie sollen nicht meinen Ehrgeiz entwickeln, denn ich hatte bisher bei manchen Unternehmungen richtig Glück …

Für die meisten Menschen sind unsere Heimatberge eine herrliche Landschaft. Für mich sind sie Bücher und Orte, die Geschichten schreiben, glückliche, dramatische und tragische. ‚Da oben lag der Verletzte.‘ – ‚Da drüben am Wandfuß jener Tote.‘ – ‚Und da hinten in der Lawine, da dieser Unglückliche.‘

Als Staatsanwalt ist mir der Anblick eines Menschen, der gewaltsam zu Tode kam, nichts Ungewöhnliches. Ich kann die Distanz wahren. Am Berg gelingt mir das nicht so richtig. Das ist nicht mehr ein anonymer Unfallort in einer Kurve, irgendwo auf der B12. Die Berge sind mein Zuhause, und die Menschen in den Bergen sind Kameraden. Die Toten dort vergisst man nicht.

Ich bin mit meinem Kletterspezi und Freund Michi noch immer scharf unterwegs. Es ist ein Hauptgewinn, eine verständnisvolle, liebe Ehefrau und einen guten Freund und Kameraden zu haben. Ich liebe aber auch die Ruhe und die Einsamkeit. Ich suchte schon immer bewusst verlassene Steige. Hier finde ich, was mir Stärke gibt: Frieden."

*Intuition. Geschicklichkeit. Und jede Menge harte Arbeit.*
*In Finsternis und Kälte wagt sich Ralf Langer mit drei an-*
*deren Bergwachtleuten tief in eine Höhle. Dort vermutet*
*er einen Höhlengänger, der seit Stunden vermisst ist.*
*Bei dieser Rettung geht er bis an seine Grenzen.*
*Und darüber hinaus.*

Ralf Langer

# Garmisch.
# Gefangen in der Höhle des Fricken.

„Was genau es war, das mich auf der Suche nach dem Vermissten hierher geführt hatte zu diesem Punkt? Ich kann es
nicht mehr sagen. Ich stand jetzt mit drei anderen Bergwachtlern im Inneren des Fricken, 350 Meter tief in einer Höhle
im Berg, der fast 2000 Meter oberhalb Farchant aufragt. Es
war dunkel um mich. Etwa 8 Grad, doch die Kälte spürte
ich nicht. Hier war der Schlüsselsiphon. Die Stelle, die den
Weg tiefer in das fast drei Kilometer lange Höhlensystem
im Fricken, dem Berg vor Garmisch, erst einmal unterbricht.

Hier geht es nicht weiter, die Höhlendecke fällt an dieser
Stelle ab in ein Tropfwasser gefülltes Bassin. Wer noch weiter in den hinteren Teil der Höhle vordringen will, braucht
entweder Zeit. Zeit, um zu warten, bis der Wasserspiegel
im Siphon fällt und man auf allen Vieren durchs flache
Wasser unter dem hängenden Fels hindurchkriechen kann.

Oder eine Taucherausrüstung, um durchs kühlschrankkalte Becken drei bis vier Meter unter der im Wasser liegenden Felsdecke einfach durchzutauchen und auf der anderen Seite im Unbekannten wieder aufzutauchen.

Zeit aber hatten wir nicht. Ein Mann war seit 12 Stunden vermisst. Und noch vor wenigen Minuten hatte keiner gewusst, wo er genau war. Er stammte aus Garmisch und war ein erfahrener Höhlengeher. Hatte sich gestern gegen Mittag von seiner Frau verabschiedet: ‚Mach dir keine Sorgen, es kann später werden.' Er hatte das schon öfter gemacht. War Höhlengeher seit vielen Jahren. Als der Mann um 01:00 Uhr nicht wieder zuhause war, hatte sich seine Frau Sorgen gemacht, dachte aber, dass es keinen Sinn mache, Rettungskräfte mitten in der Nacht zu alarmieren. Erst als der Morgen kam, und immer noch kein Anruf, hatte sie die Bergwacht verständigt.

Und jetzt, zwei Stunden später, stand ich mit meinen Kollegen hier, weil mir irgendetwas gesagt hatte: ‚Er ist hinter dem Siphon'. Tatsächlich fand ich am Rand des Beckens seinen Schleifsack, den Höhlenrucksack, den man in Engstellen hinter sich herschleift. Er musste also tatsächlich hinter dem Siphon sein. Aber das Becken unter dem Felsen war randvoll mit Wasser. Eile war angesagt. Wir mussten hinter den Siphon in den rückwärtigen, größeren Teil der Höhle. Aber wie?"

Wenn Ralf Langer vom Einsatz in der Frickenhöhle erzählt, dann schwingt in der Erzählung des zweifachen Familienvaters aus Garmisch Verschiedenes mit. Die Anspannung, die der ausgebildete Höhlenretter damals im Berg empfand, jetzt nur keinen Fehler zu machen. Aber auch die Faszination für die andere Welt, die er im Bauch des Berges bei seinen vielen Touren stets empfindet, auch wenn er an diesem Tag im April 2014 kaum Augen für sie hatte.

Ralf Langer ist seit 18 Jahren bei der Bergwacht Oberau, er hat sich dort den Höhlen verschrieben. Und der Arbeit mit Kindern und Jugendlichen, die er Schritt für Schritt in seinen Jugendgruppen an das heranführt, was uns heute oft fremd geworden ist: Wie man sich richtig in der Natur bewegt. Er packt seine 14 Jahre Jugendarbeit in ein einfaches Credo: „Kinder müssen verdreckt heimkommen und müde – erst dann sind sie glücklich."

Bei den eigenen Kindern hat's jedenfalls tiefe Wurzeln geschlagen. Tina und Tobi sind Mitte 20 und beide seit Kindesbeinen in der Bergwacht engagiert. Nach Jahren weiter Reisen nach Neuseeland, Australien, Nepal, Südamerika und Spitzbergen kehrte Tina zurück mit der simplen Erkenntnis: „Reisen ist schön. Aber ich hab tatsächlich die Bergwacht vermisst. Die Begegnungen. Nach all dem Reisen hab ich mir geschworen, nie an einem Ort zu leben, wo ich durchs Fenster keine Berge sehen kann." Auch die Höhle im Fricken kennen beide Kinder von zahlreichen Ausflügen und Übungen gut. Tobi verfolgte den Einsatz seines Vaters vom Hubschrauberplatz unten, den die Retter bereits am Morgen eingerichtet hatten, um Helfer und Material schneller nach oben zum entlegenen Höhleneingang bringen zu können.

„Das größte Problem war für uns tatsächlich der Siphon. Wie sollten wir das Wasser da möglichst schnell rausbekommen, damit weitere Kräfte ihre Suche auf den rückwärtigen Teil der Höhle ausdehnen konnten? Eine Idee war, von der freiwilligen Feuerwehr eine leistungsfähige Pumpe raufschaffen zu lassen. Die hatten sowas und stellten uns ihr Gerät sofort zur Verfügung. Auch der Transport mit dem Hubschrauber klappte tadellos. Aber damit begannen dann die Schwierigkeiten. Weil wir etwas leistungsfähiges benötigten, war die Pumpe groß. Und wog 40 Kilo.

Das wäre für vier Männer unter normalen Bedingungen kein Problem. Aber in der Frickenhöhle war es ein großes Problem. Die Gänge einer Höhle sind eng. Fallen steil ab. Sind rutschig. Wir mussten die Pumpe nun Schritt für Schritt durch die Höhle zerren. Durch den engen Eingang der Höhle, den man nur auf Knien durchqueren kann. Dann die kleine Rampe hinauf. Über das hüfttiefe Wasserloch, das man als Tourengeher leicht rechts an der Wand umklettern kann, aber nicht mit einem 40-Kilo-Ungetüm. Dann kam die Lehmrutsche, eine V-förmige Schlucht vier Meter nach unten voller rutschigem Lehm, die man üblicherweise abwärts, am besten auf dem Hosenboden, bewältigt. Dann hat man noch ein paar Kletterpartien durch Engstellen. Und über die Felsbrocken, die am Boden liegen.

Wenn man die Strecke ohne Gepäck schnell geht, schafft man das gemütlich in einer Dreiviertelstunde. Wie lange wir gebraucht haben, weiß ich nicht mehr. Mein Zeitgefühl war weg. In der Dunkelheit hatte ich vergessen, dass es Hunger und Durst jemals in meinem Leben gegeben hatte. Irgendwann hatten wir die Pumpe dann hinten am Siphon. Hatten 300 Meter Kabel verlegt, das mit einem Generator am Höhleneingang den Strom fürs Abpumpen liefern sollte. Wir hatten den See. Wir hatten die Pumpe. Wir hatten das Aggregat. Aber beim ersten Test stellten wir fest: Die Pumpe tut nicht. Der Strom schaffte es nicht, die Strecke zurückzulegen, es kam nur wenig an. Die Pumpe japste nur müde vor sich hin.

Frustration. So ging das nicht. Eine andere Lösung für das verzwickte Problem Höhle musste her. Mittlerweile hatten wir einen Höhlentaucher in München kontaktiert. Er war bereits samt Ausrüstung auf dem Weg nach Garmisch, der Hubschrauber flog ihn sofort nach oben. Als Taucher, meinte er, hätte er den Flug ja sehr genossen.

Er zog vor der Höhle seinen Neoprenanzug an, ich steckte schon in meinem, weil ich wusste, ich würde dem Taucher helfen müssen, wenn er mit den Sauerstoffflaschen auf dem Rücken in den Siphon steigen würde. Ich hab ihm dann reingeholfen ins Wasser. Er tauchte runter. Verschwand unter dem Felsen. Aber seine Lampe drüben blieb stehen. Er kam anscheinend durch die Engstelle auf der drüberen Seite nicht weiter, weil es dort zu steil war. Ich bin dann einfach ins Wasser im Anzug. Bin ohne Gerät die vier Meter hinübergetaucht."

An dieser Stelle schaltet sich Ralfs Frau Sabine in die Erzählung. „Ich erfuhr erst hinterher, dass mein Mann das gemacht hat. Er taucht überhaupt nicht gern. Er mag es nicht. Aber dass er dann in der Dunkelheit da durch ist, nicht wissend, ob er Luft finden würde oder nicht: Da hab ich ihn hinterher schon gefragt, ob er verrückt geworden sei."

Der Gescholtene bleibt ruhig. „Ich wusste, wie weit es da rüber ist. Ich hatte das Licht des Tauchers. Und mein eigenes. An der Stelle kannte ich das Risiko wirklich. Es klappte ja auch hervorragend. Ich bin dann beim Taucher sofort raus, in den hinteren Teil der Höhle. Ich sah die vielen Gänge die dort hinten abzweigen, wenn man rauskommt. Da ist eine Halle, aus der mehrere Gänge abgehen. Ich bin dann gleich rufend in den ersten Gang hinein, als ich ein Stück weiter entfernt ein Geräusch hörte. Ich folgte dem Geräusch. Und da kam mir dann der Vermisste entgegen, etwa zehn Meter entfernt, aus dem Inneren der Höhle.

Er fror erbärmlich, hatte außer dem nassen Faserpelz, in dem er den Siphon durchschwommen hatte, keine trockenen Klamotten mitgenommen. Die Wechselwäsche lag allesamt im Schleifsack, den er vor dem Siphon draußen hatte liegenlassen.

Ich hab ihn gefragt, ob er selber rauskommt. Bin mit ihm zum Siphon, wo der Taucher auf uns wartete und den Vermissten, der selber schwimmen konnte, wieder nach drüben begleitete.

Der Vermisste hatte eigentlich nur kurz durch den Siphon in den dahinter liegenden Teil der Höhle gehen wollen. Beim Auftauchen befand er sich durch die Kälte und seiner nassen Kleidung in einer Dunstwolke. In diesem Dunst aus Nebel schlüpfte er zielstrebig in den nächsten trockenen Gang, ohne zu bemerken, dass er sich in einer Halle mit mehreren Zugängen befand. Jedes Mal, wenn er über verschiedene Gänge wieder in die Halle zurück kam, erkannte er die Halle und den See, aus dem er aufgetaucht war, nicht mehr. Es ging ihm ähnlich wie auf einem großen Parkplatz, an dem man seinen Wagen abstellt. Er ging neugierig einfach ein paar Schritte weiter in die Höhle. Mit einer schlechten Lampe. Ohne Neopren. Nur im Faserpelz. Er hatte die Orientierung verloren.

Auch das gehört zu der Welt dort unten, dass man einen Ort, an dem man noch vor drei Minuten stand, nicht wiedererkennt. Und hilflos im Kreis rennt, ohne anzukommen.

Als er sich seine Lage eingestand, begann er sich zu organisieren. Dass er genug zu trinken hat. Dass er möglichst bald trocken wird. Dass er einen Platz hat, um seine Notdurft zu verrichten, der ihm nicht sein Trinkwasser verkeimt. Als ich ihn gefunden hatte, fühlte er sich trotz allem sehr fit, hatte nur leichte Erfrierungen am Zeh. Die meiste Zeit über sei er sicher gewesen, dass jemand nach ihm suchen würde. Aber die Momente nach der Nacht am Vormittag waren schlimm, als niemand kam und die Zweifel an ihm nagten, wann jemand da draußen ihn vermissen würde.

Wieder im Tageslicht und beschämt von der Vielzahl der Helfer, die seinetwegen samt Equipment vor dem engen Höhleneingang im Steilhang waren, wollte er zu Fuß absteigen. Ihm fehle gesundheitlich nichts, er sei dazu vollkommen in der Lage. Doch die Ärzte ließen das nicht zu und flogen ihn mit dem Hubschrauber nach unten in die Klinik. In der Blutprobe wurde eine ungewöhnlich hohe Konzentration von Stresshormonen festgestellt. Eigentlich dienen die Stresshormone ja dazu, alle Systeme unseres Körpers optimal für die Notsituation zu aktivieren.

Doch in diesem Fall war sein Pegel so hoch, er hätte jeden Moment mit Organversagen tot umfallen können. Stresstod nennen das die Ärzte. Sie behielten ihn 14 Tage in der Klinik.

Aber auch mir ging es nach diesem Einsatz nicht wirklich gut. Ich war an meine Grenzen gegangen. Als ich am nächsten Morgen daheim erwachte, war ich fix und fertig. Ich war nicht mehr in der Lage, die Bettdecke von meinem Körper zu heben. Ich musste meine Frau bitten, mir wie einem Bettlägerigen mit der Decke zu helfen. Ich hatte tatsächlich vergessen zu essen, zu trinken. Vielleicht war auch mein Stresspegel so angestiegen, dass einfach nichts mehr ging.

Dieser Einsatz war für die Bergwacht eine ganz neue Erfahrung. Ein Einsatz 350 Meter tief in einem Berg – darauf waren wir in keiner Weise vorbereitet. Das konnte sich jederzeit wiederholen. Ich hatte bei diesem Einsatz zu sehr auf die bewährte Technik gesetzt. Die Pumpe hat uns in manche Schwierigkeiten gebracht, wir hatten damit bei unseren sonstigen Einsätzen keine Erfahrung. Heute würde ich es in dieser Situation mit fünf Männern mit Eimern versuchen. Bei den Seglern gibt es ja den Spruch: ‚Nichts pumpt so schnell wie ein Seemann in Angst'.

Darüber hinaus hatten wir bei diesem Einsatz die Erfahrung gemacht, dass unsere Lampen unzulänglich waren. Der Einsatz in der Frickenhöhle führte dazu, dass wir über bessere Lampen nachdachten und uns die auch beschafften.

So tief drinnen im Berg erfordert die ,andere Welt' selbst bei erfahrenen Bergrettern ein grundlegend anderes Denken, was Höhlenrettung und ihre Dimensionen angeht. Der Einsatz in der Frickenhöhle war für uns ein Lehrstück. Eines, das gut ausgegangen war, das sich aber jederzeit wiederholen konnte. Aber wie sich zeigen sollte: Ein sehr fruchtbares. Denn keine acht Wochen später erlebte die Bergwacht ihren bislang kompliziertesten Einsatz, der alle Beteiligten an ihre Grenzen bringen sollte: der Einsatz in der Riesending-Höhle.

Aber das ist eine andere Geschichte."

*Trotz guter Ausrüstung und reichlich Zeit geraten auf*
*dem Jubiläumsgrat fünf tschechische Bergsteiger in eine*
*lebensbedrohliche Situation, als einer von ihnen scheinbar*
*ohne Ursache seine Kräfte verliert.*
**Der Grat lässt keinen Ausstieg zu.**
**Und es beginnt zu schneien ...**

Benno Hansbauer / Armin Berner

# Jubiläumsgrat. Der Unbekleidete im Schneesturm.

Es ist ein wolkenloser Sonntag Anfang Juni, an dem eine Gruppe von fünf Bergsteigern auf der Zugspitze ihre schweren Rucksäcke schultert und in den Jubiläumsgrat einsteigt. Vier Männer und eine Frau aus Tschechien im Alter zwischen 18 und 56, alle erfahren, umsichtig ausgerüstet und in bester Kondition. Einer spricht sogar ein wenig Deutsch. Der Wetterbericht sagt für Sonntag und bis Montagabend sehr gute Bedingungen voraus. Schönes Wetter. Klare Sicht. Kein Wind. Erst Montagabend soll sich das Wetter verschlechtern, der Durchzug einer Schlechtwetterfront ist für die Nacht auf Dienstag angekündigt.

Aber da wollen die fünf Bergsteiger ja ohnehin längst wieder im Tal sein. Der Jubiläumsgrat ist ja auch ohne Weiteres in einem Tag zu schaffen, so haben sie es im Internet jedenfalls recherchiert und gelesen. Und dass die meisten Begeher diesen fast sieben Kilometer langen Weg in acht bis zehn Stunden schaffen.

Um auf Nummer sicher zu gehen, wollen sich die fünf zwei Tage Zeit lassen für die Tour. Das haben sie auf alle Fälle schon vorab beschlossen. Sie planen eine Übernachtung in der „Roten Biwakschachtel", der Notunterkunft auf halbem Weg zwischen Zugspitze und Alpspitze. Sie bietet zwar kein Wasser und auch keinen Proviant, doch einfache Übernachtungsplätze.

Als die Bergsteiger aufbrechen, machen Wasser und Proviant für zwei Tage ihre Rucksäcke zusätzlich schwer. Und die Ausrüstung für die Übernachtung wiegt auch. Sie kommen gut voran in dem hochalpinen Gelände am ersten Tag, die Stimmung ist gut, nur einer klagt ein wenig über die Anstrengung. Sie erreichen am Sonntagnachmittag zufrieden die Notunterkunft.

Am nächsten Morgen ist der Himmel klar, die Luft ist frisch vor der Biwakschachtel auf 2700 Meter Höhe, der Tag beginnt makellos wie der vorangegangene. Weil der Morgen so schön ist, bleiben die fünf vor der Biwakschachtel und machen sich etwas später auf den Weg.

Zur gleichen Zeit ist es unten bei der Bergwacht gegenüber dem Klinikum Garmisch ein üblicher Montagvormittag im Juni. Am Morgen ist noch alles ruhig.

Benno Hansbauer geht kurz von seinem Büro im ersten Stock in den Einsatzraum mit den großen Bergkarten an der Wand und wirft einen Blick in den Einsatzablaufkalender – das Protokoll der vorangegangenen Stunden.

Benno Hansbauer ist zu diesem Zeitpunkt 49 Jahre alt, 33 davon ist er bei der Bergwacht. Mit 16 hat er sich wie viele Jugendliche in seiner Heimatgemeinde Krün bei Garmisch der Bergwacht angeschlossen.

Im Einsatzkalender ist für den Tag noch nichts vermerkt, die Nacht war ruhig. Etwa 1000 Einsätze im Jahr allein in Garmisch steuern und koordinieren sie von diesem Raum aus, im Schnitt Tag für Tag fast drei. Die meisten sind unkompliziert. Skiverletzungen im Winter. Einfache Sturzverletzungen im Sommer.

Während oben auf dem Jubiläumsgrat die fünf Bergsteiger die ersten Meter zurückgelegt haben und Benno Hansbauer in sein Büro zurückgekehrt ist, geht in der Einsatzzentrale gegen 11:20 Uhr ein erster Notruf ein. Eine Armverletzung zwischen der Rinderscharte und den Knappenhäusern, dafür ist die Einsatzleitung Grainau zuständig, routinemäßig wird ein Rettungshubschrauber alarmiert, für diesen Einsatz kommt er von der SEARCH AND RESCUE-Staffel vom Flugplatz Penzing bei Landsberg.

Der Hubschrauber „Landsberg 58" trifft gegen 12:00 Uhr beim Klinikum in Sichtweite der Bergwachtzentrale ein. Und nimmt dort den Notarzt Dr. Armin Berner zu seinem ersten Einsatz an diesem Montag auf. Berner ist 39 und in Stuttgart aufgewachsen. Er hatte ursprünglich mit den Bergen gar nichts am Hut, als Kind hatte er sich anderes gewünscht als die ständigen Ausflüge mit den Eltern in die Berge. Doch mit 14 auf einer Bergtour allein mit seinem Bruder packte ihn die Lust auf die Berge so sehr, dass er sich später nach dem Medizinstudium am Klinikum in Garmisch und nicht in seiner Heimat bewarb. Während Dr. Berner in den Hubschrauber steigt, geht ein zweiter Anruf von der Kreuzeck-Bergstation ein. Verdacht auf Fußluxation oder Fraktur zwischen Kreuzalm und Kreuzeck-Bergstation. Eine Viertelstunde später macht sich ein weiteres Team im Pinzgauer, dem zweiachsigen Bergrettungsfahrzeug, mit drei Männern der Bergwacht und einem Arzt auf den Weg zu dem Verletzten auf dem Kreuzeck.

Keine 3000 Meter Luftlinie von beiden Einsatzorten entfernt haben die fünf tschechischen Bergsteiger ihren Weg auf dem Jubiläumsgrat fortgesetzt. Doch sie kommen nicht so voran, wie sie das geplant hatten. Die Anstrengungen des Vortages, die Nacht in der Biwakschachtel auf 2700 Meter Höhe stecken ihnen in den Knochen. Vor allem ein Mitglied der Gruppe hat Mühe, mit den anderen Schritt zu halten. Obwohl ein erfahrener Bergsteiger, muss er alle paar Meter innehalten, um zu verschnaufen. Um ihn nicht allein zu lassen, stellen sich die anderen auf sein Tempo ein. Die Gruppe ist fröhlich, sie geht halt etwas langsamer doch immer noch in guter Stimmung weiter auf dem Grat.

Gegen frühen Nachmittag haben die beiden Bergwacht-Teams ihre Einsätze abgeschlossen, der Hubschrauber ist nach Landsberg zurückgekehrt und der Pinzgauer hat seinen Verletzten im Klinikum Garmisch abgeliefert. Den Nachmittag über bleibt es ungewohnt ruhig im Raum der Einsatzzentrale. Nicht ein Anruf geht ein, der Mann am Telefonplatz beschäftigt sich wie Benno Hansbauer oben in seinem Büro mit Routinearbeiten.

Oben auf dem Jubiläumsgrat wird den fünf Bergsteigern irgendwann im Lauf des Nachmittags klar, dass sie zu langsam vorankommen. Der Erschöpfungszustand des einen hat sich verschlimmert. Dafür hat der Grat nichts von seiner Anforderung verloren. Im Gegenteil. Haben sie ein Hindernis überwunden, stehen sie schon vor dem nächsten Felsen, den sie nur über dem Abgrund hängend erklettern können. Der ‚Weg‘ führt von der Zugspitze zur Alpspitze auf dem Grat scheinbar waagrecht dahin, so haben sie es erwartet. Doch es ist anspruchsvolles Gehen entlang des Grates, das ein Höchstmaß an Kondition erfordert. Und der Weg ist kein Weg und erst recht kein Klettersteig. Er ist nur an Teilstellen gesichert. Man geht überwiegend frei auf einem schmalen Grat, von dem zu beiden Seiten die Felsen Hunderte Meter steil abfallen. Was in Routenbeschreibungen und von unten aus betrachtet waagrecht aussieht, sind fast 1000 Höhenmeter Differenz – ein ständiges Auf und Ab, das auf der sieben Kilometer langen Felskante ungeheuere Kondition erfordert. Hinzu kommt, dass es keine Möglichkeit eines vorzeitigen Abbruchs gibt, einmal oben, bleibt man oben, kein Weg zweigt links oder rechts ab. Nur einen schmaler Notabstieg über den Brunntalgrat gibt es, aber der ist so anspruchsvoll wie der Grat selbst. Wasser und Verpflegung? Gibt es nicht.

An den schwierigen Stellen müssen die vier ihren erschöpften Kameraden nun aufwändig sichern. Das kostet weitere wertvolle Zeit. Hat man auf dem Jubi-Grat einmal angefangen mit Sichern, ist es vorbei mit jedem Zeitplan.

Am frühen Abend haben die fünf die markante Nadel der Vollkarspitze vor sich. Ihnen wird klar, dass sie in den zurückliegenden sieben Stunden gerade mal ein Stück bewältigt haben, das ein durchschnittlicher Geher in einer Dreiviertelstunde schafft. Aber noch ist es hell. Noch wissen sie, dass sie immerhin zwei Drittel des Jubiläumsgrates bis zur Alpspitze bewältigt haben.

Zurück können sie nicht mehr. Von der Wetterverschlechterung ist auch noch nichts in Sicht, der Himmel ist klar. Nur wie sie den neuerlichen Anstieg auf die Vollkarspitze bewältigen sollen und erst recht den Aufstieg auf 2600 Meter zur Alpspitze, das ist ihnen nicht klar. Die Akkus der Handys werden langsam leerer. Ihre Wasserflaschen auch. Sie schwanken zwischen Optimismus und Zweifel. Zwischen „Wir schaffen das!", und stummem „Wenn das mal gut geht". Sie machen weiter. Die Sonne wird an diesem 4. Juni ja erst um 21:08 Uhr untergehen. Noch haben sie Zeit.

Irgendwann kurz nach 20:00 Uhr verletzt sich einer von ihnen am Fuß. Es ist nichts Gravierendes, aber eine Behinderung zusätzlich auf dem ohnehin schon schwierigen Abschnitt. Sie schauen hinüber nach Westen, wo die Sonne schon nahe am Horizont steht. So hoch oben haben sie auch einen wunderbaren Blick auf die dichte graue Wolkenwand, die sich aus Westen heran schiebt. Und eben dabei ist, die Sonne zu verschlucken.

Für die Leute in der Einsatzzentrale der Bergwacht ist der Abend so ruhig wie der Nachmittag. Bis auf die beiden Einsätze am Vormittag herrscht Ruhe. Kein Anruf. Kein Alarm. Gegen 20:40 Uhr, im Tal ist die Sonne längst hinter den Bergen verschwunden, klingelt es. Die Rettungsleitstelle ist dran. Ein Alarm vom Jubiläumsgrat. Fünf Personen seien noch oben. Eine Fußverletzung. Eine Telefonnummer mit tschechischer Vorwahl.

Wie üblich, nehmen sie zuerst direkt Kontakt zum Melder auf, um die Situation abzuklären. Die Verständigung ist schlecht, der Mann spricht nur gebrochen deutsch. Und sein Akku ist fast schon leer. Benno Hansbauer und seine Kollegen in der Einsatzzentrale haben kein klares Bild. Aber die Wettervorhersage und der drohende Wettersturz lassen keine Zweifel. Sie erbitten ein weiteres Mal „Landsberg 58", den Hubschrauber von Penzing, herüber. Ein Bergwachtmann wird alarmiert. Und Notarzt Dr. Berner. Als der Hubschrauber 20 Minuten später am Klinikum einfliegt, steht Dr. Berner schon bereit. Er steigt in den Hubschrauber. Aber der Pilot deutet mit dem Kopf nur nach Westen, auf die schwarze Gewitterwand, die sich im letzten Licht über den Osterfelderkopf heranwälzt. Schwüle. Windstille. Kein Blatt fällt. Dann kommen die ersten Böen. Treffen „Landsberg 58", der immer noch mit laufenden Rotoren am Boden steht. Schütteln ihn, er vibriert in den ersten Windstößen. Es mache keinen Sinn, da hochzufliegen, sagt der Pilot, da oben herrschten jetzt noch ganz andere Böen, an eine Bergung über dem Grat sei bei solchen Verhältnissen überhaupt nicht zu denken. Dr. Berner nimmt seinen Notarztrucksack und steigt wieder aus. „Landsberg 58" erhält Befehl, sofort nach Penzing zurückzufliegen. Die fünf Bergsteiger oben am Fuß der Vollkarspitze sind auf sich allein gestellt.

Dienstag, 5. Juli, 08:00 Uhr. Schwer jagt der Sturm Regen in die Bäume zwischen Klinikum und Bergwachtzentrale. Es hat die Nacht über geregnet. Benno Hansbauer ruft oben an der Zugspitz-Wetterstation an. Es ist saukalt geworden in der Nacht, um die 0 Grad, Schneefall, zwanzig Zentimeter Neuschnee ist auf den Gipfeln zwischen der Zugspitze und der Alpspitze gefallen. Immer noch weht ein böiger Westwind dort oben. Wann eine Wetterbesserung in Sicht wäre, fragt Hansbauer den zuständigen Meteorologen. Damit sei frühestens am Nachmittag zu rechnen, antwortet dieser.

Benno Hansbauer und seine Kollegen beschließen, vier Männer in das Schneegestöber auf dem Jubiläumsgrat zu schicken. An den Hubschrauber ist nicht zu denken, also fahren um 08:15 Uhr die vier Bergwachtmänner mit der Seilbahn hinauf zum Osterfelderkopf und machen sich auf den Weg. Von der Bergstation aus steigen sie über die Alpspitze und die Grießkarscharte auf. Das sagt sich so einfach. Sie überqueren exponierte Steilstellen durch knietiefen Neuschnee. Stapfen auf dem tief unter Neuschnee liegenden schmalen Grat aufwärts. Und schaffen es tatsächlich, sich in knapp drei Stunden auf Sichtnähe an die fünf tschechischen Bergsteiger heranzuarbeiten. Um 11:10 Uhr meldet sich der Einsatzleiter von oben über Funk, er sei jetzt 20 bis 30 Meter von der Einsatzstelle entfernt. Er bittet um einen Hubschrauber, die Flugverhältnisse auf dem Grat seien im Augenblick „nicht so schlecht".

Zehn Minuten später, in dem Moment, in dem „Landsberg 58" erneut im Regenwetter in Penzing abhebt, erreichen die vier Bergwachtmänner die Bergsteiger auf dem Grat. Sie haben sich, als das Schlechtwetter einsetzte, zu fünft in eine schmale Felsspalte gekauert und die Nacht dort überstanden, so gut es eben ging. Sie seien in gutem Zustand. Und nachdem man sie gefunden hatte, sogar in aufgekratzter Stimmung.

„Wir nehmen sie gleich mit", lassen sich die Bergwachtler vom Optimismus anstecken. Nur einer von den fünf ist sehr erschöpft. Was noch merkwürdiger ist: Trotz der Kälte ist er bis auf T-Shirt und Unterhosen unbekleidet. In seinem Rucksack befindet sich ausreichend warme Kleidung. Aber er hat alles abgelegt. Er hat zudem eine Schramme am Fuß.

Zwanzig Minuten später steht Dr. Berner erneut bereit, als der Hubschrauber über dem Klinikum einschwebt. Der Himmel über Garmisch hat sich am Mittag noch einmal verdüstert, um 12:00 Uhr meldet das Rettungsteam vom Grat, dass eine Helikopterbergung jetzt keinesfalls mehr möglich sein wird. Dichter Schneefall und ein neuerlicher Kaltlufteinbruch mit starkem Wind lassen den Grat, wo vorher tiefer Neuschnee lag, jetzt teilweise vereisen. Die Wetterstation auf der Zugspitze teilt mit, dass die Verschlechterung den Tag über anhalten werde.

Benno Hansbauer im Tal macht sich nun nicht nur Sorgen um die fünf Bergsteiger, er denkt auch an die eigenen Bergwachtmänner. In dieser Situation hängen der ganze Einsatz und das Leben der neun Leute oben auf dem Grat allein vom Wetter ab. Und von dem, was die Wetterberichte vorhersagen. Benno Hansbauer und seine Kollegen in der

Einsatzzentrale wollen Gewissheit. Er tut, was er in solchen Fällen immer tut. Er nimmt den Hörer in die Hand und wählt eine Nummer in Innsbruck. Am Apparat ist Karl „Charly" Gabl. Er ist Meteorologe am ZAMG, der Zentralanstalt für Meteorologie und Geodynamik. Und eine Legende nicht nur unter Expeditionsbergsteigern, die sich ihre Wetterprognosen weltweit nur vom „Charly" erstellen lassen. Karl Gabl verspricht, sich die Wetterdaten im Zugspitzgebiet sofort anzusehen und gleich zurückzurufen. Er meldet sich wenige Minuten später bei Hansbauer: Im Augenblick seien die Bedingungen tatsächlich miserabel. Aber gegen 16:30 Uhr würde über dem Zugspitzgebiet der Himmel kurz aufreißen. Der Wind würde unverändert stark wehen. Aber der Niederschlag würde nachlassen, die Wolkendecke kurz ausreichende Sicht bieten. Eine halbe Stunde. Nicht mehr. Die hätten sie. Für den Hubschrauber am Grat.

Das erste positive Zeichen? Um nicht alles auf diese eine Karte zu setzen, schickt die Einsatzzentrale bestehend an diesem Tag aus Hansbauer und zwei weiteren Bergwachtlern zusätzliche 13 Männer hinauf auf den Grat. Dr. Berner ist bei ihnen, auch er mag sich nicht nur auf das Wetterfenster verlassen. Derweil beschwört die Besatzung von „Landsberg 58" ihre Vorgesetzten, sie nicht wie vorgesehen nach Penzing zurückzubeordern, sondern sie das Wetterfenster um 16:30 Uhr nutzen zu lassen. Sie können ihre Dienststelle überzeugen, während sich die 13 zusätzlichen Bergwachtmänner oben erneut durch Neuschnee einen Weg suchen. Der Grat ist jetzt teilweise verglast, blankes Eis bedeckt stellenweise den schmalen Pfad entlang der Abgründe links und rechts. Der Grat, an sich schon Absturzgelände, ist für die Retter jetzt extrem gefährlich.

Doch der Marsch gelingt. Gegen 16:00 Uhr treffen die 13 Bergwachtler hinter der Grießkarscharte auf ihre vier

Kameraden und die Bergsteiger. Trotz des schlechten Wetters haben sich Retter und Verunglückte im Schneckentempo weiter auf dem Grat Richtung Alpspitze vorgearbeitet. Vier von Fünf seien in gutem Zustand, gibt Dr. Berner nach unten durch. Der fünfte sei allerdings in extrem schlechten Zustand. Er sei längst nicht mehr gehfähig. Über die Kletterstellen hatte man Flaschenzüge gebaut und ihn darüber bewegt. Er machte den Eindruck eines sterbenden Menschen. „Wenn wir ihn jetzt nicht sofort ins Krankenhaus schaffen, werden wir ihn verlieren", gibt Dr. Berner nach unten durch. Die terrestrische Bergung über den Grat nach unten ist für den Mann fast ausgeschlossen

Es ist gegen 16:15 Uhr, als der Niederschlag im Tal nachlässt. Wenige Minuten später reißt die Wolkendecke über Garmisch-Partenkirchen wie von Karl Gabl vorhergesagt tatsächlich auf. Ohne weiter Zeit zu verlieren, steigt „Landsberg 58" sofort auf Richtung Grat. Von oben kommt die Meldung, die Sicht bessere sich von Augenblick zu Augenblick. Wenige Minuten später macht die Hubschrauberbesatzung die mittlerweile knapp 20 Mann starke Gruppe im Schnee auf dem Grat aus. Ein erster Bergungsversuch, die Winde aus dem schwebenden Hubschrauber zu dem bewusstlosen Bergsteiger hinunterzulassen, scheitert. Zu stark ist der Wind, der Pilot muss abbrechen.

Wenig später funkt er die Bergwachtler auf dem Grat an: Er habe eine windgeschützte Stelle entdeckt. Ob sie den nicht mehr gehfähigen Bergsteiger wie auch immer zu der Stelle im Windschatten etwa 150 Meter unterhalb des Grates schaffen könnten? Er wolle dort einen zweiten Versuch wagen. Dr. Berner ist bei denen, die den Verletzten nach unten transportierten. „Es musste schnell gehen. Wir haben ihn im Biwaksack nach unten gezogen durch den Schnee. Wir konnten ihm keinen Tee einflößen, da sein

Zustand zu schlecht war." Diesmal gelingt die Bergung des schwer in Mitleidenschaft gezogenen Mannes. Kaum an Bord gehievt, dreht „Landsberg 58" sofort ab, hinunter ins Tal, Richtung Klinik.

Um 16:55 Uhr erreicht der Hubschrauber den Grat ein zweites Mal. Er kann die übrigen vier Bergsteiger abbergen. Sie kommen sieben Minuten später auf dem Landeplatz des Klinikums an. Um 17:30 Uhr startet der Hubschrauber ein drittes Mal, um Material und Bergwachtmänner abzuholen. Die übrigen Bergwachtler sind bereits zu Fuß auf dem Weg nach Garmisch. Gegen 19:00 Uhr ist der Einsatz abgeschlossen.

Das Rätsel des entkleideten Bergsteigers löst sich noch am selben Abend bei der Untersuchung in der Klinik. Dr. Berner erhält noch während des Abstiegs die Nachricht, dass der Bewußtlose wegen der Höhe an der Höhenkrankheit und einem Lungenödem erkrankt sei.

„Höhenkrankheit ist eigentlich eine Krankheit, die wir eher aus den Westalpen kennen, aber nicht aus dem Zugspitzgebiet. Die Reizschwelle liegt eigentlich bei 2700 Höhenmetern. Durch Sauerstoffarmut sammelt sich Wasser in der Lunge. Die Atmung fällt schwerer. Der Erschöpfungszustand steigt rapide. Zu den Symptomen der Höhenkrankheit gehört auch, dass ein Patient warm und kalt nicht mehr unterscheiden kann. Dies führt zum sogenannten ‚Paradoxal undressing'. Der Erkrankte begegnete uns oben nur mit T-Shirt und in Unterhosen.

Das Lungenödem, mit dem Sauerstoffmangel, gepaart mit einer leichten Unterkühlung ist Erklärung für vieles. Es erklärt die Erschöpfung und den dadurch verursachten Zeitverlust der Gruppe. Es ist neben dem Wettersturz und Mängeln in der Zeitplanung die Ursache für die Beinahekatastrophe auf dem Jubiläumsgrat.

Wenn man Höhenkrankheit schnell behandelt, ist sie auch schnell kurierbar. Der Patient kann nach einem Tag Intensivstation wieder auf die Normalstation entlassen werden. Die übrigen vier konnten das Krankenhaus sofort wieder verlassen."

Wenn Benno Hansbauer und Armin Berner heute über diesen Einsatz nachdenken, sind sie sich einig über den Ernst der Lage. „Damals rechneten wir nicht mehr damit, dass die Sache gut ausgehen könnte. Was in der aussichtlosen Lage den Erfolg brachte, war das Zusammenspiel: Das Zusammenspiel der Retter oben am Berg mit uns. Das Zusammenspiel mit der Hubschrauberbesatzung aus Penzing, die ihren Vorgesetzten überzeugen konnten. Das Zusammenspiel mit Karl Gabl. Das ist, worauf wir heute immer noch stolz sind, als an diesem Montag im Juni alles am seidenen Faden hing."

*Für Bergwacht, Extrembergsteiger und Expeditionsleiter
in entlegene Gebiete ist der 72-jährige
Karl „Charly" Gabl die Autorität. Er leitete über drei
Jahrzehnte lang die Regionalstelle der Zentralanstalt für
Meteorologie und Geodynamik (ZAMG) in Innsbruck.
Aber Karl Gabl kennt das Wetter nicht nur vom Schreibtisch. Als Berg- und Skiführer, als Extrembergsteiger
war er auf fast allen Kontinenten unterwegs.
Er trug mit zuverlässigen Vorhersagen
maßgeblich zum Gelingen weltweiter Expeditionen
und Rettungsaktionen bei.*

Karl Gabl

# Experteninterview:
# „Das Klima ist ein feuriges Pferd."

*Herr Gabl, Sie beschäftigen sich seit über 50 Jahren mit
dem Wetter und Klima. Was denken Sie übers Klima?*

Karl Gabl: Wir nehmen Klima oft wahr als einen braven
Brauereigaul, der den Karren zieht. Und mehr oder weniger
tut, was man erwartet. In Wahrheit ist das Klima ein feuriges
Pferd. Es keilt um sich und schlägt temperamentvoll aus in
seiner engen Box. Wenn du nicht aufpasst, kann's weh tun.

*Woher kommt das?*

Karl Gabl: Es braucht nicht viel. Da sind zwei Grad
durchschnittlich wärmer schon sehr viel. Mehr Wärme

kann auch mehr Feuchtigkeit aufnehmen. Dadurch erhöht sich auch das Energiepotential beträchtlich.

*Tritt das Pferd denn ganz überraschend aus? Will sagen: Wie zuverlässig ist der Wetterbericht?*
Karl Gabl: Nehmen wir mal den für Bergsteiger gefährlichen Wettersturz. Streng genommen ist das nichts anderes als ein plötzlicher Temperaturrückgang um mehr als 10 Grad Celsius. Es gibt keine meteorologischen Modelle, die das nicht aufzeigen. Und das ist bereits seit 20 Jahren so. Ein Wettersturz kommt mit Ansage. So sicher wie das Amen in der Kirche. „Vom Wettersturz überrascht" – das gibt's meteorologisch längst nicht mehr. Die Natur schlägt dann erbarmungslos zu, wenn irgendetwas Unvorhergesehenes auf einer viel begangenen Tour, einer Modetour passiert. Das sind simple Sachen: Der Wettersturz ist für Spätnachmittag angekündigt – ich hab bei der Planung übersehen, dass ich eine Tour gewählt habe, auf der viele Menschen unterwegs sind. An Klettersteigengstellen gibt's Wartezeiten. Oder etwas anderes bringt meinen Zeitplan durcheinander. Nebel. Ein kleines Malheur. Oder ein größeres. Wenn irgendetwas Unvorhergesehenes auf meiner Tour passiert: dann schlägt die Natur zu.

*Gibt es denn Stellen in den Alpen, an denen Wetterextreme häufiger auftreten als anderswo?*
Karl Gabl: In den Alpen sind vor allem die Ränder gewitterträchtig. Wetterstein und Karwendel weisen durchschnittlich 35 Tage im Jahr Gewitter auf. Am Alpensüdrand kann das fast doppelt soviel sein. Rund um die Karawanken sind es 55 Tage. In Summe fast zwei Monate kein Tag ohne Gewitter. Auch die Dolomiten sind gewittriger als der Norden. In den Dolomiten fördert die Poebene und die dort

vorhandene feuchtwarme Luft aus dem Mittelmeerraum die Entwicklung von Wärmegewittern.

*Gewitter sind doch heute gut vorhersehbar?*
Karl Gabl: Dass Gewitter kommen, lässt sich gut vorhersagen. Aber wo sich die Gewitterzelle entwickelt, kann Stunden vorher nicht prognostiziert werden. Aber man kann mit Hilfe z.b. einer Blitzortungsapp die aktuelle Position und die Zugbahn einer Gewitterzelle verfolgen.

*Wie ist das mit Lawinen?*
Karl Gabl: Da sprechen Sie tatsächlich das für Meteorologen schwierigste Thema an. Die Meteorologie misst ja alles und beobachtet, was sich über uns bewegt. Wind, Luftdruck, Temperatur, Niederschlag, Wolken etc. Ein Hochdruckgebiet weist einen Durchmesser von 1000 Kilometer oder mehr auf. Ein lawinengefährdeter Hang ist oft nur 100 Meter breit. In ihm gibt es Zonen, in denen die Spannung größer ist. Ich müsste den Hang alle zwei Meter mit einem Messpunkt überziehen, um das zu erfassen. Das kann ich nicht – jedenfalls noch nicht. Für Lawinen gibt es keine der Meteorologie vergleichbare Prognose. Meteorologen sind heute in der Lage, präzise vorherzusagen: „Zu einem bestimmten Zeitpunkt geht die Kaltfront durch". Aber kein Mensch ist in der Lage zu sagen: „Zu dieser Uhrzeit geht die Lawine ab."

*Wie wird man eigentlich „Wetterpapst"?*
Karl Gabl: Das mit der Meteorologie war eher ein Zufall. Nach der Matura, dem Abitur, hat mich ein Bericht über das „Internationale Geophysikalische Jahr 1956" begeistert. Der Glaziologe Herfried Hoinkes, der später mein Professor für Meteorologie werden sollte, berichtete über

seine einjährige Expedition in die Antarktis. Das hat mich so begeistert, dass ich nicht im Studium der Geografie, sondern bei der Meteorologie in Innsbruck landete.

*Verdanken Sie Ihren Ruf bei Extrembergsteigern irgendwelchen Top-Secret-Daten, die Sie für eine Prognose heranziehen?*

Karl Gabl: Ganz im Gegenteil. Als Sie kamen und ich Ihr Klingeln nicht hörte, saß ich gerade hier am PC. Ich nutze die Informationen, die allgemein zugänglich sind. Mehr oder weniger das, was jeder finden kann im Internet. Nein, fast alle verschiedenen Modelle, die ich brauche, sind öffentlich im Netz zu finden.

*Das klingt fast, als wäre der Wetterbericht für eine so diffizile Landschaft wie die Alpen ganz leicht?*

Karl Gabl: Das ist keine Geheimwissenschaft. Bei der großräumigen Zirkulation, beim Wind in der Höhe, zeigen die verschiedenen Vorhersagemodelle für wenige Tage relativ ähnliche Resultate an. Auch die Vorhersagen der Lufttemperatur sind sehr brauchbar. Beim Niederschlag, also Regen oder Schneefall auf hohen Bergen, liefern die Modelle oft noch sehr differierende Aussagen. Im Himalaya treten vor allem im Frühjahr große Unterschiede auf. Manche Modelle widersprechen sich sogar. Diese Unsicherheit übermittle ich auch meinen Kunden. Wenn ich zum Beispiel zwei widersprüchliche Prognosen über Neuschneemengen vorliegen habe, können beide plausibel sein. Dann teile ich dies dem Bergsteiger mit. Er muss dann praktisch „auf Sicht fahren", das Wettergeschehen vor Ort beobachten. Und selber entscheiden. Der Mann vor Ort ist ohnehin am nächsten am Wetter dran, da es in allen hohen Gebirgen der Erde kaum Wetterstationen gibt.

*Was war Ihr größter Irrtum bei der Wetterprognose?*

Karl Gabl: Oh. Irrtümer gab's und gibt's viele in meinem Berufsleben. Man produziert bei Wetterprognosen laufend Irrtümer. Die sind fester Bestandteil der Materie. Ich erinnere mich an eine Expedition in Nepal auf den Manaslu, bei der ein Bergführer zehn Leute auf den Gipfel führen wollte. Die Modelle, die ich herangezogen hatte, sagten unergiebige Schneeschauer voraus. Tatsächlich fielen dann im Hochlager III 60 Zentimeter Neuschnee in drei Stunden. Und umgekehrt: Im Frühjahr hatte ich heuer einen Kunden in Alaska, für den ich eine Prognose für die Besteigung des Denali (früher Mt McKinley) erstellte. Während ich passables Wetter für den Gipfel vorhersagte, kündete der regionale Wetterbericht in Alaska Nebel und Schneefall an. Wir nutzen zwar alle die gleichen Daten und die gleichen Wettermodelle. Wir interpretieren aber Modelle unterschiedlich. In Alaska lag ich diesmal richtig. Generell muss man feststellen, dass die Wetterprognosen heute deutlich zuverlässiger sind als vor 30 Jahren.

*Wie zuverlässig?*

Karl Gabl: Bis Anfang der 80er-Jahre waren die Aussagen oft nicht zutreffend – um nicht zu sagen katastrophal. Die Modelle waren auf einem niedrigen Niveau. Man war in der Lage, für ein bis zwei Tage im Vorhinein für den Bergsteiger ein brauchbares Bergwetter vorherzusagen. Eine kurze Zeit. Heute ist die Trefferquote einer Prognose für fünf bis sechs Tage in etwa so groß, wie in den 80er-Jahren nur für den Folgetag.

*Was ist denn nun ein besserer Wetterbericht? Einer, der scheinbar sehr detailliert ist? Oder einer, der eher grobmaschig daherkommt?*

Karl Gabl: Ich hab mich da früher häufig gewundert. Bayern ist 70.000 und Österreich 83.000 Quadratkilometer groß. Ein einziger Bergwetterbericht für diese großen Regionen ist nutzlos. Ich denke hier an den globalen TV-Sender CNN. Der Wetterbericht für alle fünf Kontinente zusammen dauert maximal zwei Minuten. Das mag ausreichend für einen Geschäftsreisenden sein, aber nicht für einen Bergsteiger. Im Gebirge sind nur regionale Wetterberichte sinnvoll.

Was ich sagen will: Zu grobmaschig ist nicht gut, wer zu vielen Leuten mit drei Sätzen etwas Verlässliches sagen will, ist zwangsläufig unpräzise. Auf der anderen Seite haben wir heute in den Netzen sehr vielfältige Wetterberichte. Manche sind auf den ersten Blick erfreulich kleinräumig und detailgenau. Doch da wird eine Genauigkeit produziert, die nur noch scheingenau ist. Ich nenne das „die detailreiche Fehlprognose". Die inhaltliche Fundierung einer Fehlprognose hat sich deutlich erhöht. Mehr Daten, mehr Modelle – das bewahrt einen bei der Interpretation aber nicht vor Fehlern. Vor allem bei den Detailvorhersagen. Ich versuche, bei meinen Prognosen eher allgemeiner zu bleiben.

*Können Sie ein Beispiel geben?*

Karl Gabl: Beim Wetterbericht bin ich kein Freund der blumigen Beschreibung. „Die Sonne öffnet ein Fenster." Noch schlimmer ist: „Die Sonne lacht." Als Bergsteiger bevorzuge ich immer noch die ältliche, heute etwas aus der Mode gekommene substantivreiche Form: „Am Nachmittag Quellwolken und Gewitter". Blumige, schriftstellerisch hohes Niveau anstrebende Wetterberichte lenken eigentlich vom Thema ab. Denken Sie bitte kurz über beide unterschiedliche Formulierungen oben nach: Welche könnten Sie sich leichter merken? Welcher Satz haftet noch Stunden später im Gedächtnis?

*Das ist interessant. Ein Wetterkundler, der sensibel mit Sprache umgeht.*

Karl Gabl: Ich mag auch das Wort Klimawandel nicht. Das suggeriert, Klima wäre irgendwann mal etwas Konstantes gewesen. War es aber nie. Der Wandel ist Charakteristikum des Klimas. Sehr wohl aber gibt es die Erwärmung. Das Auftauen der Permafrostböden. In steilen Nordwänden hat die Eis- und Steinschlaggefahr deutlich zugenommen. Die Erwärmung dürfte aber – ein geringer Nebeneffekt – auch einige Prozentpunkte weltweit weniger Lawinentote zur Folge haben, weil Schnee sich schneller setzt und besser verfestigt. Große Kälte destabilisiert die Schneedecke durch die aufbauende Umwandlung. Es bildet sich Schwimmschnee (Tiefenreif). Der ist eine klassische Sollbruchstelle für einen Lawinenabgang. Die Erwärmung sorgt für eine bessere Verfestigung.

Was den Wandel angeht: Der erfolgt heimlich, den kriegen wir nicht von Jahr zu Jahr richtig mit, da die saisonalen Schwankungen viel größer sind, als die durch den „Klimawandel".

*Was denken Sie denn nun übers Wetter von morgen?*

Karl Gabl: Abgesehen von der Zunahme der Starkregen haben die Alpen nach wie vor das „beste Klima der Welt". Gerade im Sommer werden in den Mittelgebirgslagen und darüber nur wenige oder gar keine heißen Tage oder schwüle Tage vorkommen. Nur die Esel fahren in die Hitze. Dennoch müssen wir mit nationalen, aber vor allem mit globalen Aktionen gegen die drohende Erwärmung vorgehen.

*Christian Auer kennt die Berge, seit er als kleiner Bub seinen Vater auf Touren begleitete. Und er weiß, wie es sich anfühlt, von einer Lawine mitgerissen und verschüttet zu werden. Er hat es selbst erlebt. In einer Silvesternacht werden während eines Schneesturms schlimme Erinnerungen wach, als ein paar junge Leute bei Sturm und Nebel ihre Almhütte nicht finden.*

Christian Auer

# Am Geigelstein. Eine Silvesterfete.

Wenn Christian Auer über jenen Tag vor 25 Jahren spricht, als er die Lawine am eigenen Leib kennenlernte, wirkt er nachdenklich. Denn was er erzählt, kann nicht nur Bergamateuren zustoßen, sondern auch erfahrenen Bergsteigern. „Wir waren auf einer Skitour zu fünft. Mein Vater, drei weitere Bergfreunde und ich. Ich war 21.

Es ging gegen Ende März und hatte vorher Sturm gegeben, der enorm viel Neuschnee gebracht hatte. Gegen Nachmittag querten wir den Hang unterhalb der Gurnwand. Mein Vater und unsere Freunde gingen schon lange in die Berge. Ich hatte gerade erst – und ziemlich zügig – meine Prüfungen abgelegt und war zwei Jahre dabei, als das passierte.

Der Hang unterhalb des Kamms war weder groß noch hatten wir die Gefahr geahnt. Es war sehr neblig und es schneite stark. Der Aufstieg war bis dahin gut verlaufen, nichts hatte auf Lawinengefahr hingewiesen.

Genau in dem Augenblick, als ich einen der Freunde meines Vaters zum Spuren im tiefen Neuschnee ablösen wollte, geriet die Schneedecke ins Rutschen. Sie riss mich einfach mit. Ich fiel um. Rutschte. Spürte meinen Kameraden, den ich gerade hatte überholen wollen, unter mir. Als alles vorüber war und still stand, spürte ich immer noch Bewegungen unter mir, aber ich konnte mich nicht bewegen. Ich lag wie einbetoniert, die beiden Ski an den Füßen hielten mich fest.

Plötzlich war da nur noch eine weiße Stille. Ich lag im Schnee, war bis zum Oberkörper begraben. Aber eine Hand war frei, ich konnte mit dem Arm ins Freie greifen, der Schnee oberhalb war weich und locker. Graben, graben mit einer Hand, dann mit zwei Händen. Sehen konnte ich nichts. Unter mir hatten die Bewegungen aufgehört. Dann konnte ich mich vollends aus dem Schnee wühlen. Schnell konnte ich auch den Kameraden, der unter mir lag, befreien, mein Schneeloch war groß genug.

Aber wo war mein Vater? Und wo die anderen? Einen entdeckte ich, sein Oberkörper lag frei, aber er war offensichtlich bewegungsunfähig. Und rief um Hilfe. Das abgegangene Schneefeld war nicht groß. An einer Stelle ragte ein Skistock aus dem Schnee, den kannte ich. Es war der meines Vaters. Ich rannte zum Skistock und fing mit bloßen Händen zu graben an. Nach wenigen Zentimetern kam der Kopf meines Vaters zum Vorschein, er atmete, lag flach im Schnee, ich grub ihn aus, so schnell ich konnte. Auch er war einigermaßen OK. Nur unseren fünften Mann, den konnten wir nicht finden. Ich entschied mich deshalb, die anderen drei alleine weitersuchen zu lassen, und selber Hilfe zu holen. Abfahren ins Tal, ein Auto stoppen, hoffen dass die Bergwacht uns schnell zu Hilfe eilen würde. Mit Unterstützung eines Hubschraubers konnte die Bergwacht tatsächlich meinen Vater und zwei seiner drei Freunde Stunden später bergen. Nur unserem Freund konnten sie nicht mehr helfen Er war in der Lawine seinen Verletzungen erlegen."

Das Erlebnis hat Christian Auer geprägt. „Die Lawinengefahr ist bei mir ganz anders präsent als bei jemandem, der das nicht erlebt hat. Das heißt nicht, dass ich keine Skitouren mehr gehe. Es gibt nichts Schöneres als aufzusteigen an einem kalten, klaren Wintermorgen. Aber ich laufe anders durch die Welt. Bei Warnzeichen für Lawinen, starkem Wind, Schneeverwehungen oder wenn es viel geschneit hat.

So wie bei dem Einsatz am Silvestertag vor wenigen Jahren ... Auch da hatte Sturm starken Schneefall gebracht. Bis ins Tal hatte der Schneesturm alles tief verweht. Morgens um drei riss mich ein Alarm der Nachbar-Bergwacht in Schleching aus dem Schlaf. Der Alarm war zunächst nicht an unsere Bereitschaft Marquartstein gerichtet, ich drehte mich erst noch mal im Bett um, aber es ging um eine Vermisstensuche in Schleching bei Schnee und Sturm. Da war an Schlaf nicht mehr zu denken. Wenige Minuten später summte das Gerät erneut. Diesmal meinte der Alarm unerbittlich die Bereitschaft Marquartstein. Eine Vermisstensuche. Morgens um 03:00 Uhr.

Draußen tobte der Schneesturm, in dieser Nacht auf Silvester waren noch einmal 30 bis 40 Zentimeter Neuschnee gefallen. Während ich mich anzog und aus dem Fenster sah, kreisten in meinem Kopf ständig zwei Fragen: ‚Wieso kommt um diese Uhrzeit überhaupt ein Alarm rein?' Und vor allem: ‚Wie kann man um diese Zeit und bei diesen Bedingungen überhaupt sinnvoll da oben jemanden suchen?'

Auf dem Weg nach Schleching erfuhr ich, dass es sich um drei Personen handelte, die vermisst wurden. Drei junge Erwachsene. Aus der Gegend, eigentlich ortskundig, die am Vortag zur Rossalm in der Nähe zum Geigelstein aufgestiegen waren und ihr Ziel, eine Hütte, verfehlt hatten. In der Einsatzleitung gab es dann Genaueres. Oben herrschte starker Nebel. Starker Schneefall. Ein wütender Sturm. Und extreme Schneehöhen. Wir wussten nicht, wo die drei waren. Sie hatten sich am Vortag, als der Wind aufgefrischt hatte, per Handy gemeldet, dass sie den Weg verloren und die Hütte, auf der sie feiern wollten, verfehlt hätten.

Ihre Eltern waren bergerfahren, was so ein Wetter angeht, sie hatten mit ihnen telefoniert, ihnen geraten: „Da wird noch mehr Schnee kommen. Grabt euch in einer Schneehöhle ein. Und übersteht das Wetter." Das hatten die drei gemacht. Aber morgens gegen 02:00 Uhr war wohl ihre Grenze erreicht worden. Einer von ihnen hatte ein zweites Mal aus der Schneehöhle angerufen: ‚Wir erfrieren. Holt uns hier raus'. Daraufhin war Alarm ausgelöst worden.

Die Schlechinger hatten eine ungefähre Vorstellung, wo man die Suche beginnen könnte: im Rossalmgebiet. Das war zumindest ein Anfang, doch das Gebiet ist riesengroß. Am Berg herrschte hohe Lawinengefahr. Risikomanagement war gefragt. Die zweite Frage lautete: Wer von den Rettern hatte so viel Erfahrung, dass er sich bei dieser Lage überhaupt in so ein Gelände begeben konnte? Und das auch freiwillig wollte? Uns war klar: Wir brauchten möglichst viele Erfahrene im Team, um das Risiko jederzeit klar einschätzen zu können, soweit das möglich war.

Von einer ersten Gruppe, die unmittelbar nach dem Alarm den Aufstieg gewagt hatte, wussten wir, dass sie kaum vorankam. Es lag so viel Schnee, dass ein Vorwärtskommen selbst auf Skiern ein mühseliges Unterfangen war. Deshalb nutzten wir die Pistenraupe, die uns nach oben brachte.

Es war übel. Die Nacht. Der Schneefall. Das gespenstische Reflektieren des gelben Funkellichtes auf den verwehenden Schneeflocken. Dann kam auch die Pistenraupe nicht mehr weiter. Ich sprang von der Raupenkette herunter – und versank bis zum Bauch im Neuschnee.

Mich freiwühlen aus dem Tiefschnee, meine Ski anschnallen ... Es dauerte in den lockeren Schneemassen fast eine Ewigkeit, bis wir uns auf den Weg machen konnten zum Latschengrat, wo wir die anderen antrafen. Gott sei Dank trug der Sturm den Schnee von den lawinengefährdeten Bereichen weg. Aber auf dem Latschengrat lag er so tief, dass wir selbst auf Skiern für jeden Schritt Minuten brauchten, um auf den eingeschneiten Latschen vorwärtszukommen. Kaum hatte man sich frei gewühlt, sank man mit dem nächsten Schritt erneut tief ein. Es war unglaublich kraftraubend, mit den schweren Rucksäcken auf dem Rücken sich langsam nach oben vorwärts zu graben.

Das Übelste war: In dem nächtlichen Neuschnee- und Nebelchaos wussten wir nicht, wonach wir überhaupt suchen sollten. Spuren? Ausrüstungsteile? Alles, was uns einen Hinweis auf die Vermissten hätte geben können, war verweht, lag unter Neuschnee begraben, wenn überhaupt etwas da war. Wie findest du einen da drin?

Eine zweite Mannschaft, die von der gegenüberliegenden Seite aus Aschau hätte aufsteigen sollen, um uns entgegenzugehen, hatte den Aufbruch zunächst verschoben. Die Kameraden hätten durch lawinengefährdetes Gelände aufsteigen müssen, hatten also den noch schwierigeren Aufstieg. Sie wollten erst den Morgen abwarten, um den Berg und seine gefährdeten Hänge bei Tageslicht in Augenschein zu nehmen.

Gegen 08:00 Uhr morgens tappten wir durch erstes Grau. Jeder achtete auf seinen Vordermann. Sturm und

Schneefall waren etwas leichter geworden, immerhin wussten wir exakt, wo wir waren, als ein Funkspruch einging. Die Vermissten, so hieß es, hätten sich aus eigener Kraft in die geplante Almhütte gerettet. Sie hatten die Nacht wohl nur wenige Meter neben der Hütte im Schneeloch verbracht, aber die Hütte im dichten Schneetreiben einfach nicht gefunden. Das entspannte unsere Situation merklich, vor allem waren wir froh, dass keine Toten zu bergen waren. Und wir nicht im weitläufigen Gelände der Rossalm mit nichts anderem als unseren Rufen nach den drei Verschollenen suchen mussten. Auch die Bergwachtkollegen aus Aschau waren zeitgleich eingetroffen.

Als wir die Almhütte erreichten, hatten die drei drinnen Feuer gemacht. Die Hütte war seit Wochen nicht beheizt, trotz des Feuers war es eiskalt. Die Vermissten waren nach ihrer durchwachten Nacht wohlauf, so stellten sie es jedenfalls dar, aber wir hatten eher einen anderen Eindruck. Wahrscheinlich war ihnen unser Erscheinen und der Rummel, der ihretwegen ausgelöst worden war, unangenehm. Sie waren, obwohl sie mit dem Berg vertraut waren und es besser hätten wissen müssen, für ihr Vorhaben nicht unbedingt gut ausgerüstet: Einer war auf Tourenski unterwegs. Einer mit Schneeschuhen. Der dritte trug nur Bergstiefel, die nass geworden waren im Neuschnee. Und danach gefroren waren zu steinharten Klumpen. Noch nie zuvor hatte ich ein so hart gefrorenes Paar Bergschuhe gesehen.

Wir kochten ihnen und uns etwas Heißes, eine Packung Pasta, die vom Herbst übriggeblieben war. Und Tee. Bei einem von ihnen wollte das Bibbern und Zittern und Schlottern so gar nicht vergehen. Er fror stark trotz des warmen Essens, er gefiel uns ganz und gar nicht.

Wir beschlossen, alle drei nicht allein auf der Hütte zu lassen, sondern ins Tal zu bringen.

Das sagt sich eher leicht. Die drei gaben sich fröhlich. Aber waren sie überhaupt gehfähig? Konnten sie so gut Skifahren, dass man sie überhaupt auf Ski stellen konnte? Konnten sie runterrutschen? Die Aussagen der drei waren widersprüchlich und nicht überzeugend. Und die Bedingungen draußen vor der Tür waren es noch weniger.

Mit viel Zureden ließen sie sich überzeugen, mit uns ihren Abtransport vorzubereiten. Wenn wir sie oben zurückgelassen hätten ... und nachts wäre ein erneuter Alarm gekommen, weil einer von ihnen tatsächlich nicht in Ordnung war, was dann? Und wenn sie es uns noch so oft versicherten, dass sie OK seien: Wir wussten, wir hatten selbst jetzt nur ein enges Zeitfenster, um uns bei Tageslicht einen Weg durch den tiefen Neuschnee nach unten zu bahnen. Allerspätestens gegen 14:00 Uhr müssten wir aufbrechen, wenn wir noch mit der Dämmerung unten ankommen wollten. Je fünf von uns nahmen einen der Jungen in die Mitte. Dann brachen wir auf. Und ließen die Hütte in der Schneewüste zurück.

Es war alles nicht einfach. Und letztlich ging es nur gut, weil wir von der Hütte aus alles akribisch vorbereitet und geplant hatten, sonst hätte uns der unglaublich viele Schnee zu schaffen gemacht. Wir hatten Stationen vereinbart, an denen uns Kollegen erwarteten. Sie hatten für uns lawinengefährdete Hänge umgangen und sichere Wege ins Tal gespurt.

Zwei Stunden später erreichten wir mit dem letzten Licht die Priener Hütte, ein Wegstück, für das man zu Fuß bei gutem Wetter nicht länger als 30 Minuten braucht. Dort warteten bereits Fahrzeuge, um die drei zu übernehmen. Und uns nach 15 Stunden Einsatz ins Tal zu bringen. Ich war heilfroh, dass die Vermissten und keiner der Kollegen in eine Lawine oder in ernsthafte Gefahr geraten war.

Gegenüber meinem eigenen Lawinenunglück 25 Jahre zuvor hat sich vieles geändert. Tourengehen im Winter ist populärer als damals. Schneeschuhtouren im tiefen Winter sind verlockend. Was Lawinen angeht, haben wir heute bessere, aktuellere Informationen als je zuvor. Die Lawinenwarndienste sind richtig gut. Aber nur, wenn man diese Information beherzigt, ist man auch an extremen Tagen in der Lage, sich im Gelände richtig zu bewegen.

Die Verlässlichkeit ist aber zugleich verführerisch. Und das gleich zweifach: Wenn die Technik, eine App oder das Smartphone mir heute sagen: ‚Keine Lawinengefahr‘, dann verlasse ich mich darauf. Das fällt allzu leicht, statt selbst genau zu schauen und meinen eigenen Augen zu trauen, was da draußen wirklich Sache ist. Ich selbst bin verantwortlich für das, was da draußen passiert. Niemand anderes.

Und die Silvesterfete vor drei Jahren? Im Tal angekommen, war für uns der 31. Dezember noch nicht zu Ende. Ein Folgealarm wegen einer Lawine an der Kampenwand verlief glimpflich, es hatte keine Verschütteten gegeben. Nach der Kampenwand kam ich noch halbwegs rechtzeitig zum Silvesteressen bei Freunden. Vom Silvesterfeuerwerk habe ich nichts mehr mitbekommen. Lange vor Mitternacht schlief ich bei Kerzenlicht über meinem Teller ein. Meine Frau und die Freunde ließen mich an diesem Abend einfach schlafen, wo und wie ich war."

*Jan Waibel gehört mit seinen 27 Jahren zu den jungen
Bergwacht-Leuten. Einer seiner ersten Einsätze führt ihn
zu einem abgestürzten Gleitschirmflieger. Doch bei diesem
Fall bleibt es an diesem Wochenende nicht…*

Jan Waibel

# Alpspitze. Meine ganz normalen Wochenenden in den Bergen.

Wenn man den 27-jährigen Jan Waibel fragt, wie er denn seine Freizeit im Winter verbringt, hat er schnell eine Antwort: „Ich mache dasselbe wie im Sommer. Nur in Weiß". Seit er 12 ist, geht er in die Berge. Es waren seine Eltern, beide begeisterte Berggeher und Wintersportler, die den kleinen Jan und dessen Schwester in der Rückentrage vom schwäbischen Schwäbisch-Gmünd aus auf ihre Ausflüge in die Berge nahmen. Heute, sagt der 27-Jährige, würde er extremere Sachen machen als seine Eltern. Bergsteigen. Klettern. Touren in den Hochalpen. Solche Sachen.

Jan Waibel ist im schwäbischen Schwäbisch-Gmünd aufgewachsen. Von dort aus ist es ein Stück in die Hochalpen. Aber die schwäbische Alb ist nah, das Plateau, das beim Albuch steil abfällt und Kletterern und Gleitschirmfliegern eine Heimat für ihre Leidenschaft bietet.

Zur Bergwacht kam er durch einen Rauswurf. „Bis ich 12 war, kannte ich eigentlich nur Leichtathletik. Aber dann eröffnete mir mein Trainer, dass meine Leistungen für einen Leistungssportler nicht reichen würden. Das nagte an mir. Mein Vater hat dann mit mir überlegt, was ich stattdessen machen könnte. Dessen Freund brachte mich in die Bergwacht Schwäbisch Gmünd, die den Verletzten auf der Alb helfen."

Jan Waibel machte sich neben der Schule an die Arbeit. Absolvierte Kurse. Bestand Prüfungen, die er bei der Bergwacht Baden-Württemberg machen konnte. Mit dem Abitur in der Tasche zog er nach München, um den Alpen und seiner wirklichen Leidenschaft näher zu sein. „Ich bin dann auch bald zur Bergwacht Oberbayern gegangen, hab alle meine Scheine vorgelegt, und dachte: Da kann ich gleich loslegen als AEK, wie wir das im Jargon nennen, als ,Aktive Einsatzkraft'. Aber da hieß es: ,Wir retten Menschen in den Alpen. Das ist ganz anders als auf der Alb. Du wirst weitere Prüfungen machen müssen.'

Ich hab also mit dem Lernen wieder von vorn begonnen. In Notfallmedizin war ich fit, ich fahre ja seit langem an Wochenenden in Rettungswagen mit. Die Prüfung im Akia-Fahren auf Skiern war dann tatsächlich neu für mich. Auch die Büffelei für die ausgiebige schriftliche Prüfung brachte mich noch mal weiter: Wetterkunde. Funktechnik. Sicherheit am Berg. Die praktischen Eignungstests waren spannend: Im Sommer muss man 900 Höhenmeter in 90 Minuten schaffen. Hört sich einfach an, zehn Höhenmeter pro Minute. Wenn man das eineinhalb Stunden lang machen soll mit einem 10 bis 15 Kilo schweren Rucksack, wird's anstrengend. Im Wintereignungstest muss man zeigen, dass man bei Lawinenunfällen den Umgang mit dem Verschütteten-Suchgerät beherrscht." Alles in allem: Einiges an Training, Übung und Büffelei, sagt Jan Waibel. Er arbeitet als Exportkaufmann in München, fürs Lernen blieben nur die Wochenenden, die er im Sommer häufig in der Diensthütte der Bergwacht auf der Alpspitze verbringt.

„Ich erinnere mich gut an einen meiner ersten Einsätze auf der Alpspitze. Es war ein Wochenende im Juni letzten Jahres. Ich saß in der Sonne vor der Hütte und war am Pauken für die Bergwacht-Prüfung, als der Anruf aus Garmisch reinkam. Ein abgestürzter Gleitschirmflieger läge an der Alpspitzbahn. Mehr nicht. Wir waren zu dritt in der Hütte, haben dann den Einsatz kurz abgestimmt, was wir brauchen. Wir wussten nicht, wie das Gelände ist, wussten nur, dass wir mit dem Auto hinauffahren können."

Jan Waibel unterbricht seine Erzählung kurz. Er denkt nach. „Bei allen Einsätzen ist das für mich der Moment der größten Anspannung. Der Moment, in dem ein Alarm reinkommt. Der Moment, bevor es losgeht. Da, wo ich noch nicht weiß, was auf mich zukommt. Ist das Gelände gut? Oder ist es unwegsam? Wie steht es um den Verunglückten? Ich war aufgeregt. War gespannt, was auf mich zukommt. Finde ich einen Verletzten vor, der möglichst mit den Rettern mitarbeitet? Oder einen mürrischen? Einen Leichtverletzten? Oder einen Schwerverletzten? Jeder Alarm ist anders. Keine zwei sind gleich.

Wir fuhren zur Unfallstelle hoch. Der Abgestürzte war nicht zu übersehen. In einer Gruppe von Menschen lag ein jüngerer Gleitschirmflieger am Fuß einer Felswand auf dem Rücken. Er machte einen erfahrenen Eindruck. Eine Böe hatte ihn unglücklich erfasst, er war am Gleitschirm in die Felswand geknallt, auf dem Bauch die Wand entlang runtergerutscht, mit den Beinen voraus aufgekommen. Als wir ihn erreichten, merkte ich, wie sich der Verletzte entspannte. Es ist ein typisches ‚Jetzt kann ich loslassen'-Verhalten, sobald einen Verletzten die Hilfe erreicht. Allein dies ist jedes Mal ein gutes Gefühl für mich, zu spüren, wie

Menschen sich jetzt ein Stück weit in den richtigen Händen wissen. Wir holten unsere Sachen aus dem Wagen, vor allem den Helikopter-Bergesack. Bei Gleitschirmabstürzen wird automatisch wegen der anzunehmenden Rückenverletzungen von der Rettungsleitstelle ein Hubschrauber herbeigerufen.

Wir begannen sofort mit der Untersuchung des Verletzten. Das ABC-Schema, unser Richtschnur-Leitfaden als Rettungskräfte, fiel positiv aus: A wie ‚Airways' – Luftwege – kontrollieren. B wie ‚Breathing' – die Atmung. C wie ‚Circulation' – der Kreislauf. Der Verunglückte atmete normal. Er konnte sprechen, sein Puls war etwas höher, die Haut nicht kälter als üblich. Er lag ungewöhnlich steif da bei unserem Eintreffen, was später von Vorteil sein sollte. Äußerlich war alles OK, aber bei Gleitschirm-Abstürzen ist die Gefahr innerer Verletzungen hoch. Vor allem die Wirbelsäule ist häufig betroffen. Aber wie es um ihn stand, das konnten wir nicht beurteilen.

Wir betteten den Mann, so gut es ging, dann war auch schon der Heli da, er stand über uns in der Luft, ich hatte Funkkontakt zum Piloten, der uns mitteilte, er könne hier nicht landen und wolle den Einsatz lieber aus der Luft machen. Wenige Augenblicke später winschte der Hubschrauber auch schon den Notarzt zu uns runter, den wir gleich informierten. Offensichtlich war er mit unseren Maßnahmen einverstanden. Er schlug vor, den Verletzten sofort nach Murnau ins Unfallklinikum abzutransportieren. Wir haben ihn in unseren Helikopter-Bergesack eingepackt, eine Art Schlauchboot mit Vakuummatratze, die man an den Körper anpassen kann. Das ging einfach, weil der Verletzte beim Anheben sehr steif war. Die Hubschrauberbesatzung winschte den Verunglückten zusammen mit dem Notarzt hoch. Der Heli stand noch eine Minute über uns in der Luft, solange die Besatzung eben brauchte, um den Mann oben zu verstauen. Dann entfernte er sich nach Norden, Richtung Murnau.

Dass er innere Verletzungen hatte, konnten wir am Unfallort nicht feststellen. Später hörten wir aus Murnau, dass der Mann tatsächlich eine Wirbelsäulenfraktur hatte. Er wurde sofort operiert. Weil von der Rettungsseite aus alles optimal gelaufen ist, denke ich, dass er beste Chancen auf Genesung hatte.

Ob ich von meinen ehemaligen ‚Patienten' etwas höre? Nein. Nie. Das erwarte ich auch nicht. Der beste Moment bei einem Einsatz ist, wenn ein Verunglückter oben im Heli angekommen und sicher verstaut ist. Das ist für mich das Positivste, das es geben kann. Wenn ein Einsatz glücklich zu Ende ging."

Doch damit war Jans Wochenende auf der Alpspitze noch nicht zu Ende.

„Es war mein bisher ereignisreichstes Wochenende auf der Alpspitze. Es waren viele Einsätze. Am nächsten Tag war das Wetter nicht mehr ganz so gut. Über Nacht hatte es geregnet. Dampfende Nebelschwaden zogen durchs Gebirge, es war Nachmittag zwischen 14:00 und 15:00 Uhr. Ich war allein auf der Hütte geblieben, die beiden Kollegen waren zu einem Einsatz mit einer Oberarmverletzung gefahren, als der Alarm von der Rettungsleitstelle Garmisch einging. Man meldete eine gestürzte Person mit Fußverletzung. Ich hab' in die Karte geschaut, wo der Unfallort ist. Von der Hütte waren es zu Fuß zehn Minuten bergabwärts. Also nahm ich meinen Rucksack mit dem Verbandszeug. Und bin stramm losgelaufen.

Von Weitem deuteten schon die Umstehenden auf eine am Boden liegende Wanderin: „Da liegt jemand". Tatsächlich lag da eine etwa 65-Jährige auf dem Waldboden, sie hatte Schmerzen im Fuß, eine Freundin stützte sie von hinten. Sie war kreidebleich, ihre kühle Haut und die leicht blauen Lippen deuteten auf ihren schockigen Zustand hin. Ich konzentrierte mich wieder auf das ABC-Schema. Atemwege. Atmung. Kreislauf. Ganzkörpercheck. Das Sprunggelenk der Verunglückten war ausgerenkt. Sie war offensichtlich auf der steilen Straße abgestiegen und war in ihren einfachen Halbschuhen mit glatter Sohle abgerutscht. Sie hatte starke Schmerzen.

Der Helikopter kam. Mit derselben Besatzung vom Vortag, das ist manchmal schon fast ein freudiges Wiedersehen. Nach der ersten Untersuchung kamen auch meine Kollegen im Einsatzfahrzeug zusammen mit einem Sanitäter. Während sie die Versorgung übernahmen, musste ich den Helikopter einweisen, Nebelschwaden nahmen dem Piloten die Sicht. Die Notärztin aus dem Heli kümmerte sich um die Versorgung, sie verabreichte Schmerzmittel.

Bei diesem Einsatz habe ich viel gelernt: Während ich der Notärztin zusah, wie sie langsam die Nadel in die Handvene der Patientin steckte, renkte der Sanitäter genau in diesem Augenblick mit einer schnellen, harten Bewegung das Sprunggelenk wieder ein. Von dem sehr schmerzhaften Einrenken bekam die Patientin überhaupt nichts mit. Sie hatte sich ganz auf den Piekser in ihrem Handrücken konzentriert."

Jan Waibel hat in diesem Sommer 2018 viele Unfälle gesehen. Und Verletzte auch. Den Mountainbiker auf der Quengeralm im Brauneck, der auf seiner Abfahrt einer Wandergruppe ausweichen wollte und sich, als das Vorderrad im Schotter wegrutschte, die Schulter ausrenkte. Einen 90-Jährigen, der sich eine Platzwunde am Arm holte und nicht wollte, dass ihm geholfen wird.

Vielleicht treffen Sie Jan Waibel ja eines Tages am Berg. Oder einen seiner Kolleginnen und Kollegen. Seien Sie freundlich zu ihm. Denken Sie an die vielen Geschichten, die Jan Waibel Ihnen erzählen könnte. Wie die Wanderin von der Alpspitze mit dem ausgekegelten Sprunggelenk zu Jan Waibel sagte, als sie in den Hubschrauber geschoben wurde: „Ich finde es toll, dass es noch Leute gibt, die so etwas machen!"

*Ein kleiner Ausrutscher mit großen Folgen: Die Bergret-*
*terin und Ärztin Julia Thiele gerät selbst in eine brenzlige*
*Situation. Obwohl nicht schwer verletzt, erscheint ihre*
*Situation fast ausweglos. Ob ein Ausrüstungsdetail ihres*
*Bruders sie aus der schwierigen Lage befreien kann?*

Julia Thiele

# Marmolata. Gefangen im Eis.

Über sich sagt Julia Thiele, sie sei ein Winterkind. Im Winter sei sie am liebsten draußen unterwegs, beim Skifahren,
beim Telemarken, beim Langlaufen, beim Zipfelbobfahren
und ganz besonders bei Skitourengehen, alles auch gerne
mal allein. Der Winter. Die Kälte: Dies sei ihre Zeit. Ein
bisschen Abenteuer steckt in der Unterammergauer Ärztin,
wenn sie erzählt, wie sie mit ihrer Schwester Anfang 20 zu
Fuß über die Alpen gelaufen sei, von Oberstdorf bis Meran,
nur draußen übernachtet.

In Füssen aufgewachsen, war sie schon früh mit den
Bergen vertraut. Im Sommer Bergtouren, im Winter Skifahren, das hätten die Eltern den drei Kindern mitgegeben.
Im Medizinstudium in Würzburg sei alles etwas einge-
schlafen, berichtet sie, aber nach diversen Zwischenstati-
onen in München, Tansania, der Schweiz, der Karibik und
in Bocholt im Westmünsterland habe sie sich in Garmisch
in der Klinik beworben, um den Bergen näher zu sein. Dort
sei sie auch zur Bergwacht gekommen.

„Eigentlich bin ich da bloß hin, um Menschen kennenzulernen, die wie ich in die Berge wollen. Danach hab ich gesucht. Gefunden hab ich Menschen, die ich sonst nie kennengelernt hätte: Seilbahnbesitzer und Ziegenhirten. Raupenfahrer und Senner. Maler und vor allem Einheimische, denen ich wohl nie begegnet wäre. Und die bei aller Unterschiedlichkeit zwei Dinge verbinden: die Berge. Und das Helfen."

Seit über zehn Jahren macht Julia Thiele Dienst, als Ärztin begleitete sie auch schon Expeditionen in den Himalaya. Doch die Geschichte, die sie erzählt, ist eine andere. Es ist ihre eigene Geschichte.

„Es war im September 2008, ein schöner Frühherbst mit besten Bedingungen. Ich war seit einem dreiviertel Jahr zum ersten Mal wieder in den Bergen ‚richtig' unterwegs, eine Knieverletzung vom Skifahren war quälend langsam verheilt, zu langsam. Ich freute mich so, endlich wieder eine Tour in den Bergen gehen zu können, war aber auch etwas in Sorge, wie meine Knieverletzung das mitmachen würde. Eine Woche hatten mein Bruder und ich uns Zeit genommen, um in den Dolomiten Klettersteige in der südlichen Pala-Gruppe zu gehen. Die Tour hatte mein Knie klaglos mitgemacht. Weil alles so gut ging, beschlossen wir, nach vier Tagen in der Pala-Gruppe fürs Wochenende noch hinüber Richtung Marmolata zu fahren. Wir wollten noch zwei Tage Klettersteig gehen und von der Contrini-Hütte auf der Südseite über den Westgrat zum Gipfel der Marmolata auf- und auf der Nordseite über den Vernel-Gletscher zur Seilbahn absteigen.

Das war der Plan. Die Nacht hatten wir auf der Contrini-Hütte verbracht. Am Abend hatten wir uns noch beim Hüttenwirt erkundigt, ob unser Weg auch wirklich gangbar sei. Der Hüttenwirt versicherte uns, die Tour wäre ohne

Schwierigkeiten machbar. Wenn man sich im Abstieg über den Vernel-Gletscher entlang der seitlichen Schotterfelder halte, brauche man nicht mal Steigeisen, Spalten gebe es auf dem Gletscher keine. Auch im Führer war von Spalten oder Steigeisen keine Rede. Es war mein Bruder, der sich trotzdem Steigeisen auf der Hütte lieh. Er war noch nie damit gegangen und wollte drüben beim Abstieg lernen, am Gletscher zu gehen. Ich war ja die Erfahrenere von uns beiden, ich dachte, ‚Die brauch ich nicht. Ich geh über's Schotterfeld und Spalten gibt's ja eh keine.'

Früh um 06:00 Uhr verließen wir die Hütte. Über den Klettersteig in der Südwand stiegen wir auf, um von dort hinüber auf den Westgrat zu kommen, das Wetter am Morgen war klar. Überm Westgrat zog es zu. Langsam nahm die Bewölkung zu, es war abzusehen, dass es Regen geben würde.

Nach dem Gipfel wärmten wir uns noch kurz in der Capanna Punta Penia auf und machten uns anschließend an den Abstieg, wieder über den Westgrat. Auf dem Vernel-Gletscher angekommen, zeigte ich meinem Bruder, wie man die Steigeisen anzieht. Zuerst stakste er zaghaft auf dem Eis herum. Dann gewann er Vertrauen. Er begann, übermütig auf dem Eis zu tanzen und zuletzt wie eine junge Geiß auf dem Eis herumzuhüpfen. Ich hab ihm eine Weile vom Rand aus zugesehen, wie er aufgeregt hüpfte und sprang. Er war so begeistert, dass er gar nicht mehr runter wollte vom Eis, sondern meinte, er wolle nicht am Rand, sondern übers Eis absteigen. Mittlerweile hatte leichter Niesel eingesetzt, mein Bruder drehte um und wollte los. Ich beschloss, ebenfalls den direkten Weg über den Gletscher zu nehmen, auch um ihn nicht allein zu lassen. Ich wollte hinter ihm den Gletscher querend absteigen. Ich trug noch den Klettergurt und meine schweren Bergstiefel vom Klettersteig, hatte aber keine Steigeisen an und folgte meinem Bruder auf dem etwa 40 Grad steilen Eishang, während er munter voraus lief. Gefährlich hatte das alles nicht ausgesehen, ich dachte mir, ‚Da komm ich schon runter'.

Es war nur ein kleiner Ausrutscher, mit dem ich mich auf dem steilen Hang plötzlich auf den Hintern setzte. Aber es blieb nicht beim Hinsetzen. Ich kam auf dem regennassen Eis ins Rutschen, ich spürte, wie meine Goretex-Kleidung mein Rutschen noch beschleunigte, wie ich immer schneller wurde auf dem Rücken liegend, Beine voraus.

Der Gletscher ist ja nie ganz eben, es gab da Buckel und Aufwerfungen, mein Hirn arbeitete fieberhaft an einer Lösung, wie ich nur meinen Fall bremsen könnte. Reflexartig suchte ich nach der nächsten Aufwerfung, um mich mit den Beinen daran abzufangen und den Rutsch abzustemmen, während gleichzeitig eine innere Stimme warnte: ‚Nimm bloß nicht das rechte Bein, das Knie ist immer noch nicht 100 Prozent fit.' Dann kam ein Buckel in Sicht, unterhalb vor mir. Noch während ich ihn anpeilte, sah ich einen kurzen Moment die Spalte davor, es war nur ein kurzer Augenblick. Dann rutschte ich, mehr als ich fiel, wie ein Stück Seife in die Spalte. Sie war nicht groß, ich fiel nicht tief, vielleicht zwei Meter. Dann wurde sie enger, mein verdrehtes Bein und der Rucksack bremsten meinen Rutsch. Ich fiel nicht weiter. Ich steckte fest.

Bald erschien das besorgte Gesicht meines Bruders über mir, während ich mir meine Situation klar machte. Ich steckte im oberen Teil der Spalte zwischen den Eiswänden. Unter mir führte die Spalte weiter nach unten. Rechts und links lief Regenwasser die Wände herunter. Immer wieder rutschten Steine und kleine Felsbröckchen über den Rand in die Spalte und fielen auf mich. Es dauerte nicht mal ein paar Minuten und ich war vollkommen durchnässt. Ich war richtig eingeklemmt. Mich hielt der schwere Rucksack. Das war gut. Und schlecht zugleich, denn ich konnte mich in dieser Lage nicht bewegen. Keinen Millimeter. Meine Beine waren blöd eingeklemmt in der nach unten enger werdenden Spalte. Ich steckte hilflos fest. Ich hatte Angst, dass mich die Schwerkraft weiter die glitschigen Wänden in die Spalte hinunterziehen würde. Angst, dass ein Stück Eis, das mich jetzt hielt, ausbrechen, ich noch tiefer reinrutschen könnte in die Spalte.

Nichts bot Halt. Alles war nasses, extrem glitschiges Eis. Der Rand der Spalte war eigentlich zum Greifen nah. Doch ich steckte hilflos fest.

Es war früher Nachmittag. Es regnete. Es war alles andere als Flugwetter. Und ich war durchnässt. Doch ich wusste: Ich war nicht allein. Mein Bruder war ja da. Ich sah sein Gesicht über mir. Ich steckte nicht tief. Aber trotzdem war ich einfach meilenweit weg. Seine Hände über mir konnte ich nicht greifen.

Mein Bruder griff zum Telefon. Er wollte die Bergrettung alarmieren, die nur eine Stunde entfernt war. Aber ich, selber bei der Bergwacht, ich wollte das nicht. Stolz und Scham hielten mich davon ab. ‚Bis die hier sind, sind wir doch längst wieder draußen‘, sagte ich. Er war da anderer Meinung, aber ich ließ nicht zu, dass er mich überzeugte. ‚Das schaffen wir selbst.‘

Ich meine, wir waren beide ruhig, aber ich verstand diesmal als Unfallopfer, nicht als Notärztin, dass die Situation des Retters oftmals auch sehr belastend sein kann. Ich mochte zwar die Bergerfahrenere sein, aber er war in der Situation, jetzt helfen und alles richtig machen zu müssen. Viel Ausrüstung hatten wir nicht dabei. Es hatte ja nur ein unspektakulärer Abstieg über ein Schotterfeld werden sollen. Mein Bruder hatte, einer Angewohnheit folgend, immer Bandschlingen im Rucksack, wenn er in den Klettersteig ging. Ich weiß noch, dass ich mich manchmal darüber lustig gemacht hatte. Jetzt reichte er mir die Bandschlingen herunter, ich konnte sie tatsächlich greifen. Eine Bandschlinge, das ist ein simples Band aus besonders belastungsfähiger Kunstfaser, das ringförmig verknüpft ist. Es war den Versuch wert.

Ein erster Versuch: Mein Bruder zog von oben an der Bandschlinge sein ganzes Körpergewicht einsetzend. Ich klemmte aber fest, es ging keinen Zentimeter aufwärts. Er zog noch einmal mit aller Kraft. Er zog und zog. Aber kaum, dass ich mich ein paar Zentimeter nach oben bewegt hatte, rutschte ich samt schwerem Rucksack gleich wieder in die ursprüngliche Position zurück. Ich steckte in der Spalte fest wie eine Schraube im Dübel. Ich kam nicht raus, so sehr wir das auch versuchten.

Eine gefühlte Ewigkeit mühten wir uns ab. ‚Das gibt's doch nicht. Ich bin so nah an der Oberfläche, ich wieg' doch keine 60 Kilo, das muss doch gehen, so nah an der Kante.' Es war mein Bruder, der nach einer halben Stunde die erst verstörende, dann rettende Idee hatte: ‚Du musst versuchen, den Rucksack loszuwerden, Julia. Versuch's.' Ich wusste instinktiv, dass das richtig war. Der ohnehin schwere, jetzt noch vollgesogene Rucksack, er war ein Anker, der mich unten hielt. Aber wie das ein Anker so tut: Der Rucksack hielt mich auch fest. Er garantierte, dass ich nicht weiter in die Spalte abrutschte. Er war meine Sicherung. Was jetzt?

Es kostete all meinen Mut. Erst drehte ich den einen Arm aus der Schlaufe. Dann den anderen. Dann gelang es mir, sogar eine der Bandschlingen am Rucksack zu befestigen, denn meinen Rucksack wollte ich keinesfalls aufgeben. Den Rucksack konnte mein Bruder an der Bandschlinge ganz leicht aus der Spalte ziehen. Ich spürte, dass ich auch ohne Rucksack richtig feststeckte. Und verklemmt war. Als mein Bruder wieder an der Bandschlinge zog, die ich erneut fest umklammerte, ging erst nichts. Wer die Idee hatte, weiß ich nicht mehr, aber irgendwann ließ mein Bruder meinen Rucksack an der Bandschlinge wieder zu mir hinab, ich schlüpfte verkehrt herum in die Gurte des Rucksacks. So ging es endlich nach oben. Qualvoll langsam. Zentimeter für Zentimeter. Wenn die Bandschlingen doch nur bis zum Klettergurt gereicht hätten, den ich immer noch trug. So musste mein Bruder mich an den Armen ziehen, sobald er mich greifen konnte. Aber es klappte. Diesmal war ich draußen.

Es war schon deutlich nach 16:00 Uhr. Es nieselte immer noch auf dem Gletscher. Wir befanden uns auf 3000 Meter und es war ziemlich kalt. Ich war durch und durch nass. Hatte Schürfwunden. Und ein taubes Knie, wo es in der Eiswand eingeklemmt gewesen war. Im Rucksack war alles eingeweicht. Um wenigstens etwas Trockenes auf den Leib zu bekommen, kramte mein Bruder eine alte Hose aus seinem Rucksack heraus, sie war mir viel zu groß, aber das machte nichts.

Jetzt aber nichts wie los. Das restliche Stück, zur Seilbahn hinunter, waren es noch 300 Höhenmeter. Den restlichen Weg über den Gletscher klammerte ich mich fest von hinten an meinen Bruder, er hatte ja immer noch die Steigeisen an und konnte damit gut und sicher auf dem Eis gehen. Auf dem nassen Gletscher wollte ich weiß Gott kein zweites Mal ins Rutschen kommen. Sobald das restliche Gletscherstück geschafft war, mussten wir nur noch auf schottrigem Untergrund bis zur Bergstation der Seilbahn queren. Aber auch das Reststück des Weges klammerte ich mich ganz eng an meinen Bruder. Wir erreichten die Seilbahn wohlbehalten, das Liftpersonal fuhr uns gnädigerweise bergab, obwohl wir erst nach Bahnschluss dort ankamen. Eigentlich hatten wir den Abend noch in den Bergen bleiben wollen. Aber ich weiß noch: Ich wollte sofort weg aus den Bergen. Wie ein kleines Kind wollte ich an dem Abend nur noch heim zu Mama und Papa.

Was wir in dieser Situation richtig gemacht haben? Wir haben die Situation mit den geringen Möglichkeiten, die wir hatten, gut gelöst. Man kann mit Kameradenhilfe viel erreichen. Mein Bruder hatte damals keine wirkliche Ahnung von behelfsmäßiger Bergrettung, ich hatte gerade bei der Bergwacht angefangen. Allerdings hatte er im Rucksack das bessere Equipment. Dabei hatte ich ihn noch etwas getadelt – gerade wegen der Bandschlingen. ‚Die braucht man doch nicht draußen am Rucksack hängen lassen, um allen zu zeigen: Ich geh klettern', hatte ich das belächelt.

Was ich anders machen würde heute? Wir hätten definitiv die Bergrettung informieren sollen. Wenn unser Rettungsversuch mit den Bandschlingen nicht geklappt hätte, wäre das Zeitfenster zu eng gewesen, um noch die italienische Bergrettung zu verständigen. Mein Bruder lag vollkommen richtig, in dieser Situation Hilfe verständigen zu wollen. Sie wäre zumindest auf dem Weg gewesen, wenn bei uns etwas schiefgegangen wäre oder die behelfsmäßige Rettung aus eigener Kraft nicht geklappt hätte. Es war mein Stolz, die Scham über mein Missgeschick, die das verhinderte.

Eines wird mir in Erinnerung bleiben: Die Spalte war nicht tief. Und doch war ich darin wie eingemauert. Wie im Schraubstock. Ich hätte mich keinesfalls selber befreien können. Und ich hatte mir auch nicht vorstellen können, wie schwer es sein könnte, einen eher leichten Menschen, der zum Greifen nah ist, aus einer Spalte zu ziehen. Ich muss heute sagen: Ich hab den Gletscher als Naturgewalt definitiv unterschätzt."

Julia Thiele, das Winterkind, ist nach wie vor gern im Winter unterwegs. Wenn man sie fragt, ob sie ihr Erlebnis gut überwunden hat, lacht sie. „Das schon. Nur wenn ich manchmal im Winter auf einer Skitour bin, es ist leicht angefroren und rutschig, dann ist mir die Situation nicht geheuer. Ein steiler Hang, mit hartem, firnigem Schnee: Dann ist mir nicht wohl. Ich merke dann, wie ich fünf Mal schlucken muss, bevor ich weitergeh' oder abfahre. Wie sie dann wieder da ist. Die Spalte auf der Marmolata."

*Auf der Spur eines vermissten E-Bikers. Uwe Pirgl über eine waghalsige Kletteraktion und ein E-Bike wie eine Fata Morgana in einem Baum.*

## Uwe Pirgl

# Am Bläßleskopf.
# Hängt ein E-Bike im Baum ...

„Ich wusste in diesem Moment genau: Was ich jetzt mache, ist die volle Unvernunft. Die vom Wind gefällten Bäume in dem steil abwärts führenden Tal. Die morschen, glitschigen Baumstämme in dieser Aprilnacht. Aber sie waren der einzige Weg runter über den Wasserfall. Morgens um halb eins. Die Straße hatten wir vor Stunden verlassen. Waren der Spur des vermissten E-Bikers gefolgt bis hierher. Wir wussten längst nicht mehr, wo wir uns genau befanden. Denn wo wir waren, war noch nie ein Mensch gewesen vor uns in dem steilen Bachbett. Bis auf den vermissten E-Biker. Was hatte er nur hier gesucht? Doch es half nichts.

Die Radspur im Schnee hatte uns genau an diesen Punkt geführt. Über den Wasserfall zwischen den Steilwänden. ‚Ich muss da jetzt runter. Über die Stämme. Das ist der einzige Weg nach unten‘, rief ich Anna, der Hundeführerin, zu, deren Border Collie an der Leine zerrte und mir nach wollte. Anna nickte mir zustimmend und aufmunternd zu, während ich mich rückwärts auf einen der glitschigen

Baumstämme setzte, die Oberschenkel fest um den rutschigen Baumstamm schloss und sie mit aller Kraft zusammenpresste. Ich versuchte, den aalglatten Stamm im Alleingang kontrolliert nach unten zu rutschen. Es war Unvernunft. Oder pures Adrenalin, je nachdem. Nach fünf Stunden Suche nach dem Vermissten pusht dich das Adrenalin einfach rauf. ‚Er muss hier irgendwo sein', hämmerte es in meinem Kopf, gefolgt von einem ‚Bau bloß keinen Scheiß. Sonst war's das'.

Meter für Meter ging es abwärts, an den seifigen Stamm gepresst, um ja den Halt nicht zu verlieren. Dann sah ich es. Irgendwo schräg unter mir. In der Felswand hing ein Fahrrad im Baum. Ein schwarzes E-Bike. Es hing einfach auf drei Meter Höhe im Baum. Glitzerte im grellen Schein meiner Stirnlampe. Was machte das E-Bike da? Was machte ich da? Wo war der Vermisste?"

Uwe Pirgl ist alles andere als ein Freak. Da sitzt ein vernünftiger Mann Anfang 50. Einer, der in seinem Beruf als Industriemechaniker beim Schrauben eines verinnerlicht hat: „Geh überlegt vor. Schritt für Schritt. Überleg dir genau, was du machst. Wie du's machst." Man kommt nicht weit als Mechaniker, wenn man nur dem Adrenalin folgt. Aber da gibt es auch noch die andere Seite im Mann. Die, die es wissen will. Die, die sagt: „Hast du's drauf?" Die den Widerstand sucht.

Bevor er Industriemechaniker wurde, lernte Uwe Pirgl Schlosser. Eigentlich Widerstand genug im Leben, Eisen seinen Willen aufzuzwingen. Weil's doch noch nicht reichte, ging er mit 18 zur Feuerwehr. Ein Erlebnis in seinen Allgäuer Bergen brachte dem passionierten Bergsteiger und Mountainbiker etwas Neues ins Leben. „Eine Kletterin kam an einer Steilstelle nicht weiter. Blockierte. Ich habe sie rübergeführt. Und ins Tal begleitet." An die Bergwacht dachte er bei diesem Erlebnis noch nicht. Er war ja bei der Feuerwehr, er wusste nur, dass ihm dieser Moment viel bedeutete: jemandem in den Bergen geholfen zu haben.

Aber wie das Leben so spielt: Uwe Pirgls Chef war Funktechniker bei der Bergwacht Sonthofen. Aus dem anfänglichen „Ich geh halt mal mit auf einen Ausbildungsabend" wurde ein „Fang ich halt noch mal bei der Bergwacht an". – „Aber ich bleib ganz unten", schwor er sich, kleinlaut wegen der knackigen Ausbildung, die vor ihm lag. Und von der Aussicht auf einen Ausbildungsabend pro Woche, den Winterdienst mit mehreren ganzen Tagen von Zuhause weg im Skigebiet zu sein, sowie mehreren Bereitschaftswochen im Jahr, die sieben Tage – 24 Stunden rund um die Uhr – dauern.

Aus dem „Bleib ganz unten" wurde nichts. Seit zehn Jahren ist Uwe Pirgl Einsatzleiter. In jener Aprilnacht auf der Suche nach einem vermissten E-Biker am Bläßleskopf südöstlich des Grünten war er als Einsatzkraft im Gelände

„Ich erinnere mich gut an die Geschichte, weil ihre Umstände durch und durch merkwürdig waren. Die Nacht an einem Samstag im April. Ich weiß das noch, weil die meisten von der Bergwacht bis in die tiefe Nacht auf der Hochzeit eines Kameraden waren. Ich selber war auf dem 75. Geburtstag meiner Mutter, als gegen 22:00 Uhr der Alarm reinkam. Ich hab gleich meine Sachen gepackt. Eine Vermisstensuche, die kann sich hinziehen bis früh am Morgen. Da muss ich etwas zu trinken im Rucksack haben. Wir trafen uns im Einsatzraum der Bergwacht. Jedenfalls die, die von der Hochzeit weg überhaupt noch einsatzbereit waren.

Der E-Biker war von seiner abendlichen Radtour nicht wie verabredet in seine Pension in Sonthofen zurückgekehrt. Soweit war alles klar. Doch die Tour, die der Mann um den Bläßleskopf hatte fahren wollen, gab uns Rätsel auf. Nicht weil sie merkwürdig gewesen wäre. Der Grünten ist bei Mountainbikern beliebt. Nur jetzt im April? Da oben lag immer noch Schnee. Tiefer Schnee. Was machte der Mann dort oben auf dem E-Bike?

Aber die Meldung war eindeutig. Wir schafften unser Quad, das vierradgetriebene Allradvehikel, rauf und brachten nach und nach damit acht Leute zum vereinbarten Ausgangspunkt, dem Wanderparkplatz Tiefenbacher Eck. Wir kannten die Runde gut und waren optimistisch: ‚Den Vermissten haben wir gleich'. Vom Parkplatz bretterten wir durch den nächtlichen Wald. Tatsächlich hatte es getaut. Der Schnee war an manchen Stellen weggeschmolzen, Schotter kam darunter hervor. Andere Stellen lagen noch tief bedeckt. Nur eine Spur des E-Bikers fanden wir nicht, so sehr wir im Licht der Quad-Scheinwerfer auch Ausschau hielten. Wo wir den E-Biker vermuten, war er nicht.

Das Quad kam wegen hohen Altschnees nicht weiter, wir gingen zu Fuß den Weg weiter hinauf, an der Tiefenbacher Hütte vorbei. Und dann war sie plötzlich zu sehen: eine einsame Radspur im Schnee. Sie kam uns von Norden entgegen. Aber statt in unsere Richtung weiter talwärts die Straße entlang zu führen, bog die Spur unvermittelt nach links ab. In einen Tobel, ein enges Tal zwischen steil abwärts führenden Wänden zu beiden Seiten eines Gebirgsbaches. Im Schein der Stirnlampen schauten wir uns an. In dem Tobel war noch nie ein Mensch gewesen – jedenfalls keiner von uns. Was will ein Mountainbiker da unten am Wasser?

Wir machten uns an den Abstieg und folgten der Spur die Schlucht hinunter. Nach einiger Zeit wussten wir selber nicht mehr, wo wir waren. Wir hatten unsere Position in den Landkarten verloren. Wir mussten die Einsatzleitung anfunken und unsere GPS-Koordinaten per Funk durchgeben. ‚Wir haben euch wieder. Wir sehen eure Position jetzt in der Karte. Wir schicken euch von unten eine weitere Mannschaft entgegen. Vier Leute mit einem Suchhund.'

Das war die gute Nachricht. Unser Weg wurde immer ungangbarer. Auch der Spur zu folgen, war eine Kunst. Mal war sie deutlich sichtbar im Altschnee. Wo er geschmolzen war, verloren wir sie, es dauerte, bis wir sie mühsam wieder entdeckt hatten. Aber es wurde rätselhafter und rätselhafter. Wie wollte hier nur einer vielleicht in leichtem Schuhwerk und schwerem E-Bike durchkommen, wo wir mit bester Ausrüstung erheblich Mühe hatten? Das Bachbett. Steilwände. Tote Altholzbestände, kreuz und quer übereinander. Tiefer Altschnee. Was hatte da jemand gesucht?

Eine halbe Stunde weiter talabwärts. Ein Windbruch lag im Tobel. Die Winterstürme der vergangenen Jahre hatten die Fichten reihenweise abwärts entlang des Tobels geworfen, sie wiesen nach unten wie die Nackenhaare eines Hundes. Die Fahrradspur vor uns führte ganz deutlich da hinein. Der Tobel. Eine Steilwand. Ein Wasserfall. Und nach dem Wasserfall plötzlich – ein Hilferuf. Da rief jemand.

Wir versuchten zuerst, den Mann zu lokalisieren. Wir sahen ihn nicht. Wie sollten wir da runterkommen? Selbst bei gutem Tageslicht war das Gelände undurchdringlich."

Dies war der Moment der Unvernunft. Der Moment, in dem Uwe Pirgl beschloss, dass der Weg abwärts nur über den Baumstamm führen konnte und er das E-Bike im Baum entdeckte.

„Ich starrte noch auf das Bike, als von weiter unten erneut ein schwacher Hilferuf kam. Aber wo ich war, kam ich nun endgültig nicht weiter. Nichts ging mehr.

In der Dunkelheit ein kleiner Wasserfall. Dann ein Absatz, an dem es sieben, acht Meter steil hinab ging. Was immer den Mann hierher gebracht hatte: Vermutlich hatte er es bis hierher zum Wasserfall geschafft. Dann war er offensichtlich in das verblockte Gelände unterhalb gestürzt, vielleicht hatte das Fahrrad sich im Fallen im Baum verfangen, während der Mann im Bachbett aufschlug.

Später berichtete er, er habe das Bewusstsein verloren. Als er wieder zu sich gekommen war, hatte er einen Arbeitskollegen verständigt, doch nur für einen Augenblick. Der Handyempfang im Tobel war sofort abgerissen.

Ich steckte oben fest. Der Verunglückte irgendwo unten. Ich hörte weitere Rufe. Die zweite Gruppe war von unten herangerückt und näherte sich. Nach längerem Herumsuchen in der Dunkelheit entdeckte ich eine Abbruchkante, über die ich abwärts zum Vermissten klettern konnte.

Er war offensichtlich am frühen Abend gegen 18:00 Uhr losgefahren. Weil es für April ungewöhnlich warm gewesen war, war er in kurzer Hose und T-Shirt aufgebrochen. War mit dem E-Bike schnell unterwegs gewesen. Er lag verletzt halb im Bachbett, hatte vermutlich eine Rippenfraktur, war durch und durch nass und ausgekühlt.

Wir hatten den Mann endlich gefunden. Doch jetzt, nachts um 01:30 Uhr, begann der schwierigste Teil des Einsatzes, die Bergung des Mannes aus dem Tobel. Während sich ein Teil von uns um den Verletzten kümmerte, versuchte ich den Abtransport zu organisieren. Eine terrestrische Bergung also eine bodengebundene Rettung, schien uns in diesem Gelände unkalkulierbar, der Mann musste schnellstmöglich ins Krankenhaus. Da kam nur ein Hubschrauber infrage. Doch der Polizeihubschrauber, der uns bei der Suche unterstützt hatte, hatte zwar eine Wärmebildkamera an Bord. Aber keine Winde. Er zog unverrichteter Dinge ab. Im Funkkontakt mit dem Einsatzleiter erbaten wir eine Maschine mit Winde. An einem Sonntagmorgen, nachts um 02:00 Uhr. Einen Hubschrauber mit Winde ... Unser Einsatzleiter versprach, alle Hebel in Bewegung zu setzen. Kurze Zeit später meldete er sich: Die regulär verfügbare Maschine stehe defekt am Boden. Negativ also. Er würde weiter rumtelefonieren. Und gleichzeitig eine weitere Mannschaft nach oben beordern mit einer Gebirgstrage, um für alle Fälle noch einen Plan B zu haben, falls er an keinen Hubschrauber rankäme.

Mittlerweile waren die Bereitschaften aus Sonthofen, Immenstadt und Hindelang mit etwa 50 ehrenamtlichen Rettern an diesem Einsatz beteiligt. Es dauerte nicht lang, da war eine Gebirgstrage unterhalb von uns an der Straße verfügbar. Jetzt mussten wir ,nur' noch eine Abseilanlage bauen, um den Verunglückten sicher da rauszuziehen.

Ein erneuter Funkspruch des Einsatzleiters: Im schweizerischen Chur wäre ein Rettungshubschrauber der Schweizer REGA aufgestiegen. Gegen halb drei, wir hatten den Mann mittlerweile herausgezogen, hörten wir ihn anfliegen. Wie in einem Theaterstück erschien der Schweizer Doktor an der Winde hängend über uns im nächtlichen Wald. Wir mussten jetzt nur noch den verunglückten E-Biker zu der Stelle bringen, über der der Hubschrauber stand. Um ihn nicht sinnlos kreisen zu lassen, wiesen wir dem Piloten einen Landeplatz auf einer Lichtung etwas weiter entfernt zu.

Doch kaum waren wir soweit, meldete sich der auf der Lichtung in der Dunkelheit stehende Hubschrauber, dass er nicht mehr starten könne. Sein Display sei komplett ausgefallen. Seine Anzeigen seien stockdunkel. Ohne Techniker und Ersatzteile wäre nichts zu machen.

,Gehe zurück auf Los. Ziehe nicht 4000 Euro ein', heißt es in einem Gesellschaftsspiel. Wir waren wieder da, wo wir begonnen hatten. Kein Hubschrauber also. Die schier unmögliche terrestrische Bergung als einzige Möglichkeit, den Verunglückten ins Krankenhaus zu bringen. Wir mussten den Mann per Hand rausbringen. Wir warteten keine Minute mehr. Wir zogen ihn einfach rauf. Durch den Baumverhau, über den Wasserfall. Durch den Tobel hinauf. Bauten einen Flaschenzug, um den Verletzten nach oben durch das Wirrwarr an Bäumen, Ästen, Blattwerk zu ziehen. Dann legten sich die Kollegen im Mannschaftszug ins Zeug: Zehn Mann zogen am Seil, das über Umlenkrollen geführt wird. Zwei Mann hoben und zogen an der Gebirgstrage, um sie über die ungangbare Stelle zu zerren. Der Rest, auch ich, folgte der Trage langsam nach oben."

Wann genau Uwe Pirgl und seine Kollegen am Morgen ins Bett kamen, weiß er nicht mehr.

Selber leidenschaftlicher Mountainbiker, befürchtet nicht nur er steigende Unfallzahlen: „E-Biker sind in der Regel nicht mehr die klassischen Mountainbiker, die vorher entscheiden konnten, ob sie den Aufstieg überhaupt in den Knochen haben. Es sind jetzt eher Radausflügler, die die Kraft des E-Bikes nutzen, um leichter auf einen Berg zu kommen. Wie eine Aufstiegshilfe. Das E-Bike erleichtert den Zugang auf den Berg. Familien mit Kindern fahren jetzt die steilen Wege hinauf. Menschen nutzen das E-Bike nun aber auch, um abgelegenere Wege zu erkunden.

Das E-Bike erfordert aber noch mehr Aufmerksamkeit bei der Abfahrt als ein Mountainbike. Es ist schwerer. Das wohldosierte Bremsen mit den Fingern: Das muss noch mehr geübt werden als beim Mountainbike, bei dem sich die Unfälle fast ausschließlich bei der Abfahrt ereignen."

Vom Morgen danach weiß Uwe Pirgl nichts mehr. Nur noch, dass er am Sonntag nach fünf Stunden Schlaf erwachte mit der Frage in seinem Kopf: „Das E-Bike. Oben im Baum: Es hängt noch immer da im Tobel. Wie sollten wir das nur schaffen, es ebenfalls zu bergen?"

Doch das, da schmunzelt Uwe Pirgl, war eine andere Geschichte.

*Peter Geyer ist Bergführer und Extrembergsteiger.*
*Seine Touren führten ihn auf jeden der fünf Kontinente*
*bis in die Antarktis. Er war 40 Jahre in der Bergführer-*
*ausbildung aktiv und ist seit 25 Jahren als*
*Sachverständiger für Bergunfälle tätig.*

Peter Geyer

# Experteninterview: „Fehler macht der Mensch. Nicht der Berg."

*Herr Geyer, beim Zitat von Reinhold Messner fällt mir*
*ein... Hatten Sie selbst schon mal am Berg einen Unfall?*
Peter Geyer: Mit Gästen, die ich führte, Gott sei Dank
nie. Nur allein ist mir das passiert. Gleich zwei Mal. Das
erste Mal war es ein Sturz 300 Meter durch 60 Grad steiles
Gelände. Das zweite Mal war es ein freier Fall 50 Meter in
die Tiefe.

*Kann man derartige Stürze überleben?*
Peter Geyer: Ich hatte beide Male ungeheures Glück.
Der 50-Meter-Sturz ereignete sich Anfang Mai, was für
mein Überleben entscheidend war. Ich war im Wilden Kaiser beim Klettern allein unterwegs. Im oberen Teil der Route, in einem Quergang mit brüchigem Fels, wollte ich mich
selbst sichern, dafür hatte ich ein Seil mit 20 Meter Länge
dabei. Aus irgendeinem Grund – und anders als sonst – zog

ich einen Seilschwanz frei hängend hinter mir her. Als ich in einer stumpfen trittlosen Verschneidung weit spreizend kletterte, verklemmte sich das Seil unter mir im Fels, ich versuchte, es irgendwie aus der Wand zu schütteln. Dabei verlor mein Fuß, der nur auf Reibung gesetzt war, den Halt.

Ich wusste: Das war's jetzt! Ich hatte jeden Halt verloren. Ich fiel einfach. Aber weil es Frühsommer war, lag am Einstieg 50 Meter weiter unten im steilen Gelände noch weicher Schnee. Ich knallte in diese von durchnässten Firnschnee gepolsterte Schräge, das fing den Großteil der Wucht auf. Dann rutschte ich etwa 100 Meter den Hang hinunter. Dort blieb ich liegen. Als ich mich nach einigen Augenblicken ungläubig aufrichtete, tat mir tatsächlich nichts weh. Bis auf ein paar Schrammen war ich nicht verletzt. 30 Meter links von mir waren zwei andere Bergsteiger unterwegs, die hatten alles gesehen und sagten: „Wir haben die Schnauze voll für heute. Wir steigen ab".

*Was haben Sie aus diesem Sturz mitgenommen?*
Peter Geyer: Ich war damals viel allein unterwegs. Allerdings hab ich das nur an Tagen gemacht, an denen ich vom Physischen und Psychischen uneingeschränkt gut drauf war. Mir war eigentlich immer bewusst, welches Risiko ich eingehe. Der 50-Meter-Sturz war ein blöder Fehler. Das Seil lose hinterher zu ziehen. Das geht einfach nicht.

*Und Ihr zweiter Absturz?*
Peter Geyer: Der Absturz im 300-Meter-Steilgelände in Chamonix in der Nordwand der Les Courtes war dagegen fast klassisch, was die Ursachen angeht. Das kann ich Jahre später vom Standpunkt des Unfallsachverständigen fest-

stellen. Es passierte im Abstieg in einer kurzen, flacheren Passage, in einer insgesamt 60 Grad steilen Eisflanke. In dem leichteren Teilstück ließ für einen kurzen Augenblick die Anspannung nach und mit ihr meine Konzentration. Ich ging nicht mehr ganz so sauber und konzentriert. Verhakte mit den Steigeisen in der Gamasche, das reichte zum Sturz.

*Sie sind dann durch steiles Absturzgelände gestürzt?*

Peter Geyer: Bei diesem Sturz hat mich gerettet, dass ich keine Felsberührung hatte, sondern 300 Meter wie in einer Bobbahn durch Eis und Schnee bedeckte Rinnen stürzte.

*Was geht in einem Menschen vor, wenn er 300 Meter fällt?*

Peter Geyer: Ich kann nicht mehr sagen, ob ich geschrien habe. Ich weiß nur, dass ich keine Panik hatte. Dass ich trotz Wucht und Fall versuchte, meinen Körper irgendwie zu kontrollieren, so gut oder schlecht das eben möglich war. Ich versuchte, mit den Steigeisen nirgendwo hängenzubleiben und mich nicht zu überschlagen. Wie auch immer die Herrschaft über das, was mir da gerade widerfährt, wiederzuerlangen.

*Bei Ihrem ersten Sturz war es eine Fahrlässigkeit. Beim zweiten Mal eine Unachtsamkeit. Nun könnten Sie als Sachverständiger achselzuckend sagen: „Bis heute sind das nun mal die typischen Unfallverursacher".*

Peter Geyer: Typisch waren meine Patzer vielleicht damals. Bei heutigen Unfällen liegen die Ursachen woanders. Das Stichwort „Überforderung" spielt heute eine übergeordnete Rolle. Damit meine ich: Wir können zwar Klettern lernen. Aber wir haben verlernt, uns von Beginn an richtig in der Natur zu bewegen – eben im Gelände zu wachsen und Erfahrung aufzubauen. In gewisser Weise hat uns unsere Zivilisation verkrüppelt. Jeder kennt die Situation: Wir stehen im Gelände und brauchen einige Momente, im Gebirge den richtigen Weg zu finden. Wer hat nicht schon vor der Tour anhand der Wetterberichte über die richtige Kleidung nachgedacht. Und war dann auf der Tour immer noch im Zweifel, ob er nun wirklich fürs vorherrschende Wetter richtig gepackt hat. Obwohl wir viel besser informiert und heute allerbestens ausgerüstet sein können, sind wir manchmal mit diesen Dingen überfordert. Und bemerken es erst zu spät, wenn die Fehlerkette schon fortgeschritten ist.

Manchmal ist grobe Unkenntnis im Gelände im Spiel. Manchmal, auch bei auf den ersten Blick erfahrenen Leuten, fehlt das Gespür für das Gelände, in dem sie sich bewegen. Das führt häufig zur Überschätzung der eigenen Fähigkeiten. Nichtwissen und Selbstüberschätzung sind enge Verwandte. Sie gehören ganz eng zusammen.

*Was meinen Sie mit Unkenntnis?*

Peter Geyer: Da wäre der mehr oder weniger massive Wettersturz, der seit Tagen in den Wetterberichten angekündigt ist. Oder die Abkürzung durch ein Gelände, die vom Gipfel betrachtet kinderleicht aussieht. Und sich erst mittendrin als anspruchsvoll, ab einem gewissen Punkt gar als tückisch erweist. Das eine ist das Nichtwissen – wie es da unten wirklich aussieht im Gelände. Das andere die Selbstüberschätzung – ob ich mich wirklich in jedem Gelände, und zwar auch bei unwirtlichen Verhältnissen, gleichermaßen sicher bewegen kann. Wir müssen auch lernen mit unsicherem Wissen umzugehen. Konkret: mit mehr oder weniger großen Reserven beziehungsweise Spielräumen zu planen.

*Ist das nicht eine mentale Sache? Als Schüler versemmelte ich regelmäßig Prüfungen, weil ich vorher dachte: „Das hab ich locker drauf." Ich wurde besser, als ich vor der Prüfung kapierte: „Das und das kann ich nicht."*

Peter Geyer: Ja genau. Nichtwissen und Selbstüberschätzung äußern sich oft in dem Satz: „Das geht schon noch!" Ohne mich selbstkritisch zu hinterfragen, ob ich die jeweilige Situation noch beurteilen kann und mit einem akzeptablen Risiko im Griff habe.

*Den Satz hört man aber doch gerade von Erfahreneren und Profis...*

Peter Geyer: Überraschenderweise nehmen die Unfälle im Extrembereich und bei den anspruchvollsten Touren nicht zu. Alle vorliegenden Unfallzahlen sind in etwa stabil. Beim Extrembergsteigen ist heute eher das Problem, dass Zeitdruck und hoher finanzieller Einsatz gelegentlich zu höherer Risikobereitschaft und dem bekannten „Das geht schon noch" oder „Das ziehe ich noch durch" führen. Vor allem bei Unternehmungen, hinter denen ein Sponsor steht, fällt die Entscheidung des Extremsportlers oft nicht so frei, wie er das gerne nach Außen darstellt.

*Was ist für Sie der Unterschied zwischen Profi und normalem Tourengeher?*

Peter Geyer: Extremalpinisten wissen sehr genau, worauf sie sich einlassen. Den Faktor „Nichtwissen" halten sie so gering wie möglich. Sie bereiten sich überaus gut vor und planen ihr Unternehmen bis ins Detail. Einen Profi erkenne ich daran, dass er weiß, wann und wo er noch Reserven hat. Dass er noch über Alternativen verfügt und ein Plan B da ist. Er erkennt mögliche Fehlerketten und korrigiert Fehleinschätzungen im Ansatz, um immer handlungsfähig zu bleiben.

*Sie sagten vorhin, die Unfallzahlen wären im Extrembereich prozentual nicht gestiegen. Woher kommen denn dann die steigenden Einsatzzahlen bei der Bergwacht in den letzten Jahren?*

Peter Geyer: Statistisch steigen die Unfall- und Bergungszahlen vor allem bei den Nicht-Professionellen. Auf ganz normalen Touren und vorzugsweise im Bereich des Bergwanderns, wo Leute nur ab und zu unterwegs sind. Dies spiegelt sich auch zunehmend in Fällen von Kreislaufversagen an heißen Tagen wider. Ein unbedarfter Tourengeher sagt „Geht schon noch", wenn aber keine Reserven mehr da sind. „Geht schon noch" darf nur der gelten lassen, der im selben Moment auch einen Plan B parat hat. Hab ich das nicht, ist „Geht schon noch" das Signal für „Hier und jetzt umkehren!"

*Gibt es ein Muster? Kann man sagen, wo oder wann die meisten Notlagen entstehen?*

Peter Geyer: Gerade beim Abstieg. Und das gilt verstärkt, aber eben beileibe nicht nur für die Mountainbiker, deren Unfälle sich fast ausnahmslos bei der Abfahrt ereignen. Auch beim normalen Tourengeher ist der Abstieg eher die gefährdete Phase einer Tour.

*Beim Mountainbiker ist es vermutlich die Geschwindigkeit, die außer Kontrolle gerät. Aber beim Tourengeher...*

Peter Geyer: ... ja, was den E-Biker und Mountainbiker angeht. Beim Bergsteiger und Tourengeher ist meist die größte Konzentration auf den Aufstieg gerichtet. Hier stellt man sich, ob vermeintlich oder nicht, den größten Herausforderungen. Da bin ich aufmerksam. Habe ich den scheinbar schwierigen Teil, nämlich den Aufstieg gemeistert, lässt die Konzentration oftmals nach. Und mit ihr die

Aufmerksamkeit. Die zunehmende Müdigkeit nagt zudem an der nötigen Trittsicherheit. Eine erfolgreiche Bergtour ist eben erst wieder im Tal beendet.

*Unfälle ereignen sich, wenn wir uns sicher fühlen?*
Peter Geyer: Sehr häufig. Nach einigen Stunden Anstrengung setzt unweigerlich Ermüdung ein. Für manchen Kletterer, der sich das nicht eingesteht, liegt sehr oft beim Abstieg im Absturzgelände die eigentliche Herausforderung.

Ich hatte so einen Fall als Bergführer in der Watzmann-Ostwand. Mein Gast war eine Kletterin, sie war konditionell und technisch gut drauf. Sie legte einen Klasse Aufstieg hin. Ohne Probleme. Alles super. Beim Abstieg gab es plötzlich Schwierigkeiten. Die Kletterin war überfordert. Es stellte sich dann heraus, dass Absteigen nicht ihr Ding war. Wir benötigten sieben Stunden vom Gipfel bis zur Wimbachgrieshütte. Konditionell war sie dem Gelände vollkommen gewachsen. Aber mental stark überfordert.

Es ist eine der markanten Veränderungen am Berg. Frühere Bergsteiger sind im Felsgelände aufgewachsen. Und im Fels groß geworden, auch bergsteigerisch. Heute beginnen viele später. Oder werden in der Kletterhalle groß. Steigern dort in kurzer Zeit mit raschen Erfolgen ihr Können. Sie beherrschen zwar die Klettertechnik. Aber wenn dann der erste Schritt ins Gebirge erfolgt, können sie sich dort nicht richtig bewegen. Sie wurden in der Sporthalle an Plastikgriffen groß und richten ihren Blick nicht auf das Gesamtkunstwerk Natur. Routenfindung. Orientierung. Das natürliche Gelände mit all seinen spezifischen Eigenheiten und Schwierigkeiten. Vor allem das Wetter mit den wechselnden Verhältnissen.

*Führt das dann zu dem, was man „Blockierung" nennt?*
*Die Statistik des Alpenvereins verweist bei den Einsätzen der Bergwacht vor allem auf die Zunahme dieses Phänomens.*

Peter Geyer: Blockierung kommt von Überforderung. Konkret: von psychischer oder körperlicher Überforderung. Das Phänomen Blockierung macht sich sehr oft auf Klettersteigen bemerkbar. Wer ausschließlich aus dem Wanderbereich kommt und sich mental unvorbereitet in einen etwas anspruchsvolleren Klettersteig wagt, könnte schnell überfordert werden.

Falscher Krafteinsatz am Stahlseil führt dann schnell zu Ermüdung, wenn ich beim Klettern mehr die Arme benutze, wo gerade fürs Klettern die meiste Kraft in den Beinen steckt. Dann tritt schnell die physische Erschöpfung ein, das „Ich kann nicht mehr."

Fällt hingegen das Gelände oben auf einem Grat links und rechts steil nach unten ab, macht manchmal die Psyche nicht mehr mit, sie fällt in eine gähnende Leere. Wir können keinen Schritt mehr weiter, obwohl wir konditionell ausreichend Reserven haben, spielen unsere Nerven verrückt.

*Was raten Sie jemanden, der in diese Situation geraten ist?*

Peter Geyer: Ein einfühlsamer Partner kann in dieser Situation viel bewegen, um die Handlungsfähigkeit wiederherzustellen. Einerseits mit zielgerichteter Kommunikation die Panikattacke wieder in den Griff zu bekommen und Selbstvertrauen aufzubauen. Andererseits ist es angebracht, den Betroffenen im weiteren Verlauf der Tour mit zusätzlicher Seilsicherung zu unterstützen.

Ich freue mich, dass heute mehr Menschen denn je wieder in die Berge gehen, statt die Natur vor dem Bildschirm zu erleben. Das andere ist, dass sich immer mehr Unbedarfte in ein Gelände wagen, in dem sie eigentlich von der Erfahrung und vom Können her noch nichts verloren haben.

*... der Bildschirm. Das Internet bietet doch heute mehr und bessere Informationen denn je. Trotzdem geht doch da irgendetwas schief?*

Peter Geyer: Die Brisanz der neuen Medien ist vor allem im Winter fassbar. Für Skitourengeher werden zum Beispiel jede Menge neuer Abfahrtsvarianten gepostet. Sie motivieren. Bereits wenige Stunden nach einem Post können sich aber die Bedingungen an diesem Ort vollkommen verändern. Was eben noch augenscheinlich „save" war, passt ein paar Tage später für das eigene Vorhaben gar nicht mehr.

Informationen sind mehr denn je vorhanden. Und sie sind auch nicht schlecht. Aber die Anwendung einer Information durch den Betreffenden auf sich selbst und die aktuelle Situation: Sie sind die kritischen Stellen. Und das nicht nur, was das Internet angeht. Ich muss die Wertigkeit dieser Informationen prüfen und die entscheidenden Schlüsse daraus ziehen.

*An was denken Sie?*

Peter Geyer: Ich erwähnte bereits die Zunahme der Rettungs- und Bergungseinsätze vor allem im normalen Wanderbereich. Dort, wo man scheinbar ohne große Vorbereitung unterwegs sein kann, das also, was für jedermann sofort machbar erscheint. Mir macht oft Sorgen, wie leichtfertig und mit welcher Ignoranz aller wichtigen Faktoren gelegentlich Rettungseinsätze verursacht und in Anspruch genommen werden. Fast so, als gäbe es ein „Recht auf Rettung". Dabei sind die Leute, die andere in den Bergen retten, zuallermeist Ehrenamtliche, die das in ihrer Freizeit tun. Und keinen Cent für ihren Einsatz bekommen.

*Welche sind die meistgestellten Fragen, die ein Bergführer zu hören bekommt?*

Peter Geyer: ... die Fragen: „Ist das sicher?" „Kann ich das gehen?" Darauf kann und will ich nur selten Antwort geben. Ich gehe mit dem Begriff „Sicherheit" überaus sensibel um. In der Natur spreche ich eigentlich nur von mehr oder weniger großem Risiko. Das ist vor jeder Tour eine gute Schule: Wo liegen die Hauptgefahren? Stellen sie ein Risiko für mich dar? Birgt eine Tour eher mehr Risiko? Eher weniger? Ist das Risiko für mich akzeptabel? Oder gehe ich da ein grobes Wagnis ein?

Jeder sollte zu der Einstellung kommen, dass es keine Bergtour ohne Risiko gibt. Nur mit entsprechender Planung, selbstkritischer Einschätzung des persönlichen Könnens inklusiv Erfahrung und einem situativ angepassten Verhalten kann das Risiko auf ein akzeptables Maß reduziert werden. Und etwas Demut kann einem eigenverantwortlichen Unterwegssein nie schaden.

*Ein Abweichen vom Weg – und schon steckt ein Schneeschuhgeher buchstäblich Hals über Kopf in Schwierigkeiten. Stephan Wagner über einen Einsatz an der Notkarspitze.*

## Stephan Wagner

# Notkarspitze. Spuren ins Nichts.

Man hat sie zum Greifen vor sich, die Berge des Ammertals, an diesem sonnigen Spätnachmittag im Oktober, wenn man bei Stephan Wagner vor dem Haus sitzt, in dem er mit Familie lebt. Das versteckte und doch markante Ettaler Manndl. Den über dem Dorf thronenden Kofel. Die Notkarspitze. Immer wieder deutet Stephan Wagner hinüber zum Grat mit dem rundlichen Gipfel, dem Berg, der ihm seit vier Jahrzehnten so vertraut ist. Und zugleich dem Berg, von dem er erzählen wird.

Dass er 47 ist, sieht man Stephan Wagner nicht an, er könnte leicht für zehn Jahre jünger durchgehen. Er kommt aus seiner Schreinerwerkstatt in Oberammergau an diesem Nachmittag. Holzspäne auf der Werkhose, ein roter Bleistift steckt keck hinterm rechten Ohr. Als er die Haustür öffnet, ist er wieder da, der Slogan aus den Achtzigern: „Nur ein Schreiner kann eine Frau glücklich machen".

Sein Vater sei Holzschnitzer hier in Oberammergau gewesen, aber in den Neunzigern war klar, dass das Geschäft mit Herrgottschnitzerei und Krippenfiguren nicht mehr so sein würde, wie es mal war. Weil er seine schönsten Stunden in der Kindheit neben seinem Vater in der Schnitzerwerkstatt verbrachte, blieb Stephan Wagner beim Holz, wurde Schreiner. Blieb auch bei den Bergen vor der Haustür, die er als Jugendlicher durchstreifte, bis er sich mit 16 zur Bergwacht Oberammergau meldete.

„Ich hatte die Wahl zwischen Feuerwehr, Rettungsdienst und Bergwacht. Bei der Bergwacht waren die, zu denen ich gehören wollte. Es waren die besten und wildesten Kletterer, die ich im ganzen Tal kannte. Also ging ich zur Bergwacht. Aber so leicht war das nicht. Der damalige Bereitschaftsleiter, der Alwin, der nahm nicht jeden. Im Dorf aufgewachsen zu sein, reichte nicht. Man musste nicht bloß unsere Berge hervorragend kennen und Top-Fitness mitbringen. Auch medizinische Grundkenntnisse waren Voraussetzung. Und du musstest dich in die Kameradschaft fügen. Die Kameradschaft war damals der ganz groß geschriebene Begriff. In die Bergwacht Oberammergau aufgenommen zu werden war kein Selbstläufer, deswegen wollte ich da rein."

Kaum war er drin, legte er los. Wurde Ausbilder, später Bereitschaftsleiter. War das 16 Jahre lang. Heute bildet Stephan Wagner bayernweit junge Kollegen zu Einsatzleitern aus. Diejenigen, die in einem Ernstfall die Verantwortung tragen. Und entscheiden, wie ein Einsatz läuft.

An eine Geschichte unter Hunderten erinnert er sich besonders gut. An einem Donnerstag Anfang Februar geht gegen 14:30 Uhr der Funkmelder, den er immer bei sich trägt: „Vermisste Person an der Notkarspitze". Wagner verlässt sofort seine Werkstatt und trifft sich mit den Kollegen im Bergwachthaus in Oberammergau, um das Vorgehen zu besprechen.

„Eine Vermisstensuche, das ist für die Notkarspitze typisch. Der Berg ist berüchtigt. Dort oben verschwinden ungewöhnlich viele Personen. Wir haben dort viele Suchen. Wir finden auch nicht jeden. Seit 1990 werden immer noch sechs Menschen vermisst, trotz intensiver Suche sind sie nie wieder aufgetaucht.

An sich ist die Notkarspitze kein gefährlicher Berg. Er sieht erstmal unscheinbar, fast lieblich aus. Rundum bewaldet. Gut einsehbar. Und von überall gute Sicht. Es gibt nur drei Hauptwege zum Gipfel, daneben eine Handvoll Steigspuren. Auf den ersten Blick scheint alles freies und gut begehbares Gelände zu sein. Aber das täuscht. Auf der Nord- und der Westseite wird's anspruchsvoll. Verlässt man die Wege, gerät man schnell in Absturzgelände. Steht plötzlich oberhalb kleinerer Wände, die unvermittelt mehrere Meter steil abbrechen. Gräben, die auseinanderlaufen und sich vereinen. Sie sind im Winter ein beliebter Spielplatz für Eiskletterer."

In der Einsatzzentrale erfährt Wagner Genaueres. Ein junger Mann ist am Vortag zu einer Schneeschuhwanderung aufgebrochen und vom Ettaler Sattel zur Notkarspitze aufgebrochen. Er wollte sich eigentlich bei seinen Eltern melden. Als sie weder am Abend noch am darauffolgenden Morgen von ihrem Sohn hören, alarmieren sie die Polizei. Die findet das Fahrzeug des jungen Mannes am Parkplatz verlassen vor.

„Anfang Februar gegen 15:00 Uhr: Du weißt, du hast hat nur noch wenig Zeit. Knapp zweieinhalb Stunden Tageslicht, dann wird's dunkel. Um 15:30 Uhr stiegen wir mit 12 Bergrettern auf. Unsere Suche begann. Wir waren gut ausgerüstet, hatten Lawinenhunde dabei und einen SAR-Hubschrauber der Bundeswehr, der unsere Suche aus der Luft unterstützte. Aber zu oft haben wir auch schon erlebt, dass Suchaktionen auf dem Notkar sich über sieben Tage ergebnislos hinziehen. Wir waren also auf alles gefasst.

Im Aufstieg machte uns unvermutet die Wetterlage zu schaffen: Eine typische Inversionslage sorgte für zwei unterschiedliche Klimazonen am Berg. Warmluft in der Höhe hatte die im Tal liegende Kaltluft verdichtet. Die Folge: Im Tal herrschten Temperaturen bis minus 20 Grad Celsius. Ab 1500 Metern, also im oberen Drittel, war es vergleichsweise warm. Der Schnee war feucht und pappig, die weiche Schneedecke trug uns nicht mehr. Wir brachen ein, teilweise bis zur Hüfte. Selbstauslösende Schneerutsche und kleinere Lawinen machten die Suche oben gefährlich. Zudem nahm die Leistungsfähigkeit unseres Hubschraubers in der plötzlich wärmeren Luft deutlich ab. Eigentlich war unser Plan, mit ihm möglichst viele Retter zum Gipfel raufzuschaffen. Stattdessen konnten wir nur einen Ortskundigen in den Hubschrauber setzen, er sollte das Gelände aus der Luft absuchen. Der SAR-Hubschrauber verfügte über starke Scheinwerfer, aber als in der Nacht sein Sprit zur Neige ging, drehte er zur Betankung nach Mittenwald ab und kehrte von dort nach Landsberg zurück.

Für uns ging die Suche auch in der Nacht weiter. Schnee und Gelände waren für Tourenski, unser übliches Fortbewegungsmittel im Winter, nicht sehr geeignet. Wir klingelten nachts noch unseren Sporthändler in Unterammergau raus, um Schneeschuhe zu bekommen, und ließen sie uns auf den Berg bringen.

Das war damals etwas Neues, wir hatten bei der Bergwacht noch keine. Danach ging's nachts mit Schneeschuhen weiter, bis sich die Suchteams oben auf dem Gipfel wieder trafen, um das Gipfelbuch auf einen Eintrag einzusehen.

Ohne Erfolg. Vom Vermissten keine Spur. Weit nach Mitternacht, gegen 02:00 Uhr morgens, beschlossen wir, unsere Suche zu unterbrechen. Die Leute waren jetzt müde und erschöpft, das Wetter hatte Kraft gekostet. Es half nichts, zu wissen, dass mit jeder Stunde die Überlebenschancen des Vermissten weiter sinken würden.

Manchmal sind solche Pausen gut. Als Denkpausen. Man kann seine Such-Taktik noch einmal kritisch überdenken. Am Freitagmorgen trafen wir uns lange vor Sonnenaufgang, um noch einmal neu zu planen. Sollten wir vorgehen wie am Vortag? Und noch einmal, noch gründlicher die drei Hauptwege absuchen? Sollten wir uns auf ein ganz anderes Gelände konzentrieren? Und wenn ja: Wo? Unterhalb des Gipfels? Oder auf der anderen Seite?

An diesem Tag wollten wir den Spuren mehr Aufmerksamkeit schenken. Der Vermisste war mit Schneeschuhen unterwegs. Also hatte er Spuren hinterlassen. Aber da oben hatten wir am Vortag zig Schneeschuhspuren entdeckt. Wir nahmen weiter an, dass er den Schneeschuhspuren gefolgt war, sie als Wegweiser benutzt hatte. Soweit so gut. Aber weiter half uns das erstmal nicht.

Mit dem ersten Licht brachen wir in der Kälte im Tal auf. Diesmal waren wir noch mehr Leute, Bergretter aus Unterammergau und Bad Kohlgrub, die meisten mit Schneeschuhen an den Füßen. Eigentlich ziehen wir Ski vor. Doch diese waren bei der Wetterlage für die Suche tatsächlich hinderlich, beim Aufstieg hatten sich die Felle belegt, wir mussten alle Konzentration auf die Ski statt auf die Suche richten. Um den Kopf freizuhaben, zogen wir ausnahmsweise also die Schneeschuhe vor. Ein Polizeihubschrauber begleitete unsere Suche aus der Luft.

Ein Netz aus Schneeschuhspuren auf der anderen Seite des Gipfels, bei der Graswanger Kuhalm, machte uns stutzig. Erst hatten wir nicht weiter darauf geachtet. Such-mannschaften, die uns von unten entgegenkamen, hatten berichtet, dass nach unten keine Spuren führten, dass nur hier oben welche wären. Doch da liefen sie ineinander, ver-liefen sich, endeten plötzlich im Nirgendwo. Als wäre je-mand einer Spur gefolgt, die plötzlich endete, und hätte be-schlossen, auf der eigenen Spur wieder zurückzugehen. Die Spuren ergaben für uns keinen Sinn. Erst hatten wir nur darauf geachtet, ob überhaupt Schneeschuhspuren vor-handen waren, aber nicht, welche Schneeschuhe dort unter-wegs waren. Zusätzliche Spuren in Talnähe irritierten uns weiter. Mussten wir unser Suchgebiet doch größer fassen? Nein, die Strategie, den Spuren mehr Aufmerksamkeit zu schenken, die brachte uns nicht weiter. Zudem: Es war der dritte Tag. Konnte ein Vermisster überhaupt noch am Le-ben sein bei minus 20 Grad Außentemperatur? Wir waren mit unserem Latein am Ende.

Verschiedene Nassschneerutsche fielen uns auf. Aller-dings führten die Schneeschuhspuren fast immer darüber hinweg. Kein Lawinenopfer also. Trotzdem beschlossen wir, diese Rutschspuren genauer anzusehen. Das war nicht einfach. Vor den Steilstellen hatte sich 20 Meter blank ge-frorenes Eis gebildet, das abrupt an einem Abbruch endete, zu dessen Füßen sich abgerutschter Schnee mannshoch zu Kegeln auftürmte. Zu Fuß kamen wir dort über das Eis und die Wand nicht runter. Blieb nur aus der Luft noch einmal jene Kegel und Gräben abzusuchen, wo Einsatzkräfte nicht mehr weiterkamen und an denen entlang Schneeschuhspu-ren führten.

Plötzlich ein Funkspruch aus dem Hubschrauber. Sie hätten einen Ausrüstungsgegenstand gesichtet. Einen Handschuh? Eine Mütze? Ein farbiges Stoffteil lag auf einem der Schneekegel am Fuß der Wand. Endlich hatten wir einen winzigen Hinweis. Und damit wieder Hoffnung. Was mochte geschehen sein? War der Verunglückte ausgerutscht? War er über die 20 Meter Blankeis gerutscht und über den Abbruch nach unten gestürzt? Merkwürdig war nur: Bis auf den Handschuh war aus der Luft nichts weiter zu sehen. Wo war der Vermisste? War er ohne Handschuh weitergelaufen?

Aber so einfach war das nicht. Wo sich die Schneehaufen türmten, wiederholte sich das Gelände: Wieder eine vereiste Steilstelle, die erneut wie eine Rutschbahn über einer kleinen Wand endete. Wir baten die Hubschrauberbesatzung, das Gelände darunter abzusuchen. Erst nichts. Dann plötzlich über Funk: ‚Da liegt ein umgedrehter Schuh! Oben auf einem Schneekegel. Ganz oben.‘ Der Hubschrauber flog näher heran. Plötzlich erkannten sie: Das ist nicht nur ein einzelner Schuh. Sondern da hängt ein Mensch daran. Er steckt im Schneehaufen.

Der Verunglückte war wohl abgerutscht und kopfüber wie ein Turmspringer in den Schneehaufen am Fuß der Wand gestürzt. Er steckte mannshoch mit dem Kopf darin. Er hatte keine Chance gehabt. Es war Tag drei. Wir gingen davon aus, dass der Verunglückte tot war. Temperaturen unter minus 20 Grad, den Kopf mehrere Tage tief im Schnee. Keine Überlebenschance. Er war entweder erfroren. Oder erstickt.

Der Hubschrauber kehrte ins Tal zurück. Sein Tank war leer."

Stephan Wagner unterbricht seine Erzählung. Und schaut hinauf zur Notkarspitze. Dann fährt er fort.

„Nach der Betankung kehrte der Hubschrauber zurück, um einem Polizeibergführer und zwei Mann mit Schaufeln abzusetzen. Im Unterschied zu uns, ist die Polizei weniger als Retter, sondern meist als Ermittler tätig. Der Polizeibergführer wurde vom Hubschrauber mit den beiden Männern abgeseilt. Er fotografierte erstmal alles, um, wie üblich bei einem Todesfall, Unfallort und Unfallgeschehen zu dokumentieren. Auch den Fuß mit dem Schuh. Plötzlich nahm er durch den Sucher eine Bewegung auf dem Schneehaufen wahr. Hatte sich der Schuh bewegt? Nur ein winziges Stück? In Windeseile begannen die Männer zu graben. Sie gingen dabei so vorsichtig vor wie nur möglich. Sollte der Verunglückte tatsächlich noch am Leben sein, mussten sie unter allen Umständen den ‚Bergetod' vermeiden – ein Unterkühlter stirbt im Moment seiner Rettung, weil eiskaltes Blut aus den Extremitäten zu schnell in seine inneren Organe strömt und das Herz erreicht.

Doch die Retter machten alles richtig. Der junge Mann war am Leben, doch nicht ansprechbar. Er hatte stärkste Unterkühlung und im Kern seines Körpers nur noch eine Temperatur von 23 Grad Celsius. Wir riefen einen Rettungshubschrauber aus Murnau, um ihn auf schnellstem Weg nach Innsbruck zu fliegen, die dortige Klinik war auf Unterkühlungen spezialisiert. Man schloss ihn an die Herz-Lungen-Maschine an, sein Blut wurde in mehreren Kreisläufen extrakorporal erwärmt.

Der Verunglückte hatte unwahrscheinliches Glück. Am Fuß der Wand war Wasser geflossen. Der Wasserlauf hatte unten im Schneekegel einen Raum mit Luft ausgehöhlt. Der Körper des Mannes steckte fest im Schnee, sein Kopf in einer vom Wasser geschaffenen Atemhöhle. Er war lebendig begraben, und dabei in Gefahr zu ertrinken. Von seinem Zustand hat das Unfallopfer nichts mitbekommen. Er konnte sich über die zwei Tage im Schneekegel an nichts erinnern. Auch nicht daran, den Fuß bewegt zu haben.

Bis auf die Amputation von acht erfrorenen Zehen ist der Mann wieder vollständig genesen. Er hat uns noch zweimal besucht. Er war so vollständig wiederhergestellt, dass er danach Marathonlauf betreiben konnte."

Wenn Stephan Wagner an die drei Tage auf der Notkarspitze zurückdenkt, sagt er, es wäre für ihn und die Kollegen ein ganz normaler Einsatz gewesen. Nur: Dass ein Unfallopfer bei den herrschenden Bedingungen überlebte, war für alle Beteiligten das Überraschende. „Der Sturz über den Abhang. Der Aufprall Kopf voraus im Schnee. Seine Lage darin. Die Außentemperatur. Der Mann hatte aller Erfahrung nach keine Überlebenschance. Und doch hat er überlebt. Der Schnee hat ihn aufgefangen. Und vor der Kälte beschützt.

Das Ereignis hat bei uns viele Diskussionen für zukünftige Einsätze darüber ausgelöst, wie lange man die Suche intensiviert weiterführt. Man weiß heute durch diesen Einsatz, dass theoretisch eine Konstellation denkbar ist, die ein Überleben auch unter extremen Wetterbedingungen möglich macht."

Stephan Wagner schweigt kurz. Und denkt nach. „Das Thema ‚Verlassen eines Weges‘ spielt an der Notkarspitze bei Vermissten und auch bei den stark zunehmenden Blockierungen, dem ‚Plötzlich-nicht-mehr-weiter-wissen-oder-Können‘ eine große Rolle. Das Abweichen vom Weg ins scheinbar gangbare Gelände ist das Kritische. Dabei kann die Motivation für das Verlassen eines Weges sehr verschieden sein. Manchmal ist sie auch berechtigt. Wir stellen nur fest: Bei keiner unserer Suchen fanden wir jemals einen Vermissten am Weg. Wer immer am Notkar verschwunden ist, hat zuvor den Weg verlassen.

Auch unser Unfallopfer vom Februar 2001 ist vermutlich einer Spur gefolgt, die ins Tal führte. Dann hat er sich von der Spur abgewandt, um einen eigenen Weg zu suchen, sei es, weil ihm die Spur nicht geheuer erschien, sei es, dass er sich verhaspelt hatte, sei es dass die Dunkelheit kam. Seine Ortsunkundigkeit wurde ihm beinahe zum Verhängnis.

Wir hatten im Sommer 2018 erstaunlich viele Einsätze drüben am Kofel", erklärt Stephan Wagner. „Der ist zwar nur 1340 Meter hoch – eigentlich gar nichts. Trotzdem hatten wir im Juni, Juli, August auffallend viele Personen, die entweder nicht mehr weiterwussten oder weiterkonnten und deshalb bei der Bergwacht anriefen. Als wir der Sache am Kofel nachgingen, fanden wir heraus, dass der Normalweg an einer Stelle nur über wenige Meter verschüttet war. Die Ortskundigen wussten, sie mussten über das Geröll weiter. Ortsunkundige sahen, dass der Weg endete. Dass unterhalb des Gerölls ein kleiner Trampelpfad südlich weiterführte. Sie folgten ihm, doch das waren nur Steigspuren von Kletterern zu ihren Einstiegen. Sie endeten abrupt an der Felswand im Süden. Sieht man dann noch Wanderer ein Stück aufwärts gemütlich laufen, setzt das fatale ‚Das geht schon. Da komm ich schon rüber' ein. Meist ging das gut. Manchmal aber auch nicht.

Es ist ein typisches Muster für Unglücke, dass es mehrere Dinge braucht, die schiefgehen, damit es zur Katastrophe kommt. Das eine ist der verlorene Weg. Das andere unsere Entscheidung, weiterzugehen. Weiter und weiter."

Stephan Wagner schaut hinüber zu den Bergen vor seiner Terrasse. Zum Kofel. Zum markanten Ettaler Manndl. Zur Notkarspitze. Er hat die Freude an den Bergen trotz der vielen Einsätze nicht verloren. Er geht immer noch gerne in die Berge. Vielleicht auch gerade, weil er zu jedem Gipfel, zu jedem Vorsprung eine Geschichte wie diese erzählen könnte.

*„Erschöpfter Bergsteiger am Watzmann."*
*Hinter der trockenen Nachricht verbirgt sich ein drama-*
*tisches Ereignis für eine Familie. Der Mann kann sich*
*entkräftet bis zu einer Hütte durchkämpfen. Seine Frau*
*muss er nach einer Nacht im Neuschnee zurücklassen.*
*Alois Resch und die Bergwacht rücken aus.*

## Alois Resch
# Am Watzmann. Die Frau in Geb.

Fragt man Alois Resch, was er in seinen fast 50 Jahren bei
der Bergwacht Ramsau als höchstes Glück empfand, hat er
darauf eine einfache Antwort: „Glück ist, bei der Suche am
Berg jemanden lebend zu finden." Das erstaunt. Denn wie
seine Frau hat der 68-Jährige ein fröhliches Naturel. „Ich
bin Ureinwohner in Ramsau", beschreibt er sich, die Ellenbogen auf den dicken Holztisch neben dem Kachelofen
gestemmt, „hab 45 Jahre hier im Ort gearbeitet. Als Kind
war ich immer draußen. Rumfahren. Fischen. Im Dorf rum-
springen. Mein Vater betrieb in Ramsau das Lebensmittel-
geschäft, aber am Sonntag ging er mit uns drei Kindern in
die Berge. Meine Mutter war dafür nicht so zu haben. Mein
Vater hat uns die Liebe zu den Bergen mitgegeben. Skifahren. Tourengehen. Und vor allem Bergsteigen."

Was denn seine Frau mit den vier Kindern zu seinen
Leidenschaften sagt? Da grinst Alois Resch verschmitzt:
„Meine Fau? Was Bergsteigen angeht, ist sie noch extremer

als ich. Sie war sogar im Nepal unterwegs, auf 7500 Metern. Als ich ihr eines Sonntags mal vorschlug, wir könnten doch heute mal die berüchtigte Watzmann-Ostwand raufklettern, hat sie geantwortet: ‚Ach geh, nicht schon wieder die fade Ostwand! Hast du nix Spannenderes?' Mit den vier Kindern und den Einsätzen bei der Bergwacht war es dann manchmal schon eng, ich war Bereitschaftsleiter der Bergwacht Ramsau. Das kostet viel Zeit, nicht nur wegen der vielen Einsätze. Wenn ich nach der Rückkehr von meinem Erlebnissen erzählte, hat meine Frau nie geschimpft. Sie wusste einfach, was es bedeutet. Dass es gefährlich ist da oben."

„Da oben." Damit meint Alois Resch den Watzmann, wo auch seine Geschichte spielt. „Es war Ende Oktober. Ich saß an meinem Schreibtisch in der Gemeindeverwaltung und arbeitete. Diesem Arbeitsplatz verdanke ich es vor allem, dass ich überhaupt so aktiv Aufgaben in der Bergwacht wahrnehmen konnte. Ich hatte immer den Piepser dabei. Und wenn Alarm kam, konnte ich zentral die Hilfe koordinieren. Die Bergwacht heute hat es deutlich schwerer. Viele Ehrenamtliche sind Pendler und tagsüber nicht mehr vor Ort. Oder ihr Arbeitsplatz ist mit einem ehrenamtlichen Engagement schlecht vereinbar. Ein selbstständiger Installateur kann nicht einfach die Baustelle verlassen, wenn ein Alarm reinkommt.

Am Vormittag in diesem späten Oktober erreichte mich der Alarm ‚Erschöpfter Bergsteiger am Watzmann', die Meldung kam von der Wimbachgrieshütte. Die war eigentlich schon geschlossen, aber der Hüttenwirt war noch mal oben gewesen, um die Hütte winterfest zu machen. Ein Bergsteiger war völlig ermüdet bei ihm angekommen: ‚Schlechtes Wetter hat uns gestern überrascht. Meine Freundin ist erschöpft, wir sind im schlechten Wetter die Nacht über im Gelände sitzengeblieben. Haben den Schneefall irgendwo ohne alles überstanden. Wo genau, weiß ich nicht, wir haben dort gestern auf den Königssee runtergeschaut. Heute bin ich erst ein Stück aufgestiegen und dann bis jetzt zur Wimbachgrieshütte runtergelaufen', erzählte der Bergwanderer dem Hüttenwirt.

Das war alles. Und eher dürftige Information. Aber nach Lage der Dinge konnten wir uns vorstellen, dass die Vermisste irgendwo im unübersichtlichen Gelände der Westwand stecken musste. Wir beschlossen, mit zwei Mannschaften raufzugehen. Eine sollte von der Südseite kommen und ihre Suche dort beginnen, die andere von der Nordseite.

Das Wetter, das noch am Vortag schön gewesen war, hatte in der Nacht umgeschlagen. Es herrschten ausgesprochen widrige Bedingungen, Temperaturen wenig über null Grad, in der Nacht war oben ein halber Meter Neuschnee gefallen. Die Nebeluntergrenze lag bei 2200 Metern. Für eine schlecht ausgerüstete Tourengeherin war das lebensbedrohlich – vor allem über Nacht. Um keine weitere Zeit zu verlieren, flog der SAR-Hubschrauber die beiden Mannschaften bis zur Nebeluntergrenze.

Ob wir die Vermisste überhaupt finden konnten? Und rechtzeitig, bevor es zu spät wäre? Das war unsere größte Sorge. Schneefall über Nacht, der Spuren verwischt hatte. Kälte. Das vollkommen unübersichtliche Gelände. Unsere Zweifel waren wie weggewischt, als wir oben am Grat eine Spur entdeckten, die durch den Neuschnee aus der Westwand heraufführte. Das konnte ja eigentlich nur der Begleiter der Vermissten sein, der uns alarmiert hatte. Wir hatten die Fährte!

Die Westwand ist ein riesiges Gebiet und ein tückisches Gelände. An manchen Tagen haben wir bis zu 300 Menschen gezählt, die sich auf die Watzmannüberschreitung einlassen. Aber viele von ihnen unterschätzen die Anstrengung und den Schwierigkeitsgrad. Ermüdet lassen sich manche Bergsteiger verleiten, ins Wimbachtal abzukürzen und dort abzusteigen. Aber das ist ein gefährlicher Irrtum. Der Weg dort hinunter ist nicht kürzer. Und einfacher ist er schon gar nicht. Das Gelände ist unübersichtlich und schwer zu gehen. Das sieht von oben sehr schön und leicht begehbar aus und kurz dazu. Doch es gibt keinen offiziell ausgeschilderten Weg, es gibt häufig nur ausgewaschene Wassergräben, die nahezu ungangbar sind. Man braucht viel Erfahrung dafür.

Die Spur war klar erkennbar, wir folgten ihr nach unten. Der Schneefall der Nacht war in Schneeregen übergegangen. Der Schnee lag zum Teil hüfthoch. Bald waren wir nass bis auf die Knochen. Bitterkalt war es droben.

Plötzlich entdeckte einer aus unserer Gruppe weit unterhalb einen gelben Punkt im Gelände. Ob das die Vermisste war? Und vor allem: Ob sie noch am Leben war? Wir beschleunigten unsere Schritte. Etwas später nahmen wir wahr, dass der gelbe Punkt sich zwischen Felsen und Gesträuch bewegte. Unsere Freude ging fast schon in Ausgelassenheit über, als wir beim Näherkommen feststellten: Sie lebt. Wir hatten keine Ahnung, wie ihr Zustand war, doch die Vermisste lebte. Wir sahen den gelben Fleck aus der Ferne. Sie trug eine einfache gelbe Regenjacke. Einen ‚Ostfriesen-Nerz'.

Noch waren wir zu weit oberhalb, wir kamen an die Frau nicht heran und konnten zunächst auch keinen Kontakt zu ihr herstellen. Wir überlegten. Eine weitere Gruppe, die von unten aufsteigen und ihr entgegengehen sollte? Das wäre das einfachste gewesen, hätte aber noch einmal zwei bis drei Stunden gekostet – wertvolle Zeit, die wir nicht hatten. Wir entschieden uns für die zweite Möglichkeit: Den schwierigen Abstieg durch das Felsgelände voller Schnee und durch die Rinnen selber zu wagen.

Wie vorausgesehen, war es ein ausgesprochen schwieriger Abstieg, es dauerte eine halbe Stunde, dann standen wir vor der Vermissten in der gelben Regenjacke. Ihr war fürchterlich kalt. Sie zitterte. Trotzdem strahlte aus ihrem Gesicht so viel Freude. Dass wir sie gefunden, es bis zu ihr geschafft hatten. Sie war entkräftet, doch sie konnte stehen. Wir schenkten heißen Tee aus. Reichten ihr warme Kleidung, etwas zu essen. Danach war sie halbwegs gehfähig. Wie es aussah, hatten die beiden die Watzmannüberschreitung unterschätzt. Ihnen war nicht bewusst gewesen, dass man diese Route im Oktober nur bei besten Bedingungen wagen sollte. Und nicht durchs Gelände abkürzen sollte.

Auch unsere Freude war unbeschreiblich. Nach einer Pause nahmen wir die Frau in Gelb in die Mitte ins Seil, sicherten sie auf diese Weise und marschierten los. Eine halbe Stunde später, als die Wolken ein Loch freigaben, war das die Chance für den Hubschrauber. Als der tatsächlich kam und die Bergsteigerin bergen konnte, war das ein guter Moment. Unsere Arbeit war getan, als die Besatzung die Frau nach oben winschte und wir den gelben Fleck im SAR-Hubschrauber ins Tal schweben sahen.

Ich weiß nicht, ob die Bergsteigerin den langen Weg runter wirklich durchgestanden hätte, ihre unverhoffte Rettung hatte Kräfte geweckt, doch unterkühlt war sie trotzdem. Auch wir waren jetzt am Ende unserer Kräfte, der Neuschnee, der mühselige Weg hinunter forderten ihren Preis. Wir wären zwar zu Fuß runtergekommen, aber wir waren dann doch froh, als der Hubschrauber ein zweites Mal anflog und uns ebenfalls nach oben winschte. Dieses Mal war alles gut ausgegangen."

Dieses Glück, bei einer Suche da oben jemanden noch lebend zu finden. Vielleicht stecken für Alois Resch darin zweierlei Wahrheiten: „Das Glück auf seiner Seite haben", um gegen alle Wahrscheinlichkeit einen Vermissten lebend zu finden. „Glück empfinden", weil es häufig nicht so glimpflich verläuft wie bei der Frau in Gelb. „Auch wenn ich heute mit fast 70 nicht mehr in die Wand gehe: Wenn ich jemandem helfen kann, bin ich glücklich", sagt Alois Resch.

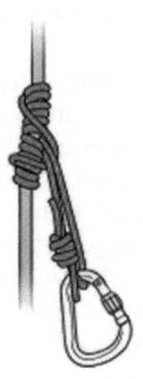

*Lawinenhunde – heute unverzichtbarer Bestandteil bei Vermisstensuchen im Gelände, bei Erdbeben oder Hauseinstürzen und vor allem bei Lawinen – sind noch nicht so lange bei der Bergwacht im Dienst. Rudolf Gantner erzählt über den ersten Allgäuer Lawinenhund.*

Rudolf Gantner

# Allgäu. Die Geschichte von Utz, dem Lawinenhund.

„Du rensch doch dauernd mit in d'Berg. Kansch doch au zur Bergwacht ganga." Die Worte von Rudolf Gantners Onkel waren hart aber herzlich. Vielleicht waren sie so wie die 60er-Jahre überhaupt waren, wo ein Lob nur eins war, wenn es eher grob daherkam. Wo Menschen ihre Weichheit unter Härte versteckten. Rudolf Gantners Onkel war so einer, doch er hatte das Richtige gesagt. In die Berge rund um seine Heimat Immenstadt im Allgäu ging der junge Rudolf Gantner tatsächlich gern, auch wenn er fürs Extreme nicht zu haben war. Aber in die Bergwacht?

„Oh mei", sagt Rudolf Gantner heute, „das war ja so ganz anders. Bei der Bergwacht waren die 50er- und 60er-Jahre die Bettelzeit. Um anderen helfen zu können, mussten wir Geld erbetteln. Zur Hälfte bedeutete Bergwacht damals auch, ,auf Enzianstreife' zu gehen. Als Naturschützer also aufzupassen, dass die Leute nicht den Enzian rausrupfen.

Und zu alledem: Leicht war's auch nicht, in die Bergwacht reinzukommen, obwohl Bruder und Onkel längst dabei waren. Aber 1959 war ich 19, eigentlich konnte man sich erst als Volljähriger bewerben, das war man mit 21. Aber meine Eltern hatten ihre schriftliche Einwilligung gegeben, so konnte ich auch mit 19 zur Bergwacht."

Aber Rudolf Gantner ist keiner, der lamentiert. Jetzt nicht. Und damals nicht. Seinen drei Kindern gab er mit auf den Weg: „Du kannst einem Menschen helfen, indem du ihm sagst: Schluss jetzt mit der Tränendrüse. Du musst dein Leben selber in die Hand nehmen." Und daran hat sich Rudolf Gantner immer gehalten.

Eines Tages kreuzte seine Schwester mit einem Schäferhundwelpen unter dem Arm bei ihm auf und legte ihm das tapsige Knäuel Junghund in den Arm. Er hatte dieses Knäuel mit den großen Augen Utz getauft, der Züchter hatte ihm den Namen Utz vom Rottumstrand gegeben. Und weil er an dem Tier hing, nahm er den jungen Utz überall mit hin. Auch zu einem Bergwachtabend, wo ihn der damalige Bereitschaftsleiter ansprach: „Mensch, Rudl, du kensch doch an Lawinehund draus mache." Lawinenhunde – heute gibt es in den bayrischen Alpen 50 bis 60, in Oberbayern etwa 20, im Chiemgau 15, im Allgäu 10 bis 12. Aber in den 1960er-Jahren gab's fast gar keine. Zwar einzelne Lawinenhunde, aber keine einzige Hundestaffel.

Selbst international steckte die Rettung durch Hunde noch in den Kinderschuhen. „Die Schweiz hatte schon in den 40er-Jahren mit Hundestaffeln gearbeitet, in Tirol hatten sie später angefangen. Also ging ich 1968 nach Tirol auf einen ersten Lawinenlehrgang. Der Utz war richtig begeistert. Ein ruhiger Hund. Ein hervorragender Sucher, gutmütig. Eigentlich sollte ein Lawinenhund ja eher ein leichter Hund sein, ein Schäferhund ist fast zu schwer, er sinkt im Schnee ein. Heute bevorzugt man zum Beispiel Border Collies. Aber vom Utz: Von dem reden sie in Immenstadt noch heute."

1969 fand der erste Lawinenhundelehrgang im Allgäu statt, 1972 war Gantner eingeladen auf einen Lawinenhundelehrgang in der Slowakei. „Lawinenhundetraining und Hundeprüfung: Das war eine diffizile Angelegenheit. Die hatten damals nicht bloß einen Freiwilligen im Neuschnee vergraben, sondern gemeinerweise gleich drei ganz eng nebeneinander. Kaum hatte der Utz im Neuschnee über dem ersten Vermissten angeschlagen, rannte er gleich wieder hin. Ich wollte es erst nicht glauben, der Utz musste sich irren. Aber er ließ nicht locker. Bellte über der Stelle, bis wir anfingen zu graben und ein zweites ‚Opfer' aus dem Schnee gruben. Es würde noch einer fehlen, sagten die Prüfer. Und wieder rannte der Utz an die Stelle, wo er schon zwei Leute entdeckte hatte. Und gab wieder keine Ruh. Und tatsächlich. Die Prüfer hatten tatsächlich noch einen Freiwilligen mit einem langen Luftschlauch unter dem zweiten vergraben, den wir dann ebenfalls aus seinem ungemütlichen Grab befreiten. Der Prüfer war so beeindruckt, dass er ausrief: ‚Der Utz ist ein Professor'.

Einen guten Lawinenhund zeichnet aus, dass er willig ist. Gehorsam. Dass er vor allem nur gute Erfahrungen mit Menschen gemacht hat. Und er wiederum sehr freundlich zu Menschen ist. Der Utz war ein ganz liebenswürdiger, freundlicher Hund, in keinster Weise bösartig. Nur wenn ich auf der Hütte Dienst hatte und mich hinlegte, um auszuruhen: Da durfte keiner an mich herantreten, wenn der Utz dabei war. Selbst bei meinem Vater wurde er böse, wenn ich schlief. Da kam sein Charakter durch. Er war durch und durch ein Hütehund.

Schäferhunde nimmt man heute kaum mehr als Lawinenhunde. Sie sind zu massig, sie tun sich schwer bei großen Hindernissen in den Lawinen, sie sinken schneller ein.

Das langhaarige Fell verzottelt mit Schnee. Der Schäferhund ist in großen Lawinen zu schwerfällig. Theoretisch könnte man auch einen Dackel einsetzen, der besitzt ebenfalls einen ausgezeichneten Geruchssinn. Aber der hat für die Lawine einfach zu kurze Beine."

Einen Einsatz im heimatlichen Revier hat Rudolf Gantner lebhaft vor Augen. Am Steineberg war ein Vater Ende März mit seinem Sohn auf Skitour gegangen. Der Vater bat den Sohn, doch stehenzubleiben, er wolle einen Hang erst allein queren. Aber während er spurte, löste er vor den Augen seines Sohnes eine Lawine aus, die ihn über einen halben Kilometer mit ins Tal nach unten riss. Als die Lawine zum Stillstand kam und der Schneestaub sich verzogen hatte, war vom Vater nichts mehr zu sehen.

„Es dauerte bis zum Nachmittag, bis der Alarm uns erreichte. Ein Polizeihubschrauber flog den Hund und mich hinauf. Ich kannte mich nach der Lawine in dem riesigen verschütteten Gelände überhaupt nicht mehr aus, als wir eineinhalb Stunden später am Unglücksort eintrafen. Kaum angekommen, sprang der Hund aus dem Helikopter und rannte wie von der Tarantel gestochen los, rauf auf die Lawine. Blieb an einer Stelle stehen und fing sofort an zu graben. Es war die richtige Stelle. Wenig tiefer im Neuschnee fanden wir den Kopf des Mannes, er war ansprechbar, hatte Schürfwunden, konnte aber atmen. Er zitterte stark, war unterkühlt. Doch es dauerte, bis wir ihn ausgraben konnten, denn von der Brust abwärts war der Schnee hart wie Beton.

Was war das für ein tolles Gefühl! All die Ausbildung, all die Stunden Training. Endlich klappte das, auch mal einen Menschen lebend zu bergen. Bei einer derart großen Lawine ist es unwahrscheinlich, eine Person lebend zu finden. Und dann nach fast zwei Stunden. Denn die Chance, lebend gefunden zu werden: Die währt in einer Lawine nicht lang."

*Der Alltag eines Lawinenwarners: Dr. Bernhard Zenke*
*über Lawinen, Warnsysteme und Wanderer in den Bergen.*

Dr. Bernhard Zenke

# Experteninterview: „Das Leben in der Lawine währt kurz."

*Herr Zenke, fast 30 Jahre waren Sie der Mann, der in den Wintermonaten den täglichen Lawinenlagebericht herausgab. Wie sieht der Berufsalltag eines Lawinenwarners aus?*
Bernhard Zenke: Auch ein Lawinenwarner arbeitet vorwiegend am Schreibtisch. Nicht anders als die meisten. Mein Bürotag begann nur sehr früh, gegen 05:30 Uhr. Meist habe ich hier in Murnau um 04:00 Uhr morgens das Haus verlassen, um in der Lawinenwarnzentrale in München pünktlich die Lawinenlage zu bewerten. Das heißt: Wettervorhersagen studieren, Messdaten analysieren und Meldungen von Beobachtern auswerten und das Ergebnis letztlich zu Papier zu bringen beziehungsweise ins Internet zu stellen. Wir waren zu meiner Zeit drei Lawinenwarner und wechselten uns wochenweise ab.

*Wie wird man Lawinenwarner?*
Bernhard Zenke: Ich bin eigentlich Diplom-Forstwirt und habe mich in den 1980er-Jahren mit Bodenerosion beschäftigt. Daraus entstand meine Promotion über Lawi-

nengeschwindigkeiten und -reichweiten. Inwieweit kann der Wald Lawinen aufhalten? Und wie entwickelt sich das Lawinengeschehen, wenn die Bergwälder lückiger werden, was in den 80ern im Rahmen der Waldsterbendiskussion große Sorge bereitete.

*Ihre dramatischsten Tage im Büro?*
Bernhard Zenke: Sicher der Februar 1999, die Tage der Lawinenkatastrophe von Galtür. Galtür war aber nur der eine Fokuspunkt, auf den sich die Blicke richteten. Wir hatten quer durch die Alpen bis nach Frankreich große Lawinenereignisse mit vielen Toten. In Chamonix 10 Tote, in Evolene in der Schweiz 12 und in Galtür in Tirol 31 Menschen, die ihr Leben in Lawinen verloren. Alles innerhalb weniger Tage. Bayern blieb damals Gott sei Dank verschont.

*Woraus ist diese Katastrophe entstanden? Es waren Feriensiedlungen und Hotels, die in der Hauptsaison verschüttet wurden? Hätte man als Laie eine Chance gehabt, zu erkennen, was da auf einen zukam?*
Bernhard Zenke: Über mehrere Wochen trugen West- und Nordwestströmungen in Wellen große Niederschlagsmengen in die Alpen. Zuletzt kamen in wenigen Tagen fast zwei Meter Neuschnee hinzu. Es baute sich eine gewaltige Schneedecke auf, nicht nur lokal, sondern über den gesamten Alpenraum. Das Galtür-Unglück ereignete sich am 23. Februar. Es herrschte über mehrere Tage alpenweit Lawinengefahrenstufe 5, also höchste Gefahrenstufe. Es war erkennbar, wie kritisch die Situation war. Vom Ausmaß der Lawinen war man dennoch überrascht.

Die positive Konsequenz: Man hat aus den Unglücken Schlussfolgerungen gezogen. Hat danach die automatischen Warn- und Messnetze verdichtet. Und gewaltig in

Lawinenschutzmaßnahmen baulicher und technischer Art investiert.

*Wann sollte das eigene innere Warnsystem eines Tourengehers anspringen?*

Bernhard Zenke: Sehr früh. Bereits bei der Auswahl des Tourenziels. Eine sorgfältige Tourenplanung, das Wissen um die Geländesituation, die Hangneigungen, die einen erwarten, und vor allem der Abgleich mit dem aktuellen Lawinenlagebericht sind die Voraussetzung für eine risikoarme Tour. Fatalerweise liegt manche Ursache für einen Unfall in der Art begründet, mit der wir uns verabreden: „Am Samstag in drei Wochen gehen wir da und da hin." Häufig ist genau dieses starre Festhalten an einer Verabredung, das „Durchziehen", Ursache für Unglücke, bei denen Menschen zu Schaden kommen.

Tückischerweise treffen solche Ereignisse gern organisierte Gruppen. Da, wo man sich lange vorher festlegen und frühzeitig terminieren muss, weil viele Menschen beteiligt sind. Bei Skitouren im Verein sollte man sich bereits bei der Terminierung einen Plan B überlegen und keinesfalls starr an der Ursprungsplanung festhalten, wenn die Bedingungen für eine Skitour nicht einwandfrei sind.

*Kann man heute noch sagen, man wird von einer Lawine überrascht?*

Bernhard Zenke: Klar kann man überrascht sein: Wenn man unbedarft unterwegs ist und sich nicht mit der Materie beschäftigt. Wenn man sich mit der Lawinenlage auseinandersetzt, dann sollte man das Risiko kennen und was es bedeutet, in einem entsprechenden Hang unterwegs zu sein. Jemand, der den aktuellen Lawinenwarnbericht kennt, das

Gelände beurteilen kann und sich mit der aktuellen Schneedecke beschäftigt, wird nur schwerlich überrascht.

*Was verursacht Lawinen?*

Bernhard Zenke: Lawinen sind lokale Ereignisse, die von der Schneedeckenentwicklung abhängen. Der Schneedeckenaufbau ist wiederum eine Folge von Wettererscheinungen: Neuschnee, Wind, Lufttemperatur, Sonneneinstahlung und nächtliche Abkühlungen sind Faktoren, die die Schneedecke und letztlich das Lawinengeschehen beeinflussen. Große Neuschneemengen oder starke Erwärmung können beispielsweise zur Selbstauslösung von Lawinen führen. Die meisten Opfer kommen allerdings ums Leben in Lawinen, die sie selber auslösen. Das sind fast immer sogenannte Schneebrettlawinen, die sich bei Belastung als Schneetafeln auf einer instabilen Zwischenschicht in der Schneedecke lösen.

*Können Sie das genauer beschreiben?*

Bernhard Zenke: Sie kennen zum Beispiel Oberflächenreif, die aufgestellten Eiskristalle, die in sehr kalten Winternächten wachsen. Fällt dann auf diese Plättchen Schnee, so bilden diese eingeschneiten Kristalle eine Schwachschicht, die bei zusätzlichem Druck plötzlich zusammenbrechen kann. Das Brechen setzt sich mit nahezu Schallgeschwindigkeit fort. Und die darüberliegende Schneedecke kommt auf breiter Front ins Rutschen. Neben dem Oberflächenreif gibt es noch verschiedene andere Kristallformen, die solche instabilen Schwachschichten bilden.

*Wieviel weiß man über Lawinen wirklich?*

Bernhard Zenke: Ein Physiker sagte einmal: „Schnee ist eines der kompliziertesten Materialien, mit denen wir zu tun haben." Um null Grad Celsius ändert Schnee seine

Eigenschaften ganz massiv. Es ist oft schwer vorhersehbar, welche Wirkung schon eine geringe Temperaturänderung auf die Eigenschaften einer Schneedecke hat. Und wenn wir in die Schneedecke hineingraben, um sie zu studieren, ist es schon nicht mehr das unberührte System, das es noch Minuten vorher war. Das macht die Lawinenforschung so schwierig. Was den eigentlichen Auslöser, die Schneedecke angeht, so hat sich zum Wissensstand von vor 20 Jahren wenig geändert. Im Gesamtbild wussten unsere Vorfahren eigentlich genauso viel wie wir heute. Heute kann man mit Modellen und entsprechender Computerunterstützung Prozesse in der Schneedecke simulieren und Entwicklungen nachvollziehen. Doch im Endeffekt belegt die Forrschung heute wissenschaftlich fundiert das, was Lawinenforscher vor 30 bis 40 Jahren durch intensive Beobachtungen der Natur bereits erkannten. Über die internetgestützten Medien lässt sich heute das Wissen über Lawinen allerdings wesentlich besser kommunizieren als noch vor 20 Jahren.

*Die wichtigsten Regeln für Tourengeher und Skifahrer abseits gesicherter Pisten?*
Bernhard Zenke: Die wichtigste Regel ist simpel: sich vorher informieren. Sich Gedanken machen über sein Ziel oder die geplante Abfahrt. Wie schaut die Lawinenlage für mein Gebiet aus? Aus dem Lawinenbericht ersehen: Wo habe ich kritische Bereiche? Höhenlagen? Hangrichtungen? Dann checken: Führt meine Tour in solche kritischen Bereiche? Kann ich sie umgehen? Die Planung bereits im Vorfeld ist wichtig, um letztlich auch Alternativen zu suchen.

*Der größte Fehler?*
Bernhard Zenke: Die Lawinengefahr nicht ernst zu nehmen. Lawinen sind eine tödliche Gefahr. Das Frustrierende

für Bergretter beim Lawineneinsatz ist, dass sie so oft nur noch Tote bergen können. Sie kommen in aller Regel zu spät. Statistisch sterben zwei Drittel aller Verschütteten in den ersten 30 Minuten durch Ersticken. Ursachen sind verlegte Atemwege oder ein einzementierter Brustkorb. Selbst wenn alles optimal läuft, kommt die Bergrettung fast immer zu spät.

*Was kann man tun?*

Bernhard Zenke: Bei einem Lawinenunfall ist Kameradenhilfe das A und O: Die Möglichkeit, sich sofort zu finden. Das bedeutet, dass jeder, der auf eine Skitour geht, richtig ausgerüstet ist. Dass jeder ein eingeschaltetes LVS am Körper trägt, also ein Lawinenverschütteten-Suchgerät. Mit dabei sollte eine Lawinensonde sein. Und die Schaufel. Ein modernes LVS kostet 200 bis 400 Euro, eine gute Schaufel etwa 70 Euro, eine Sonde 40 Euro. Alles in allem kostet eine Ausstattung, die im Ernstfall Leben retten kann, rund 400 Euro.

*Ist das ein Anschaffungsproblem? Oder wo liegen die Probleme?*

Bernhard Zenke: Die Kosten sind gar nicht mal das Problem. Man muss mit dem LVS auch umgehen können. Das geht nicht von allein. Dummerweise muss man sich mit diesem Gerät beschäftigen, um im Notfall auch damit arbeiten zu können. Ein LVS ist ein Gerät wie eine Digitaluhr. Kinder können erfahrungsgemäß problemlos damit umgehen. Ich schätze aber, dass ein Viertel bis ein Drittel aller Tourengeher das LVS nicht wirklich beherrscht. Das liegt daran, dass man sich nicht die Zeit nimmt, damit zu üben. Das Gerät ist nichts wert ohne Übung. Im kritischen Moment muss man mehr oder weniger automatisiert damit suchen können.

Wir hatten den Fall eines Mannes, der seiner Frau bei Tourbeginn ein LVS übergab. Als er verschüttet wurde, hatte sie keine Ahnung, wie sie das Gerät bedienen sollte. Sie fiel in Panik und fuhr ins Tal ab, um Hilfe zu holen, statt den Verschütteten zu orten. Sie wusste einfach nicht, wie das geht. Die Bergwacht barg später einen Toten.

*Aber damit ist das Wissen über Kameradenhilfe im Lawinenfall noch nicht zuende…*
Bernhard Zenke: Auch beim Ausgraben geht es um den Faktor Zeit. Um effektiv einen Verschütteten aus einer Lawine zu befreien, sollte man auch das geübt haben. Optimal ist eine pyramidenartige Ausgrabestruktur. Der Kern ist, dass man in möglichst kurzer Zeit möglichst effektiv möglichst viel Schnee bewegt. Ein Mann, zehn Grabeaktionen, dann der nächste. Es geht ja um Minuten. Wenn man alleine nach einem Verschütteten gräbt, sieht es natürlich anders aus. Aber auch da gibt es eine Regel: Nicht von oben graben. Man bringt den Schnee schlecht weg. Und: Wenn ich über ihm stehe, zerstöre ich einem Verschütteten eventuell die Atemhöhle.

*Wie hoch schätzen Sie das Risiko, in eine Lawine zu geraten?*
Bernhard Zenke: In der Relation, wenn man die Entwicklung des Skibergsteigens im letzten Jahrzehnt beobachtet, passiert ja heute relativ wenig. Die Unfallzahlen haben sich in den letzten Jahren nicht wesentlich verändert. In den Alpen kommen im Durchschnitt pro Winter circa 100 Personen in Lawinen ums Leben. In Bayern sind es durchschnittlich drei bis vier. Aber für mich ist jeder Lawinentote einer zuviel. Und grundsätzlich sollte jeder Tourengeher und jede Tourengeherin im Hinterkopf haben: Lawinengefahr ist eine tödliche Gefahr.

*Und man sollte vielleicht nicht nur an sich, sondern auch an jene denken, die im Ernstfall helfen müssen.*
Bernhard Zenke: Richtig. Lawineneinsätze sind mit die Aufwändigsten vom Personaleinsatz. Und sie gehören zu den Risikoreichsten. Lawinenhundeführer und Suchmannschaften müssen ja genau dann ins Gelände, wenn ein Unglück passiert und die Lawinengefahr besonders hoch ist. Es gibt durchaus Tourengeher, die sagen: „Ich bin für mich selbst verantwortlich". Aber im Ernstfall sind nicht nur er oder sie, sondern eine ganze Menge mehr Menschen betroffen.

*Die Zahl der Lawinenopfer ist auf einem erfreulich niedrigen Stand in den Nordalpen. Wen treffen Lawinen heute noch?*
Bernhard Zenke: Lawinen können jeden treffen: Skibergsteiger, Variantenskifahrer abseits der gesicherten Pisten, Schneeschuhgeher. Aus meiner Sicht überraschend hoch ist die Anzahl der erfahrenen Tourengänger. Wobei „erfahren" so ein Begriff ist. Ist der erfahren, der im Winter 30 Touren geht, aber keinerlei Achtsamkeit für die Zusammenhänge zwischen Wetter und Schneedecke hat? Erfahrung wird häufig gleichgesetzt mit „Anzahl der Touren". Das lässt mich schon manchmal drüber nachdenken, ob der absolute Einsteiger da nicht vorsichtiger ist.

*Was war als Lawinenwarner Ihr größter Irrtum?*
Bernhard Zenke: An einen in dem Sinne großen Irrtum kann ich mich nicht erinnern, aber man stellt sich natürlich täglich die Fragen: „Liege ich mit meiner Einschätzung richtig? Habe ich alle Faktoren richtig bewertet?" Und: „Beschreibt der Lawinenlagebericht die Situation so, wie sie im Gebirge ist?" Davon abgesehen, es gab und gibt hin und wieder jenen Tag, an dem man eine Situation

falsch eingeschätzt hat. Dann erhalten wir aber sehr schnell Rückmeldungen von draußen, von den ehrenamtlichen Lawinenkommissionsmitgliedern oder Beobachtern im Lawinenwarndienst. Ich kann mich an eine Situation erinnern, in der wir zwar mit Lawinenabgängen rechneten, aber die Größen möglicher Lawinen unterschätzt haben. Die Rückmeldung einer Lawinenkommission, dass oberflächliche Lawinen auf tiefere Schneeschichten durchschlagen und zum Entstehen außergewöhnlich großer Lawinen führen können, hat uns dann bewogen, an dem Tag den Lawinenlagebericht zu korrigieren und auf Lawinenwarnstufe 5 anzuheben.

*Worauf kommt's denn an, wirklich etwas von Lawinen zu verstehen? Warum ist das so schwer?*

Bernhard Zenke: Die Kunst, das Lawinengeschehen zu verstehen, besteht darin, das Zusammenspiel „Wetter-Schneedecke" in vielen Facetten zu verstehen. Das geht nicht von heute auf morgen. Das erfordert immer wieder, sich mit der Schneedecke zu beschäftigen. Das heißt, bei jeder Gelegenheit die Lawinenschaufel aus dem Rucksack nehmen und sich die Schneedecke anschauen. Und dabei versuchen, die Prozesse zu verstehen, die zu diesem Schneedeckenaufbau geführt haben. Das Grundwissen über Lawinen kann man sich aus vielen Fachbüchern durchaus aneignen. Zum tieferen Verständnis muss man aber hinaus in die Natur, sich die Finger kalt machen. Das ist nicht schwer, aber man muss sich Zeit dafür nehmen. Und das ist eine grundsätzliche Empfehlung an alle Tourengeher, Variantenfahrer und jene, die auf Schneeschuhen unterwegs sind: Nehmt euch die Zeit und widmet euch dem Thema Lawinen.

*Neujahr. Nach einer fröhlichen Silvesternacht machen sich zwölf junge Leute auf den Heimweg von einer Hütte. Dichter Schneefall und Pappschnee lösen eine Lawine aus.*

Hans Lohwieser

# Am Schrecksattel. Neuschnee: Lawinenwarnstufe 4.

Hans Lohwieser ist, was man „bodenständig" nennt. Er hat sich vom Maurerlehrling zum Abteilungsleiter in der Saline in Bad Reichenhall hochgearbeitet. Der 68-Jährige hat nichts verloren von seiner geradlinigen Art, auch wenn er jetzt im Ruhestand ist, mit seiner Frau in einem kleinen Weiler lebt und von seiner Terrasse den Blick in die Chiemgauer Alpen genießt. Stolz zeigt er die Auszeichnungen und Ehrungen in seinem Büro, die er für seine Tätigkeit in der Bergwacht erhalten hat. Aber als es ans Erzählen jener Geschichte geht, die ihn seit Jahren nicht loslässt, wird er verlegen. „Ich möchte mich nicht in den Vordergrund drängen", sagt er. Er hätte ja gar nichts Besonderes erlebt oder getan, was einer Erzählung wert wäre. Das höre ich oft, wenn ich einen Bergwachtler besuche. Das Dumme ist nur: Diese Kerle sagen es nicht nur. Sie meinen es tatsächlich so.

Der Tag nach Neujahr 2006. Seit Tagen fällt schwerer, nasser Schnee in den Bergen. Eine Gruppe von zwölf jungen Leuten, die überwiegend aus Reichenhall und Umgebung stammen, steigt an diesem Montag von der auf 1300 Metern gelegenen Reiter Alpe ab. Ziel ist die knapp zwei Stunden entfernte Talstation Oberjettenberg. Die Jüngste ist 17, der Älteste Anfang 30. Sie haben Silvester gefeiert oben auf der Hütte und steigen jetzt im dichten Schneefall hinunter ins Tal. Die einen laufen auf Schneeschuhen, die anderen auf Tourenski.

Gegen 13:50 Uhr quert ihr Weg eine Rinne zu Füßen des Schrecksattel, als sich im Steilhang eine Neuschneelawine löst und durch die Felsrinne talwärts wälzt. Wenige Augenblicke dauert das nur. Als sich wieder die Stille der fallenden Flocken über den Hang legt, können sich neun Tourengeher mühselig nach oben retten. Drei fehlen. Die durch die Rinne stürzenden Schneemassen haben sie mit sich gerissen.

Fünf Minuten später geht der Alarm bei der Bergwacht ein. Hans Lohwieser verlässt sofort seinen Arbeitsplatz und geht die 300 Meter von der Saline zur Station der Bergwacht. Er ist Einsatzleiter an diesem Tag, bespricht sich kurz mit seinen Kollegen, verteilt erste Aufgaben und fährt mit einer ersten Gruppe gleich hinüber zur Talstation nach Oberjettenberg. Dort warten weitere Einsatzkräfte von Bundeswehr, Polizei und Bergwacht. Und die Hundeführer.

Hans Lohwieser richtet vor der Talstation eine Schleuse ein. Wegen der akuten Lawinengefahr, die oben unvermindert herrscht, soll keiner hinauf, der nicht vorher dafür ausgewählt und vor allem registriert wurde. Nur wer vollständig ausgerüstet ist, insbesondere mit einem LVS-Gerät zur Ortung Verschütteter, wird registriert und bekommt zur Kennzeichnung einen blauen und einen roten Strich auf den Unterarm. Eine erste Mannschaft macht sich auf den

Weg. Zuerst per Seilbahn. Dann bringt sie eine Pistenraupe der Bundeswehr durch den dichter fallenden Neuschnee zum Schrecksattel.

Von dort fahren sie immer in Dreierteams – ein Hundeführer mit einem Sanitäter und einem Schaufler – auf Skiern durch den Wald zur Unglücksstelle ab und treffen im Lawinengraben auf drei unverletzte Überlebende. Der Rest der Tourengeher hat sich auf eigene Faust auf den Weg gemacht und irrt orientierungslos talwärts. Während sich die Dreierteams unter dem Schrecksattel im schwächer werdenden Licht sofort auf die Suche nach Verschütteten machen, lässt Lohwieser den erschöpft Herumirrenden einen Trupp Retter aus dem Tal entgegengehen.

Im Neuschnee in der Rinne schlägt ein Hund an. Einer der Überlebenden weist die Rettungskräfte immer wieder auf Stellen hin, an denen er Verschüttete vermutet. Die Männer beginnen sofort vorsichtig mit Lawinenschaufeln zu graben und stoßen in nur 30 Zentimetern Tiefe auf die erste der drei Verschütteten. Sie liegt friedlich gebettet im Neuschnee, als hätte sie sich nur schlafen gelegt. Doch für sie kommt jede Hilfe zu spät.

Unter dem Schrecksattel wird es derweil dunkel. Immer noch fallen dicke Flocken Naßschnee auf die Männer, die mit ernsten Gesichtern den tiefen Neuschnee durchsuchen. Erneut schlägt ein Hund an. Ein zweites Opfer wird tot im Schnee geborgen. Weiteres Rettungsgerät zur Ortung des letzten Verschütteten wird angefordert, aber unten im Tal wird die Situation schwierig. Wegen des heftigen Schneefalls sind Zufahrtsstraßen gesperrt. Miserable Sicht raubt den Rettern jede Chance, einen Hubschrauber einzusetzen.

Die Wetterbedingungen verschlechtern sich in der zunehmenden Dämmerung weiter. Dafür steigt die Lawinengefahr am Schrecksattel von Stufe 3 auf Stufe 4. Hans Lohwieser und seine Leute schauen besorgt auf den Hang. Ganz in der Nähe löst sich eine Nachlawine, einer der Bergwachtmänner zieht seinen ABS-Rucksack – seinen Lawinen-Airbag – bleibt aber unversehrt. Sie entscheiden sich, weiterzumachen, als ein zusätzlicher Alarm vor der Rettungsleitstelle eingeht. Ein Großalarm. In Bad Reichenhall sei wegen des schweren Neuschnees die Decke der Eishalle eingestürzt. Die Zahl der Opfer an diesem Montagnachmittag ist unbekannt.

Lohwieser wird gebeten, Rettungskräfte für die Bergung in Reichenhall loszuschicken. Umgehend setzt er Leute in Bewegung. Immer wieder schaut er besorgt auf den Berg. Weitere Lawinen können jederzeit auf die Retter niedergehen. Außerdem ist es mittlerweile stockfinster. Die weitere Suche nur im Schein der Stirnlampen und behindert durch den dichten Schneefall ist zu dieser Zeit aussichtslos. Mit seinem Team vor Ort trifft er die schwere Entscheidung, die Arbeiten unter dem Schrecksattel für heute zu unterbrechen und am nächsten Tag weiterzumachen, sofern die Wetterverhältnisse es erlauben.

Bei der Abschlussbesprechung in der engen Bergrettungswache unten ziehen viele der Männer nicht mal den Anorak aus. Erschöpfte, betroffene Gesichter, während ein Overheadprojektor noch einmal grell die Lage an die Wand wirft. Sie diskutieren, wie es am nächsten Tag weitergehen soll.

Als der Morgen kommt, sind noch einmal 40 Zentimeter Neuschnee gefallen. „Gefahrenstufe 4 – große Gefahr", sagt der Lawinenlagebericht. Was an Rettern verfügbar ist, ist drüben in Bad Reichenhall in der Eishalle.

Trotzdem versuchen am Morgen elf Mann – Bergretter, Polizisten und Heeresbergführer – mit Ski zum Unglücksort aufzusteigen. Mühsam spuren sie ihren Weg durch den dicken Neuschnee, umgestürzte Bäume verhindern das schnelle Vorankommen. Zum ersten Mal seit Tagen setzt zeitweise der Schneefall aus. Am Rand der Rinne angekommen, seilen sie sich dort ab und machen sich auf die Suche nach dem dritten Opfer. Erfolglos. Weil erstmals ein Hubschrauber eingesetzt werden kann, bergen sie die beiden gefundenen Opfer im Steilhang und lassen sie ins Tal fliegen.

Dritter Tag. Die Einsatzkräfte sind durch den doppelten Einsatz in der Eishalle und am Schrecksattel erschöpft. Nicht nur sie. Auch die Hundeführer und ihre Hunde können nicht mehr, weder Polizei noch Bundeswehr sind in der Lage, auch nur eine einzige ausgeruhte Hundestaffel zu stellen. Was noch an Einsatzkräften da und einsatzfähig ist, gräbt in den Betontrümmern der Eishalle unter dem Neuschnee. Oben unterm Schrecksattel herrscht immer noch „Gefahrenstufe 3 – erhebliche Lawinengefahr".

Bei der morgendlichen Besprechung beschließen Lohwieser und seine Kollegen, die Einsatzkräfte keiner weiteren Gefährdung auszusetzen und stattdessen den Tag zu nutzen, um die Suche für den nächsten Tag gründlich vorzubereiten. Sie wollen lawinengefährdete Stellen um den Unglücksort aus der Luft sprengen. Und wollen für die weitere Vermisstensuche einen speziellen Detektor, ein sogenanntes RECCO-Gerät, anfordern. Mit den bisherigen Methoden sind sie am Ende.

Der Nervenkrieg geht weiter. Für die Lawinensprengung muss erst das Landratsamt die Genehmigung erteilen. Doch die Behörde ist wegen des Eishalleneinsturzes völlig überlastet. Lohwieser hängt nur noch am Telefon. Der Detektor liegt im Allgäu. Weil Straßen und Autobahnen teilweise gesperrt sind, holt die Polizei ihn per Blaulicht von Sonthofen ins Chiemgau, während zwei Experten der Bundeswehr die beiden Sprengsätze klarmachen, die aus einem Hubschrauber in die Hänge neben dem Schrecksattel geworfen werden sollen. Dann geht alles schnell. Die Genehmigung ist da. Der Detektor auch. Am Morgen des 5. Januar soll es weitergehen.

An diesem Donnerstag steigt in der Früh der Hubschrauber der Bundeswehr auf und bringt die beiden Sprengladungen punktgenau in den Hängen links und rechts des Schrecksattels zum Detonieren, während sich im Tal erneut über ein Dutzend Männer an den Aufstieg macht. Als sie oben sind, orten sie mit Hilfe des Metalldetektors den letzten Vermissten unter vier Metern Neuschnee. Sie machen sich sofort an die Arbeit, wühlen mit ihren Lawinenschaufeln einen Schacht durch den klumpigen Neuschnee schräg hinunter zum Verunglückten. Zwei Retter graben vorne abwechselnd, drei unmittelbar dahinter schaffen den Aushub beiseite. Am Grund des engen Schachtes kann der Notarzt nur noch den Tod des 20 Jahre alten Verunglückten feststellen.

„Die Geschichte geht mir aus verschiedenen Gründen bis heute nach", sagt Hans Lohwieser heute. „Zum einen, weil technisch unter schwierigsten Bedingungen die Zusammenarbeit zwischen Bergwacht, Bundeswehr und Polizei wie am Schnürchen klappte. Aber vor allem, weil das Tragische war, dass wir den drei jungen Leuten nicht mehr hatten helfen können. Sie waren alle drei Anfang 20 – zwei Brüder. Und die Verlobte des einen."

Hans Lohwieser hätte noch viel zu erzählen. Wer ihm zuhört, der weiß: Die Tage im Neuschnee unterm Schrecksattel: Die wird er nicht mehr vergessen können.

*Bergwacht früher – das war mehr noch als heute harte*
*Knochenarbeit. Für Hans Hibler ganz besonders.*
*Und für seine Hunde auch.*

## Hans Hibler

# Kreuzeck. Der Hund, der allein im Bus gefahren kam.

So vieles hat der Hibler Hans in seinem Leben beruflich ge-macht. Und nicht, weil er lustlos gewesen wäre und ohne Ahnung, was er anstellen sollte mit sich in der Welt. Im Ge-genteil. Es scheint, als wäre er stets seinem inneren Kompass und unbeirrt dem gefolgt, was ihn fesselte im Leben. Und gerade dann, wenn das Leben es nicht gut meinte mit ihm, half ihm sein Kompass, das Beste aus der Not zu machen.

Mit 16 war er Schäfer geworden in Farchant. Das war kein Zufall. Mit den Viechern umzugehen, das lag ihm im Blut, obwohl er nicht auf einem Bauernhof aufgewachsen war. Die Tiere spielten eine Rolle in seinem Leben, und es waren nicht bloß die Schafe, um die er sich kümmerte. Ein Schäfer braucht auch einen Hund. Einen, der gut erzo-gen ist. Der ständig um die Herde kreist, sie zusammenhält. Und spätestens von da ab hatte der Hibler Hans immer ei-nen Hund.

Auch das Draußen-Sein war ihm wichtig. Vielleicht war dies der Grund, weshalb er, unruhig wie er war, danach Zimmerer lernte, als es auf dem Bau aufwärts ging. Vielleicht steckte auch ein Schuss Verwegenheit dahinter, der ihn in die Höhe, auf die Dächer, trieb. Und dann war da in Garmisch der Tourismus, der nach dem Krieg langsam wieder auf die Beine kam.

Der Hans war früh bei der Bergwacht gewesen, hatte im Sommer und im Winter Dienst auf dem Kreuzeck geleistet. Das hört sich einfach an für einen aus Farchant, das so malerisch und nah vor den Bergen liegt. Aber tatsächlich braucht man von da bis hinauf zum Kreuzeck dreieinhalb Stunden zu Fuß. Selbst mit dem Fahrrad sind es eineinhalb Stunden. Ein Auto hatte er ja keins. Wie oft er den Weg dorthin zurückgelegt hat, zum Kreuzeck, das kann er nicht sagen. Auf dem Kreuzeck war es auch, wo er die Leni kennenlernte. Sie kam aus Niederbayern, die Not hatte sie nach Garmisch gebracht, wo sie auf der Kreuzeckalm als Magd arbeitete. Morgens um vier aufstehen, Wäsche waschen. In der Küche aushelfen. Gäste bedienen. Aufwaschen. Der Hans war einer von den Burschen, die frech die Mägde tratzten, wenn sie abends vom Kreuzeck herunterkamen. So hatten sie sich kennengelernt. Und hatten geheiratet.

Um die kleine Familie zu ernähren, war er Berg- und Skiführer geworden. Führte im Sommer die Gäste auf Kreuzeck und Alpspitze. War den Winter über, solange die Saison halt dauerte, bei der Skiwacht oben auf dem Kreuzeck. Bergwacht damals, so sagt er heute, war so ganz anders. Es gab keine Ausrüstung. Kein Geld. „Wenn einer von uns umkam, hatten wir nicht mal das Geld für einen Kranz bei der Beerdigung, wir mussten es im Dorf erbetteln. Ausrüstung war nicht vorhanden. Jahrelang besaßen wir nur ein Seil, eine einzige alte Perlonschnur für unsere Einsätze in der Wand, die Perlonschnur war von einem verunglückten Bergsteiger übrig geblieben. Perlon, das war schon ein riesiger Fortschritt gegenüber den alten Hanfseilen, die von innen verrotteten, ohne dass man's ihnen außen ansah."

Statt warmer Anoraks hatte es nur winddichte Kunststoffjacken gegeben, sie hielten den Regen ab. Aber nach einer Viertelstunde waren sie innen nasser als außen, weil die feuchte Körperwärme nicht abziehen konnte. Sie hatten handgeschmiedete Karabiner aus Eisen. Es gab noch keine Hubschrauber, das Telefon nur im gelben Telefonhäusl. War jemand oben in den Bergen verunglückt, dann dauerte es, bis den Hans in Farchant der Alarm erreichte, bis er nach Garmisch geradelt und sie zum Unfallort aufgestiegen waren. Wen sie gefunden hatten, den trugen sie auf ihren Rücken herunter, es gab kein Einrad. Keine Gebirgstrage. Es war Bergwacht mit bloßen Händen.

Weil sein eigener Hund noch zu jung war, um ihn abzurichten, hatten Garmischer ihm ihren Schäferhund angeboten mit den Worten: „Nimm halt unseren Hund!"

Der Hibler Hans nahm das Angebot an, die Blanka, sie war eine ganz schwarze, begleitete ihn einen Sommer. Es war 1951. In Tirol hatten sie begonnen, in der Bergrettung mit Lawinenhunden zu arbeiten, sie auszubilden. Auch der Hibler fing an, mit der Blanka zu arbeiten. Ging nach Tirol auf einen Lawinenkurs mit ihr, bildete sie aus. Als die Besitzer ihren Hund nach dem Sommer wieder abholten, lief ihnen die Blanka immer wieder davon. Und schnürte die fünf Kilometer zum Hans zurück auf den Hof. Da blieb die Blanka beim Hans und bei der Leni. Sie war nicht nur der erste Lawinenhund vom Hibler, sondern einer der ersten in Oberbayern überhaupt.

Die Blanka begleitete ihn überall hin. Genauso wie die Vroni, die nach der Blanka kam, folgten die Hunde ihm auch auf seine Einsätze. Es war im Dezember 1966. Heftig fiel der Schnee vom Himmel. Die Straße am Kreuzeck hinauf zur Hochalm war wegen Lawinengefahr gesperrt. Die Bergwacht war zugange, Wächten und Überhänge über der gesperrten Straße zu entschärfen. Es war Mittag. Der Hibler Hans hatte gerade seine Ski abgeschnallt und schaute sich die Wächte von oben an, wie man ihr beikommen könnte, als ein großes Stück vor ihm abbrach und ihn mit sich riss. Er verlor den Halt. Schlug noch einmal auf. Und stürzte senkrecht 50 Meter nach unten.

Als er zu sich kam, stand es schlimm um ihn. Sein Becken gespalten, fünf Wirbel gebrochen, Gefäße gerissen. Die untere Hälfte seines Körpers spürte er in Teilen nicht mehr. Darm und Blase waren in Mitleidenschaft gezogen. Die Kameraden hielten ihn erst für tot. Dann schafften sie ihn, der nichts anderes mehr war als ein Bündel voller Schmerzen, das sie kaum anfassen konnten, im Akia hinunter zum Kreuzeck-Haus. Die Seilbahn war in Revision und fuhr nicht. Doch irgendwie gelang es, einen Hubschrauber zu organisieren, den Hibler kannten ja die Bundeswehrpiloten alle. Trotz Sturm fand sich einer, der flog und ihn holte, nach Murnau in die Klinik brachte. Stunden später stand einer vor der Leni und den Kindern in Farchant auf dem Hof, druckste herum. Der Hans wär' im Krankenhaus. Hätte sich verletzt. Am Bein. Erst am nächsten Tag erschien einer auf dem Hof, der sagte, sie solle den Hans lieber nicht besuchen. Schlimm säh' er aus. Erst da ahnte die Leni, wie es wirklich um ihn stand.

Sieben Monate lag der Hans im Bett. Konnte keinen Fuß vor die Bettdecke heben. Lag im Dämmer. Hörte Menschen vor seinem Bett reden: „Dass er immer noch lebt". Er kam langsam zu sich. Kehrte langsam zurück ins Bewusstsein. Begriff, dass er keinen Pfennig verdiente, solange er hier im Bett lag. Dass die Leni und die Kinder auf sich gestellt waren auf dem Hof. Mit den Kindern. Und dem Vieh.

Nach sieben Monaten strenger Bettruhe, nach Embo-
lien, nach Gelbsucht, begriff er: Er musste raus aus dem
Bett. „Im Bett sterb' ich nicht", sagte er sich. „Ihr könnt's
machen, was Ihr wollt's. Jetzt steh ich auf."
Es fiel ihm unendlich schwer. Schmerzen. Schwindel.
Teillähmung. Lädierte Organe. Er biss die Zähne zusammen. Mit dem Bergführer war es aus und vorbei. Doch die
Kraft in seinen Armen, die hatte er noch. Er hatte es sich
in den langen Monaten im Krankenbett überlegt. Pfleger
wollte er werden. Und wenn es ging, Masseur. Wieder
biss er die Zähne zusammen. Die Kameraden halfen. Und
die Versicherung auch. Der Hans, er arbeitete zuerst im
Krankenhaus. Dann wurde er medizinischer Masseur und
Bademeister. Und arbeitete 30 Jahre in dem Krankenhaus
als Chiropraktiker, in dem er reglos hatte liegen müssen.
Machte zuletzt seine Prüfung zum Heilpraktiker.
    Aber das war nur die eine Seite, was der Hibler Hans
beruflich machte. Bei der Bergwacht führte er seine Karriere weiter und die Vroni half ihm dabei. Kaum zu Hause,
arbeitete Hans an der Ausbildung seines Hundes weiter. Sobald er es konnte, ging er mit der Vroni auf Lawineneinsätze. „Die Vroni war auch ein Schäferhund, ein seelenguter
Hund", sagt er heute. „So muss ein Lawinenhund sein, von
zweifelsfreiem Charakter. Ein Lawinenhund darf nicht an-
fangen, sich im Einsatz mit anderen Hunden zu beißen."
    Nur wenn mich jemand anfasste, wurde die Vroni streng.
Selbst wenn die Leni ihn berührte, knurrte die Vroni gleich
böse. „Jetzt hab' ich den Hund Jahr und Tag gefüttert", sagte die Leni nur, „und dann knurrt sie mich an, wenn ich dir
zu nahe komm". Für ihn, den Hans, tat der Hund alles. „Die
Vroni war nach einiger Zeit in Garmisch berühmt. Wenn
ich wieder einmal Dienst hatte oben auf dem Kreuzeck,
dann kam die Vroni mir nach. In Farchant lief sie zur Bus-

station. Passte den richtigen Bus ab. Stieg in den Bus ein, wenn er hielt. Stieg dann in Garmisch um in den Bus zur Kreuzeck-Talstation. Und fuhr dann selbstständig mit der Gondel zu mir hinauf aufs Kreuzeck in die Bergwachtstation. Die Vroni war der erste Hund, der in Garmisch eine Freifahrkarte für Bus und Kabinenbahn hatte. Nicht einmal verfahren hat sie sich. So ein Hund war sie."

Ein Leckerli oder eine Beißwurst hat der Hans in der Ausbildung nie benutzt. „Meine Hunde hab ich immer selber gekauft und gezogen. Wenn sie zehn, elf Monate waren, hab' ich mit der Ausbildung begonnen. Ganz spielerisch. Beim Spaziergehen mal ein Taschentuch fallen lassen. Wenige Meter später laut simuliert: ,Ja, wo ist denn jetzt mein Taschentuch?' Wenn die Vroni mir das dann wiederbrachte, hab ich sie laut gelobt. Das wichtigste ist immer das Lob. Die richtig gezeigte Freude des Herrchens. Ich muss nicht sagen: ,Brav warst'. Ich muss dem Hund um den Hals fallen, meine Dankbarkeit spüren lassen. Später hab ich das gleiche Spiel mit meinem Geldbeutel gemacht. Man kann ja selber einem Hund sehr viel beibringen. Ein Hund freut sich doch am allermeisten, wenn er seinem Herrchen zu etwas nütze ist."

Hans Hibler blieb, was er auch vor seinem Bergunfall schon gewesen war: Leiter der Lawinenhunde-Führer in Oberbayern. Nach der Vroni hatte er noch drei Hunde, die er zu Lawinenhunden ausbildete. Und unzählige andere, deren Ausbildung er begleitete. Sie wurden eingesetzt bei der Suche nach Lawinenopfern. Beim Einsturz eines Hotels nach einer Gasexplosion in Rießersee. Er leitete unzählige Trainings. Wie vielen Menschen die Hundestaffeln in all den Jahrzehnten das Leben retteten: Die Zahl kennt der Hibler Hans so wenig wie die der Bergwachteinsätze, bei denen er in den 85 Jahren seines Lebens dabei war. Nur eines weiß er gewiss: Sooft er auch durch seine Initiative die Rettung anderer ermöglichen konnte, ihm selbst und seinen Hunden war es nie vergönnt, einen Menschen lebend in einer Lawine zu finden.

Wenn man den Hans fragt, welche Geschichte aus seiner Bergwachtzeit er erzählen will, welche ihm heute immer noch nachgeht, muss er nicht lang nachdenken. Er hat sie sofort parat, er denkt an sie heute noch. Dann wird sein Gesicht, das aus seinem geschundenen Körper stets zu lachen scheint, plötzlich ernst.

Zwei Brüder, sagt er, im Oberreintal in der Wand abgestürzt. Sie hatten sie nur noch tot bergen können, schrecklich hätten sie ausgesehen, die Bilder stehen dem Hans noch immer grausig vor Augen. Ins Tal hätten die Bergretter sie gebracht auf dem Rücken und wären dann zum Einsatzbier noch einen kurzen Moment eingekehrt. Lustig wären sie gewesen überm Bier, um das Grauen zu vergessen, als sich die Tür öffnete.

Ein alter Mann und seine Frau, zerbrochen wie ein Stück Astholz, standen in der Tür. Sie seien die Eltern. Ob sie ihre Buben noch einmal sehen dürften? „Eben hatten wir noch gelacht", erzählt er. „Jetzt mussten wir ihnen sagen, dass sie ihre Kinder besser nicht mehr sähen."

Und die Leni? Ob sie manchmal geschimpft hat mit ihm? Wenn er mal wieder mitten in der Nacht raus musste? Um nach Garmisch zu einem Einsatz am Berg zu fahren? Nur einmal hat sie ihm morgens keinen Kaffee gekocht, als er aufbrechen musste in der Früh um Vier. „Das war das einzige Mal, wo die Leni mir keinen Kaffee kochte, weil sie nicht einverstanden war, dass ich schon wieder für einen Einsatz raufging."

Und Leni berichtet, wie sie ihm schweigend einen Kalender auf den Tisch legte, in den lauter Kreuze eingezeichnet waren: „Da. Sechs Wochen warst du jetzt keinen Tag daheim!"

Ob sie niemals Angst gehabt hat um ihn? „Nein. Angst um ihn hatte ich eigentlich nie in den 60 Jahren, die wir jetzt verheiratet sind. Ich hab immer gerechnet, dass er wiederkommt. Er ist ja auch alleweil wiedergekommen", sagt sie.

Es ist dunkel geworden, als ich mich von Hans und Leni Hibler auf ihrem Hof verabschiede. Der Hans hinkt voraus, um noch die Hühner zu versorgen, wie es ihm die Leni von oben nachrief. Er schaut noch in den Stall, in dem die Schafe dicht gedrängt in ihren Pferchen stehen. Er lacht zufrieden, während er dem Hannes zusieht, dem dritten von fünf Urenkeln, Sohn eines seiner sieben Enkel, der ganz hinten im Stall zu Bob Marley aus dem scheppernden Radio unbeirrt Heu vor die Schafe wirft. Als gäbe es im Leben des Hannes nichts anderes, was er gerne machen wollte, als mit den Viechern umzugehen.

153

*Sebastian Nachbar kam erst spät zur Bergwacht. Sein schwerster Einsatz führt ihn in die Chiemgauer Alpen und von einer trügerischen Sicherheit in die nächste.*

Sebastian Nachbar

# Chiemgauer Alpen.
# Die Suche nach dem Jäger.

Er war an diesem Nachmittag aus dem Haus gegangen, nicht anders, wie er es die Tausende Male zuvor in seinem Försterleben getan hatte. Er war nun 70 und selbst als er sich aus seinem Beruf als Förster in den Ruhestand verabschiedet hatte, war er Jäger geblieben. Er hatte an diesem Nachmittag im November 2017 seinen Rucksack gepackt. Und das Jagdgewehr mit dem Zielfernrohr geschultert. Hatte sich den schweren Mantel übergestreift, und noch kurz ins Haus gerufen: „Ich geh noch mal rauf zum Ansitz. Es ist Vollmond, vielleicht wird die Nacht hell sein und klar. Vielleicht hab ich Glück und kann noch was schießen." Dann war er in sein Auto gestiegen und vom Grundstück gerollt, die wenigen Kilometer hinauf zu den Jochbergalmen, wo sein Jagdrevier lag, irgendwo in den Chiemgauer Alpen zwischen Marquartstein und Ruhpolding.

Anders als es seine Gewohnheit war, war er um 20:00 Uhr noch nicht zurück von seinem Gang ins Revier. Um 21:00 Uhr auch nicht. Als es 22:30 Uhr wurde, begann sein

Sohn, sich Sorgen zu machen. Er telefonierte mit Bekannten. Vielleicht war der Vater noch im Wirtshaus geblieben? Bei einem Freund? Doch dem war nicht so. Sie beschlossen, sich in ihre Autos zu setzen und die Straßen und Wege vom Haus bis ins Revier abzufahren. Aber so sehr sie auch in der Vollmondnacht suchten: Sie fanden vom alten Jäger keine Spur. Er war und blieb verschwunden. Als wäre er nie dagewesen.

Es war kurz nach 01:30 Uhr Morgens, als das Piepsen des Funkmeldeempfängers Sebastian Nachbar und seine Frau im wenige Kilometer entfernten Ruhpolding aus dem Schlaf rissen. Die beiden 2 und 6 Jahre alten Töchter im Nachbarzimmer schreckten kurz hoch, ein Seufzer, ein Husten. Dann schliefen sie wieder ein, als Sebastian Nachbar schlaftrunken das schrille Piepsen abgestellt und in der Dunkelheit die Meldung abgehört hatte. Eine Vermisstensuche oben bei den Jochbergalmen, 14 Kilometer von Ruhpolding entfernt.

Sebastian Nachbar war seit sechs Jahren bei der Bergwacht, er war kein Einheimischer wie seine Frau, sondern der Kinder wegen aus dem Allgäu hierher zugezogen. Er kannte das Leben auf dem Dorf, er konnte mit Dorf umgehen und weil er mit seinen 30 nicht Fußballspielen mochte und kein Musikinstrument konnte, war er statt in den Fußball- oder Musikverein eines Abends auf ein Bier zum Bereitschaftsabend der Ruhpoldinger Bergwacht gegangen. Aus dem einen Bier wurden mehrere und aus dem jungen Vater, der in die Berge gegangen war, solange er denken konnte, wurde ein aktiver Bergwachtler, der nach Jahren der Ausbildung und Kurse mit auf Einsätze ging, wann immer Not am Mann war.

So saß Sebastian Nachbar in dieser Nacht neben einer Handvoll anderer im Einsatzfahrzeug, das den ersten Suchtrupp hinauf zu den Jochbergalmen kurvte. Bei der

Röthelmoosalm, wo sich die Wege nach oben kreuzten, trafen sie morgens um 02:30 Uhr auf einen VW-Bus voller Leute und auf Einsatzkräfte der Polizei. Zusammen mit ihnen breiteten sie im Licht ihrer Stirnlampen eine Karte auf der Kühlerhaube aus und dachten nach, wo sie mit der Suche beginnen sollten.

Ruhpolding ist nach Quadratkilometern eine der größten Gemeinden in Bayern. Und damit auch eines der weitläufigsten Einsatzgebiete der Bergwacht. Wo lag eigentlich genau das Revier des Vermissten? Kannte jemand die üblichen Wege und Steige des Jägers? Das Suchgebiet war nicht wirklich alpines Gelände, doch ungeheuer weitläufig. 20 Kilometer mal 20 Kilometer Staatsforst zwischen Unterwössen im Westen und Ruhpolding im Osten, durchzogen von tiefen Rinnen und kilometerlangen Forststraßen. Die Suche nach einem Vermissten würde schnell zur sprichwörtlichen Suche nach der Nadel im Heuhaufen werden, hätte man keine Anhaltspunkte.

Unter den Leuten, die sich in der stockdunklen Nacht über die weiße Kühlerhaube beugten, befand sich auch der Sohn des Vermissten. Der 40-Jährige wusste, wo die Jagd seines Vaters lag, er kannte die fünf Hochsitze, von denen aus sein Vater immer auf anwechselndes Wild wartete. Hier war eine Spur, der Auftrag an den Suchtrupp nahm konkrete Formen an. Sie sollten, begleitet vom Sohn des Vermissten und einem Lawinenhund, weiter hinauf Richtung Jochbergalmen fahren und dort systematisch jeden der fünf Hochsitze auf Spuren absuchen.

Die Männer machten sich im Geländefahrzeug auf den rumpeligen Weg durch die kalte Novembernacht nach oben. „Wir waren zu schnell, hier ging gerade die Straße zur Lichtung mit dem ersten Jägersteig ab", unterbrach der Sohn des Vermissten nach etlichen Minuten die Fahrt.

„Macht nichts", entgegneten die Bergwachtler. „Dann fahren wir eben bis zum obersten Hochsitz und fangen mit der Suche dort an."

Kaum angekommen, suchten sie erst die Straße nach Autospuren ab. Aber weil es ein geschotterter Weg war, waren Spuren schwer zu identifizieren. „Es war ein Platz mit zwei Hochsitzen", erzählt Sebastian Nachbar. „Wir teilten uns auf in drei Gruppen: Der Hundeführer mit dem Lawinenhund sollte im unteren Teil suchen. Zwei andere stiegen vor dem Hochsitz den steilen Berghang auf. Der Sohn des Vermissten und ich sollten die unmittelbare Nähe um die beiden Hochsitze gründlich untersuchen." Doch die drei Teams fanden nichts. Keinen Rucksack. Keine Jacke. Keine Fußabdrücke. Keine Hülse. Keine Autospuren in der Kiesbank. Keinerlei Spuren erkennbar. Nichts.

Auch beim zweiten Hochsitz blieb die Suche ergebnislos. Sebastian Nachbar berichtet: „Da war nichts. Weder um die Straße herum. Noch weiter oben. Und im Umkreis von 100 Metern um den Hochsitz auch nichts. Die Funksprüche, die aus unseren Geräten durch die Nacht hallten, hatten mittlerweile zugenommen. Die Rede war von nachrückenden Kräften aus den benachbarten Bereitschaften. Aus der Bergwacht Marquartstein. Der Bergwacht Grassau. Traunstein. Inzell. Von der Lawinenhundestaffel. Von Flugdrohnen. Und einer Wärmebildkamera. Jetzt waren 50 Einsatzkräfte oben im Gelände, von überall kamen die her, am Sammelplatz Röthelmoos ging's richtig zu, die Bergwacht fuhr auf, was sie an Mannschaft und Technik in dieser Nacht mobilisieren konnte.

„Plötzlich war unter den Funksprüchen einer aus unserem eigenen Suchtrupp. ‚Hier liegt ein totes Reh. Frisch geschossen, aber noch nicht aufgebrochen. Liegt hier in der

Rinne, die vom Hochsitz heraufführt. Merkwürdig, eine Leine ist um seinen Hals geschlungen.'"

Auch die lokalen Förster waren inzwischen an der Suche beteiligt, einer von ihnen kam sofort herauf und schleifte das Reh an der Leine den nassen Grashang nach unten.

„Als wir vor dem Reh standen, erkannte der Sohn die Leine. Sie gehörte seinem Vater, der sie wie der Förster benutzte, um den schweren Tierkörper nach unten zum Wagen zu ziehen. Wir hatten endlich eine Spur. Der Vater war hier gewesen bei dem toten Reh.

Doch warum hatte er dessen Bergung einfach abgebrochen? Warum hatte er dem Reh die Leine umgebunden, aber es oben liegen gelassen? Und warum fanden wir am Hochsitz keine Patronenhülse? Wir standen vor dem nächsten Rätsel. Und dem größten waren wir keinen Deut nähergekommen: Wo war der Vermisste?

Doch es gab weitere Hinweise. Das Auto des Jägers war nicht da. Ob er selber damit weggefahren war? Die Polizei machte sich erneut auf die Suche entlang der Straßen, die vom Bergwald in die umliegenden Ortschaften führten, während die oben versammelten Kräfte nun gezielt die Forststraßen durchkämmten und vor allem intensiv die Steilhänge unterhalb der Straßen auf ausbrechende Wagenspuren absuchen sollten.

Vielleicht war der Wagen von der Fahrbahn abgekommen und irgendwo an einem Steilhang hinunter ins Gelände gerollt. In der nächsten Stunde suchten wir also intensiv alle Forststraßen samt der umgebenden Hänge und Rinnen ab, während die Polizei ihre Suche entlang der Straßen unten konzentrierte. Die Krankenhäuser hatten sie längst abtelefoniert, weder im Klinikum Traunstein noch im Klinikum Ruhpolding war der Name des Vermissten auf den Patientenlisten. Nichts. Es war zum Verzweifeln. Wir hatten genaue Hinweise, wo der Mann gewesen war. Aber er blieb trotz intensivster Suche einfach verschwunden.

Unser Suchauftrag im Gelände näherte sich langsam seinem Ende, als wir im Wagen zurück zum Sammelplatz am Röthelmoos einen Funkspruch hörten: ‚Wir haben den Wagen des Vermissten'. Eine Polizeistreife hatte ihn entdeckt, auf dem Parkplatz des Klinikums Ruhpolding. Mit einem Schlag fiel die Spannung der letzten Nachtstunden von uns ab. Wir hatten den Jäger zwar nicht gefunden, aber unsere Suche war auch nicht vergebens gewesen. Es war wie eine Befreiung. Auch der Sohn des Vermissten war erleichtert: ‚Gott sei Dank. Mein Vater ist im Krankenhaus. Ich fahr gleich runter zu ihm. Vielen Dank euch allen für eure Mühe', sagte er noch, während er zu einem Förster in den Wagen stieg und beide nach unten davonbrausten.

Unsere Suche war damit offiziell beendet. Und wir wurden zum Sammelplatz zurückbeordert. Weil so viele Personen beteiligt waren, mussten wir am Sammelplatz noch warten, bis alle durchgezählt waren. Nicht dass jetzt noch jemand von uns da oben im Gelände zurückgeblieben wäre. Es war bereits gegen Morgen, aber noch stockfinster, als wir alles Gerät einpackten, dann alle in die Autos stiegen, die da oben in der Dunkelheit noch herumstanden.

Das Ende der Geschichte? Das erfuhren wir auf dem Weg nach unten, als wir den weiteren Funkverkehr im Wagen hörten. Die Streife, die den Wagen auf dem Parkplatz des Klinikums entdeckt hatte, war sofort in die Notaufnahme gefahren, um sich nach dem Vermissten zu erkundigen. Doch in der Notaufnahme war der Name des Jägers unbekannt. Er war weder eingewiesen noch registriert worden. Offensichtlich war er nie im Krankenhaus angekommen. Als die Beamten den Parkplatz und die

Umgebung des Wagens näher absuchten, entdeckten sie den leblosen Körper des Jägers unmittelbar beim Wagen unter einer Hecke. Die herbeigerufenen Ärzte des Krankenhauses konnten nur noch seinen Tod feststellen. Offensichtlich hatte er, nachdem er das Reh geschossen hatte, sich noch während der Bergung nicht gut gefühlt. Er hatte wohl gespürt, dass ihn etwas Heftiges überkam. Hatte das Reh an Ort und Stelle liegen gelassen und war aus eigener Kraft mit dem Wagen die 14 Kilometer vom Berg bis zum Parkplatz gerollt, wo er noch die Tür öffnete und dann zusammenbrach. Es hatte für ihn keine Hilfe mehr gegeben."

Sebastian Nachbar schweigt einen Moment, während er nachdenkt. „Die Geschichte war für uns schlimm, sie war ein Wechselbad. Anfangs sahen wir keine Chance, in diesem weitläufigen Gelände in stockdunkler Nacht überhaupt jemanden zu finden. Da erschienen uns die Angaben des Angehörigen des Vermissten mit seinem Wissen buchstäblich als Leuchtturm in der Nacht. Als wir dann das Reh fanden, fühlten wir uns nahe dran an der Lösung und waren doch weiter weg denn je, weil zu diesem Zeitpunkt längst keine Hoffnung mehr für ihn bestand. Man gibt bei der Vermisstensuche gern sein Bestes, es gibt nichts Schöneres, als einen Vermissten lebend zu bergen."

Er blickt auf. „Meine sieben Jahre bei der Bergwacht haben mich geprägt. Ich habe etwas über die Zerbrechlichkeit des Lebens gelernt. Ob in den Bergen oder nicht: Es kann jeden Moment etwas Gravierendes in meinem Leben passieren. Ich war zu oft in Situationen, in denen ich erlebt habe, wie für andere Menschen, Angehörige, von einem Moment auf den anderen etwas unwiederbringlich aus und vorüber ist. Auf der anderen Seite hat mich auch die Bergsteigerei geprägt.

Ich bin stressresistenter. Habe gelernt, eine Stresssituation besser einzuschätzen. Ein geplatzter Redaktionsschluss in meinem Job ist schlimm. Aber davon geht die Welt nicht unter. Ich kann die Fallhöhe besser einschätzen. ,Was ist der Worst Case, wenn wir das Projekt heute nicht fertig stellen?' Auch in der Bergrettung funktioniere ich stressresistenter. Aber ob ich ein anderer Mensch dadurch geworden bin?"

Da lacht Sebastian Nachbar. „Ich glaube nicht. Wenn eine meiner Töchter Husten hat: Dann werde ich zum Nervenbündel. Wie eh und je."

*Arbeit für die Bergwacht, das bedeutet,*
*schlimme Dinge zu sehen. Wohl wenige machen sich*
*eine Vorstellung davon, welche Belastung das*
*psychisch wie physisch sein kann.*
*Wast Pertl über einen Einsatz, der sein Leben veränderte.*

Wast Pertl

# Bad Reichenhall. In der Eishalle.

Seit er zur Welt kam, lebt Wast Pertl in Innerwald, einem Weiler in der Nähe von Sachrang. Hier ist er mit seinen drei Geschwistern aufgewachsen, hier hat er seine Schreinerlehre gemacht, hier hat er später auf seinem Hof auch als Schreinermeister seinen eigenen Betrieb gegründet. Das Dorf in den Bergen ist seine Welt, das Dorf gab den Rahmen vor, was in seinem Leben geschah. Er war im Trachtenverein, aktives Mitglied beim Wintersportverein und mit 15 ging er zur Bergwacht Sachrang-Aschau, wo er für 20 Jahre als Einsatzleiter aktiv war.

Das Leben im Dorf: Das war Wast Pertl nicht möglich ohne Engagement und vielleicht kann er das bis heute noch nicht. Vor allem auf seine Zeit in der Bergwacht ist er stolz. „Die Bergwachtler, arbeiten anders als etwa die Feuerwehr, die mit einer festen Dienstgradstruktur organisiert ist. In unseren Einsätzen ist jeder einzelne gewohnt, im Team zu arbeiten und doch vieles für sich selbst zu entscheiden. Bei der Bergwacht Sachrang-Aschau haben wir unzählige

Neuerungen ausprobiert, im Technischen als auch in den Abläufen. Wir mussten oft für Pilotprojekte herhalten und taten es gern."

Wast Pertl war 40, als am 2. Januar 2006 gegen 16:00 Uhr zeitgleich zum Lawinengroßeinsatz am Schrecksattel die Eishalle im 60 Kilometer entfernten Bad Reichenhall einstürzte.

„Am Nachmittag des Unglückstages war ich mit Schneeräumen beschäftigt. Seit Stunden schneite es unaufhörlich, trotz Erkältung und körperlichem Unwohlsein saß ich auf dem Traktor, um der Schneemassen Herr zu werden. Ich war nicht fit, selbst das Silvesterfeuerwerk hatte ich schon verpennt. Im Radio hatte ich von dem schrecklichen Unglück gehört, doch ich verdrängte, wie man als Erkrankter Äußeres verdrängt, und wusste doch gar nicht warum. Ich kannte Bad Reichenhall kaum und die Eishalle gar nicht. Ich konnte das Ausmaß der Katastrophe nicht einschätzen.

Bei Einbruch der Dunkelheit ging über meinen Meldeempfänger ein Alarm für die Bergrettungswache Aschau ein. Ich dachte erst spontan an einen Lawinenabgang. Das Wetter und die Schneelage waren danach. So machte ich mich trotz der angespannten Schneelage im Ort und gesundheitlich angeschlagen auf den Weg zur Rettungswache Aschau. Als Mitglied des Einsatzleitteams wollte ich die Kollegen in der Wache unterstützen.

Bei Eintreffen in der Wache wurde klar, dass das kein normaler Einsatz werden würde.

Unser Bereitschaftsleiter klärte uns auf, dass wir Fahrdienst für die Lawinenhundeführer aus der Region mit ihren Hunden nach Bad Reichenhall zur Eislaufhalle leisten sollten. Die Autobahnen waren wegen dichten Schneefalls mit liegengebliebenen Fahrzeugen teilweise blockiert, wir kamen nur mit Sondersignal auf dem Standstreifen voran. Es war stockdunkel.

Als wir ankamen, standen vor der Halle Unmengen von Fahrzeugen. Wir parkten direkt gegenüber dem Haupteingang. Nach einer kurzen Besprechung machten sich die Hundeführer mit ihren Hunden auf den Weg in den Eingangsbereich der Halle. In der eingestürzten Eishalle selbst war zu diesem Zeitpunkt keiner, da die Halle wegen Einsturzgefahr nicht betreten werden durfte. Die Fahrer und Begleiter sollten vor der Halle bei den Fahrzeugen bleiben und auf weitere Anweisungen warten. Ich weiß noch wie heute, ich wollte da auf keinen Fall hinein. Ich wollte das partout nicht sehen.

Das Szenario der grell erleuchteten Eingangshalle und die unzähligen anrückenden Einsatzkräfte war beeindruckend und gespenstisch zugleich. Keiner wusste so recht, was ihn dort an diesem Abend noch erwarten würde. Und was auf ihn als Aufgabe wartete. Der Eingangsbereich der Eishalle war intakt, dort sah es harmlos aus. Doch die im Hintergrund aufragenden Trümmer der Halle waren gespenstisch. Der Teil hinter dem Eingang war einsturzgefährdet. Niemand wusste, ob man da reingehen konnte.

Je länger das Warten vor der Halle dauerte, umso ungeduldiger wurden einige meiner Kollegen vor Tatenlosigkeit, vor dem Nichtstun, dem Nicht-helfen-Können. Einer nach dem anderen verschwand in der Halle, um sich ein Bild zu machen, wo und wie man helfen, etwas tun könnte, obwohl wir klar die Anweisung hatten, bei den Fahrzeugen zu warten.

Die Lawinenhundeführer waren es, die es nicht mehr aushielten: ‚Wir können nicht mehr warten. Da sind Menschen, die unsere Hilfe brauchen.‘ Das ist kennzeichnend für die Bergwacht und die Art, wie wir arbeiten. Die Rettungshundeführer entschieden für sich autark, in die Halle zu gehen und nach Verschütteten zu suchen. Sie taten das, wie sie es auch von Lawineneinsätzen gewohnt sind: Ohne Anordnung des Vorgesetzten. Auf eigenes Risiko.

Doch ich konnte nicht. Nicht, weil ich Angst gehabt hätte, nein. Etwas in mir wehrte sich, in die Halle zu gehen. Doch als einziger der Bergwachtler bei den Fahrzeugen rumzustehen, war ein komisches Gefühl. Bis mich ein Kamerad bei den Autos stehen sah. Nach einigem Zögern ging ich schließlich doch mit.

Was ich beim Eintritt in die Halle sah und was ich anschließend erlebte, hat sich in mein Gedächtnis eingebrannt und mich, wie ich später leidvoll erfahren musste, nachhaltig geprägt und gesundheitlich beeinträchtigt.

Da war die Uhr, die von der Decke an einem Kabel herunterhing, das Bild werde ich nie vergessen. Die gleißende Grelle des Ortes. Draußen vor der Halle die Hunderten und drinnen kaum jemand. Nur die gleißende grelle Helligkeit. Obwohl Hunderte Einsatzkräfte von den verschiedensten Rettungsorganisationen vor Ort waren und zahlreiche Experten die Situation vor und in der Halle untersuchten, war die Suche nach Verschütteten unter den Dachtrümmern auf wenige Helfer beschränkt wegen der Einsturzgefahr.

Ausgerüstet mit Schaufeln und Sonden warteten wir auf einen Befehl zur Suche nach Verschütteten, als plötzlich ein Suchhund in der Halle anschlug. Ein Mensch lag da unter den Trümmern. Eine Gruppe von vier bis fünf Bergwachtlern rannte mit mir zu der beschriebenen Stelle, wir begannen, teilweise auf allen Vieren kriechend unter einem heillosen Durcheinander von Holzträgern, Eisenstreben, Aluprofilen und Schnee nach der verschütteten Person zu graben, was aufgrund der begrenzten Hilfsgeräte nur mit mäßigem Erfolg voranging.

Plötzlich kam die Meldung, alle Einsatzkräfte hätten die Halle sofort zu räumen, es bestünde akute Einsturzgefahr. Wir verließen fluchtartig die Halle, nahmen wieder Aufstellung im Eingangsbereich. Und warteten zwischen Rettungssanitätern und Notärzten.

Einige Hundeführer widersetzten sich. Blieben, suchten mit ihren Hunden weiter in der Halle. Nach längerem Warten erhielten wir die Info, ein Suchhund hätte ein verschüttetes Kind gefunden.

Kurz darauf kam ein Retter aufgeregt zu uns gestürmt und verlangte nach einer klappbaren Rettungstrage. Obwohl etliche Rettungstragen der Rettungsdienste sicher vorhanden waren, hatte niemand eine solche Trage zur Hand. Ich meldete mich und verwies auf unsere Trage im Fahrzeug vor der Halle und der Retter bat mich laut schreiend, die Trage sofort zu holen. So sprintete ich vor die Halle, holte die Trage aus dem Fahrzeug und übergab sie dem Retter in der Halle, völlig außer Atem, verwirrt von dem, was vor sich ging. Mein Körper funktionierte da noch; aber irgendwie merkte ich bereits, dass etwas mit mir nicht stimmte. Die Situation, die ich gerade erlebt hatte, war irgendwie surreal.

Als einige Zeit später das gerettete Mädchen aschfahl im Gesicht auf einer Rettungstrage an mir vorbeigeschoben wurde, nahm ich das bereits wahr wie in einem Film. Ich war anscheinend schon von dem ganzen Geschehen in Mitleidenschaft gezogen, ich konnte das nur nicht artikulieren. Die folgenden Anweisungen ließ ich nur noch über mich ergehen, ohne in der Lage zu sein, andere auf meine Situation hinzuweisen oder mich selbst aus den Einsatzabläufen herauszunehmen.

Nachdem einige Einsatzleiterkollegen im Eingangsbereich auf der Treppe zur Eishalle eine Schleuse eingerichtet hatten, wurde ich gemeinsam mit zwei Bergwachtkollegen etwas später zur Suche in die Halle geschickt. Zwischen den riesigen Holzträgern, die auf der Eisfläche auflagen, und herabhängenden Dachteilen irrten wir herum, sahen Körper unter tonnenschweren Leimbindern der Dachkonstruktion. Bis ein Aluprofil vom Dach auf die Eisfläche neben uns krachte. Ich sah meine beiden Kollegen an und fragte sie, was wir eigentlich hier in der Halle noch täten. Fluchtartig verließen wir sie.

Als wir später zu einer Lagebesprechung in einer Umkleidekabine zusammengeholt wurden, stellte die Einsatzleitung den Bergwachtkräften die Frage, wer den Einsatz beenden wollte und wer weiter mit suchen konnte und auch wollte. Ich war völlig erschöpft und geschockt. Ich wollte nur noch nach Hause. Auch einige Kollegen konnten nicht mehr. Und entschieden sich für die Heimfahrt.

In den folgenden Tagen war ich nicht mehr derselbe Mensch, der ich vor dem Einsatz gewesen war. Ich kämpfte mit großer Müdigkeit. Konnte meine Arbeiten auf dem Hof nur mit Mühe bewältigen. Tagsüber lag ich auf der Couch – kraftlos und erschöpft. Ohne Motivation. Bei einem der folgenden Einsätze am Skilift war ich nur gereizt. Ging nach einer Diskussion über die Vorgehensweise einfach weg. Setzte mich ins Auto und weinte. Das war so gar nicht ich. Ich erkannte mich nicht wieder.

Bei der Einsatznachbesprechung zum Halleneinsturz für die Bergwachtkkameraden, die einige Tage nach dem Einsatz in Sachrang im Bergwachtheim stattfand, hoffte ich auf Hilfe für meine Probleme. Ich wartete geduldig, bis ich der Runde meine Sicht der Dinge schildern könnte. Ich berichtete von meinen Eindrücken während und nach dem Einsatz. Vielleicht war ich nicht eindeutig und ehrlich genug. Als nach mir ein erfahrener Kollege meine Eindrücke und mein Entsetzen mit der Bemerkung vom Tisch wischte, dass der Erdbebeneinsatz 1976 in Friaul-Julisch Venetien in Italien weitaus schlimmer und anspruchsvoller gewesen sei, zog ich mich noch mehr in mich zurück.

Zwei Wochen später war mein Zustand unverändert. Ich wusste mir keinen Rat und suchte meinen Hausarzt auf, der gleichzeitig unser Bergwachtarzt war, und fragte ihn, ob denn mein Einsatz in Bad Reichenhall eventuell als Ursache meiner gesundheitlichen Probleme in Frage käme. Er verneinte meine Frage: ‚Du doch nicht, Wast!' Er wusste es nicht besser.

Ich gab mich deshalb mit seiner Diagnose Pfeiffersches Drüsenfieber zufrieden, obwohl sich nichts an meinem Zustand änderte. Erst als mich unser Bereitschaftsleiter dazu überredete, zum Empfang für die Einsatzkräfte in Bad Reichenhall mitzufahren, nahmen die Dinge für mich eine Wende. Bei der Rede des damaligen Ministerpräsidenten Edmund Stoiber kamen mir bald die Tränen. Ich verkroch mich hinter eine der Säulen, hinten am Rande des Saals. Dabei hörte ich zufällig Fetzen eines Gesprächs zwischen zwei Mitgliedern des Kriseninterventionsdienstes, des KID-Berg. Dabei fiel der Satz: ‚Hast du in die Gesichter der Leute geschaut? Schlimm. Da sind mindestens zehn Prozent der Einsatzkräfte traumatisiert.'

Als ich das hörte, nahm ich meinen ganzen Mut zusammen und sprach die beiden an: Ob ich nicht einer von den zehn Prozent sein könne? Nach einigen gezielten Fragen von den beiden ging dann alles ganz schnell: Sie baten mich, vorerst meinen aktiven Bergwachtdienst einzustellen, meinen Meldeempfänger an den Bereitschaftsleiter zu übergeben. Sie vereinbarten ein Gespräch mit ihrem Chef vom KID-Berg, Heiner Brunner.

Erleichtert fuhr ich von diesem Abend nach Hause. Bald darauf besuchte mich Heiner Brunner auf dem Hof. Es war für mich eine unglaubliche Erleichterung, aber auch ein Schock, was er mir eröffnete. Er meinte, er könne mir nicht helfen. Ich müsse dringend in professionelle Hände. Er verwies mich an die Ludwig-Maximilians-Universität nach München, wo eine Psychologin an einer Studie zu posttraumatischen Störungen bei aktiven Einsatzkräften arbeitete.

Es dauerte sechs Wochen, bis die Behandlung begann. Sie hat mir sehr geholfen, es war der einzig richtige Weg. Nur mit Hilfe der Psychologin konnte ich das damals Erlebte aufarbeiten.

An eine der Sitzungen erinnere ich mich gut. Es ging um meine ehrenamtliche Tätigkeit bei der Bergwacht. In einem Spiel sollte ich nacheinander auf drei verschiedenen Stühlen Platz nehmen. Der erste Stuhl stand für die Bergwacht. Was wäre, wenn es diesen Stuhl, die Bergwacht, in meinem Leben nicht mehr gäbe, fragte sie mich. Da begann ich zu weinen wie ein Kind. Es tat richtig weh. Nie mehr Bergwacht – das konnte ich mir nicht vorstellen.

Der zweite Stuhl. Er stand für den Einsatzleiter. Aber da passte bei den Fragen der Psychologin alles. Ich spürte, ich könnte ohne diesen Stuhl leben. Allerdings gab mir die Therapeutin Regeln mit. Ich solle nur bestimmte Verantwortungsbereiche abgeben.

Der dritte Stuhl stand für die Frage: ‚Was wäre, wenn in meinem Leben alles so bliebe wie bisher? Die Kirche. Die Feuerwehr? Der Bauernmarkt …' Im Ergebnis wusste ich plötzlich: Ich mute mir zuviel zu! Nach dem Spiel mit den drei Stühlen habe ich die meisten Ehrenämter reduziert.

Nach zahlreichen Terminen, Gesprächen und Rollenspielen war mein weiterer Weg für mich klar.

Ich blieb aktive Einsatzkraft bei der Bergwacht Sachrang-Aschau bis zum heutigen Tag, über zwölf Jahre nach dem Unglück in Bad Reichenhall. Vor zwei Jahren habe ich als Einsatzleiter aufgehört. Ich war 50, ich hatte mehrere kritische Einsätze und dabei gespürt, dass ich langsam mit der Einsatzleitung überfordert war. Und abgeben musste. Es gab jüngere Bergwachtler in der Bereitschaft und sie waren gut in der Lage, das voll und ganz zu übernehmen. Man muss auch aufhören können. Ich habe das dann abgegeben. Ganz ohne Reue. Ich habe noch meinen Piepser. Mache nach wie vor die Einsätze.

Aus den Gesprächen mit den Therapeuten habe ich vor allem gelernt, den Faktor der persönlichen Betroffenheit bei einem Einsatz möglichst zu vermeiden. Ein Kind im Alter meiner Tochter zählt zu den Verunglückten? Ein Auto ist in einen Unfall verwickelt, dessen Nummernschild ich gut kenne? Wenn die Distanz bei einem Einsatz nicht mehr gegeben ist, sollte man den Mut haben, vom Einsatz zurückzutreten und andere, unbelastetere Kollegen ranzulassen.

Man muss vor allem seine inneren Grenzen kennen und lernen, diese zu respektieren: ‚Da ist meine Grenze. Darüber hinaus muss ich heute nicht mehr gehen.'

Erst wenn du das gelernt hast, bist du ein wirklicher Profi.“

*Allein in den Bergen unterwegs zu sein. Dieses Gefühl treibt Sabrina Stadler an. Für ihre Leidenschaft unternimmt sie weite Reisen. Doch das Allein-unterwegs-Sein birgt Risiken.*

Sabrina Stadler

# Georgien. Allein unterwegs auf Viertausendern.

„Wenn ich reise, dann reise ich oft allein." Sabrina Stadler, meint, was sie sagt. Sie ist 28 und seit zweieinhalb Jahren bei der Bergwacht Bayrischzell. „Sich auf das Unbekannte einlassen, ein Wagnis einzugehen, das gehört für mich einfach dazu." Und damit begründet sie auch, warum sie in die Bergwacht Bayern eintrat. Sie will Menschen Rückendeckung geben und sie bei ihren Abenteuern unterstützen.

Das Bergfieber? Das habe sie von ihren Großeltern, bei denen sie in dem kleinen Weiler in der Nähe von Fischbachau lebt. Von ihrem Balkon aus sieht Sabrina Stadler nach Süden, auf die Berge ihres Einsatzgebiets. Der Jägerkamp und die Aiplspitz, den Seeberg und den Breitenstein.

Fit für die Bergwacht? Das war für die studierte Sportwissenschaftlerin kein Thema.

Neben Sport interessierte sie sich früh für das Räderwerk der menschlichen Psyche, weshalb sie Psychologie als Schwerpunkt im Studium wählte und die Master Thesis am Lehrstuhl für Psychologie und Pädagogik schrieb.

Aus Neugier landete sie nach dem Studium in der Therapieforschung und arbeitete an der Uni Erlangen an einer Studie mit, wie Bouldern Depressionspatienten verändert. Über die Ergebnisse der Studie war Sabrina Stadler wenig überrascht, vielmehr bestätigte sich ihre Vermutung: „Bei vielen Patienten stellten wir eine positive Veränderung im Selbstbild fest, vor allem, wie Klettern den Blick auf die eigene ‚Selbstwirksamkeit' lenkt. Die Patienten verstanden plötzlich: ‚Ich bin nicht nur Opfer. Ich kann mich verändern. Ich spüre meinen Körper. Ich spüre die Gruppe."

Seit ihrer Forschungsarbeit weiß die junge Bergwachtlerin und angehende Rettungssanitäterin, dass jede Sportart die Menschen aus ihrer Komfortzone holt und in ein Gruppengeschehen einbindet, das Krankheitsbild der Depression positiv beeinflusst.

Als Kind war sie immer viel mit Jungs unterwegs gewesen. Vielleicht sei das auch einer der Gründe, warum es sie immer wieder allein auf Reisen zöge. Dass die für sie eher männlich besetzten Werte wie Unabhängigkeit, Autarkie, Dinge selbst zu entscheiden, wichtig sind. „Die Lust am Reisen erwachte, seit ich als Kind den Janosch-Film gesehen hatte, in dem Tiger und Bär aufbrechen, um Panama zu suchen. Als es soweit war und ich zum ersten Mal allein reiste, war es tatsächlich nach Panama.

Meist ziehen mich Länder an, in denen ich Berge und Meer gleichermaßen finde. Länder, die nicht zu den touristischen Hauptzielen gehören. ‚Berge und Meer', die zogen mich letztes Jahr nach Georgien. Vier Wochen Zeit hatte ich mir genommen für das kleine Land zwischen Schwarzem Meer und Kaukasus. Ich war zuerst in Kutaissi, der ‚heimlichen Hauptstadt' Georgiens. Bin von dort Richtung

Berge, nach Mestia am Fuß des Kaukasus, dem Ausgangspunkt für meine Trekkingtour, gefahren. Von dort reiste ich nach Ushguli auf 2200 Metern das höchstgelegene Dorf Europas, mit den steinernen mittelalterlichen Wehrtürmen inmitten dieser Gebirgslandschaft.

Bereits vor Beginn der Reise entdeckte ich den Gletscher: Laila, ‚die Scheinende'. Weil mich der Name so faszinierte, musste ich da hinauf, auf 4100 Meter Höhe. Allein Reisen: Du kommst viel intensiver in Kontakt mit den Menschen und der Kultur. Und mit dir selbst.

Die Gebirgslandschaft Georgiens ist einzigartig. Leer. Und weit. Fast vier Tage war ich dort oben unterwegs mit nichts als meinem grünen Rucksack und zwei Wasserflaschen an der Seite. Ich sah den Uschba, den ‚Schrecklichen', den man auch das ‚Matterhorn Georgiens' nennt, obwohl es zwei Gipfel sind. Die Einsamkeit dort oben, sie ist herrlich. Der Uschba: Wenn ich noch mal nach Georgien fahre, will ich da hinauf. Er hat es mir angetan. Er war so mächtig. So massiv. Er ist einfach nur da, einfach nur er selbst, egal ob die Sonne scheint, egal ob es stürmt oder schneit.

Am Gletscher der Laila war ich fast vier Tage unterwegs. Habe im Zelt gelebt, interessante Menschen kennengelernt. Eine junge Deutsche, die sich dort verschiedener Projekte für Kinder und der ländlichen Entwicklung angenommen hat. Einen jungen Niederländer, der da oben Almhütten baut, aus nichts. Nur, um da oben ein bisschen Infrastruktur und Anreiz für einen nachhaltigen Tourismus zu schaffen. Er trägt alles selbst hinauf in die Berge. Es gibt da oben ja kaum etwas – eine einzige Hütte in dem ganzen Gebirgszug. Auch keine Bergrettung, so wie man sie bei uns kennt. In Georgien ist alles rudimentär: Eine Gruppe von mehreren jungen Männern aus dem Dorf, kaum ausgerüstet – das ist die Bergrettung. Das entwickelt sich eben gerade alles erst.

Nach vier Tagen auf der Laila stellte sich plötzlich das seltsame Gefühl ein: ‚Mir reicht's jetzt.' Irgendetwas sagte mir, ich müsse jetzt absteigen ins Tal. Ich bin los, unterwegs traf ich noch zwei Einheimische auf der Suche nach einer Höhle, sie luden mich ein, doch mit rauf zu gehen, das würde spannend werden. Doch erneut warnte mich mein Inneres. Ich war hungrig. Ich war müde. Ich hatte ein ungutes Gefühl, konnte aber nicht sagen, was es war. Wollte nur noch runter vom Berg. Beim Abstieg hatte ich leichte Bauchschmerzen, so dass ich beschloss, mit dem Minibus runterzufahren, statt abzusteigen. Dieses ungute Gefühl war das eine. Das andere war die Traurigkeit. Ich weiß noch, wie mir auf der Fahrt Tränen in den Augen standen, wie gern ich mehr Zeit dort oben verbracht hätte. Dort herrschte eine ganz besondere Energie.

Und dann musste ich mich während einer Pause auf der Fahrt plötzlich übergeben. Hatte Durchfall. Schlief danach vollkommen erschöpft ein. Als ich wieder erwachte im rumpelnden Bus, merkte ich, dass ich den Tag über oben am Berg viel zu wenig getrunken hatte. Diesmal hatte ich zuviel gehaushaltet mit meiner Trinkflasche. Ich spürte, wie es mir plötzlich schlechter ging, von Minute zu Minute. Mir war extrem schwindlig, heiß und kalt. So extreme Temperaturunterschiede kannte ich an mir nicht. Ich fühlte mich fiebrig, besaß keine Körperspannung mehr. Als ich aus dem Bus sah, musste ich mich zusammennehmen, um meine Orientierung nicht zu verlieren. Die Gewissheit ‚Wo bin ich jetzt gerade' war zeitweise weg.

Vor der Ankunft in Ureki am Schwarzen Meer hatte ich Gott sei Dank den Hostelbesitzer informiert. Es war ein kleines Dorf. Der Mann stand an der Busstation, erwartete mich, sah, wie ich aus dem Bus torkelte. Er kapierte mit einem Blick, dass mit mir etwas nicht stimmte. Kaum daheim, betteten seine Frau und er mich auf die Couch, spielten mir alte Disney-Zeichentrickfilme aus einem DVD-Player vor, während ich, Bergsteigerin und Tourengeherin, vor Schwäche Mühe hatte, von der Couch in mein Zimmer hochzukommen. Der nächste Arzt war zwei Stunden entfernt, im Dorf gab es lediglich so etwas Ähnliches wie eine Apotheke. Der Hostelbesitzer hatte mir Mineralstoffe besorgt. Aber die konnte ich schon nicht mehr bei mir behalten. Es war seine Mutter, die Hostelmom, die mich wieder auf die Beine brachte. Weil sie Perserin war, begann sie, mir iranische Kräutertees zu kochen. Und einzuflößen. Löffel für Löffel. Das hat sie drei Tage lang gemacht. Langsam besserte sich mein Zustand. Nach fünf Tagen war ich soweit wieder fit, dass ich weiterkonnte.

Nach diesem Erlebnis habe ich zum ersten Mal hinterfragt, ob es klug ist, alleine zu reisen. Andererseits hat mich beeindruckt, wie richtig es war, meinem Bauchgefühl gefolgt und von den Bergen abgestiegen zu sein, so glücklich ich oben am Laila-Gletscher auch gewesen war. Unser Körper, unsere Intuition wissen, was gut für uns ist. Man sollte auf seine Intuition hören. Manchmal ist es mutiger, einen Schritt kürzer zu treten, zurückzutreten, als einfach weiterzumachen, als wäre nichts gewesen.

Ich habe auch gelernt, was für ein Wunderwerk mein Körper ist. Und wie mein Körper sich in kurzer Zeit regenerieren kann. Seit meinem Erlebnis gehe ich mit mehr Respekt mit meinem Körper um.

Wieder einmal begegnete mir in der persischen Hostelmom die Erfahrung, die ich schon in meiner Zeit als First Responder, als Unfallersthelferin, und auch bei der Bergwacht häufiger gemacht habe. Frauen sind im Umgang mit

Patienten beziehungsweise Verunglückten häufig empathischer, sie können sich besser in Menschen hineinversetzen. Männern ist erstaunlicherweise oft nicht klar, wie sie rüberkommen. Bei anderen. Aber auch bei Patienten."

Und Georgien? Da lächelt Sabrina. „Sobald ich kann und meine beruflichen Projekte das zulassen, will ich unbedingt wieder hin. Meine nächste Tour dort habe ich für den Winter geplant. Das ist zwar in den Bergen noch mal eine ganz andere Hausnummer, mit anderen Gefahren. Aber das Wichtigste ist, einfach etwas zu machen, sich immer wieder aus der Komfortzone rauszutrauen. Man sollte sich auf eine Tour wirklich gut vorbereiten, aber bei mir läuft auch viel über vorsichtiges Herantasten, über Schritt für Schritt und ‚Trial and error'. In Georgien gibt es noch wenige Tourenbeschreibungen. Da brauchst du immer einen Plan B. Doch es ist einfach immer wieder ein unbeschreibliches Gefühl, am Gipfel zu stehen und seine Grenzen verschoben zu haben. Ganz weit weg ist man meistens ganz nah bei sich selbst."

*Bernhard Streicher hat sich von Berufs wegen in seinem*
*Leben viel mit den Bergen und dem Risiko beschäftigt.*
*Er ist Professor für Sozial- und Persönlichkeits-*
*psychologie an der Universität für Gesundheitswissen-*
*schaften UMIT in Hall bei Innsbruck. Der 51-Jährige ist*
*darüber hinaus begeisterter Bergsteiger, in der*
*Kommission Sicherheitsforschung des Alpenvereins*
*und Vater dreier Kinder.*

Bernhard Streicher

# Experteninterview:
# „Ich halte viel von Intuition."

*Herr Professor Streicher, sind Sie ein mutiger Mensch?*
Bernhard Streicher: Ja. Und nein. Psychologen weichen
solchen Fragen aus Gewohnheit aus. Aber ich bleibe tatsächlich beim „Ja. Und Nein". Ich bin mutig in genau den
Dingen, in denen ich mich auskenne. Wo ich eigenverant-
wortlich Entscheidungen bewusst treffen kann.

*Waren Sie schon mal zu mutig?*
Bernhard Streicher: Skitourengehen ist eine typische Situation. In meiner Jugend war ich öfter zu mutig, vor allem,
was Lawinen angeht. Wir dachten, wir wären in der Lage,
Schneebretter zu kontrollieren. Sie bewusst selber auslösen zu können. Wir haben deren Gewalt und Macht völlig

unterschätzt. Eine zeitlang habe ich sehr aktiv Canyoning betrieben. Das heißt, die Schluchten von Wildbächen von oben nach unten zu begehen. Ich habe dabei viele Erstbegehungen gemacht. Vieles davon unternahm ich allein. Da war ich dann zu tollkühn. Zu mutig.

Irgendwann ging's schief: In einer Schlucht war ein Holzverhau, ein wild ineinander verkeilter Berg Treibholz. Das Holz war nass. Die Stämme ohne Rinde. Ich bin runtergeklettert, ohne Sicherung, bin ausgerutscht und etliche Meter durch die Stämme nach unten geschossen. Gott sei Dank ging's mit Prellungen und Abschürfungen ab. Aber: Niemand wusste, wo ich war, ich hatte mich nicht abgemeldet, hätte mich schwer verletzen können. Es hätte anders ausgehen können.

*War das ein Grund, dass Sie sich als Psychologe der Risikoforschung verschrieben?*
Bernhard Streicher: Ganz sicher. „Research is Me-Search", sagt man. Die Verbindung zum eigenen Leben spielt in der Wissenschaft oft eine Rolle. Mich trieb die Frage um: Wie kann es sein, dass man gut ausgebildet ist, größte Erfahrung besitzt und viel Wissen: Und trotzdem geht was schief. Dass man in Situationen gerät, in denen man hätte bessere Entscheidungen treffen können. Und trotzdem schlechte Entscheidungen traf. Gerade bei Erfahrenen funktioniert der Prozess der guten Entscheidungsfindung situationsbedingt häufig eben nicht, wie man an meinem Unfall sieht.

*Konnten Sie denn das Rätsel Ihres Absturzes am Holzverhau lösen?*
Bernhard Streicher: Bei mir hatte das damit zu tun, dass ich mit meinen Gedanken woanders war. Dass ich an die-

sem Tag von Dingen, die nichts mit der Schlucht zu tun hatten, gestresst war, und dadurch abgelenkt. Ich habe gelernt, dass man seine Aufmerksamkeit nicht nur nach außen richten darf, auf die Situation und die Bedingungen um einen herum. Man muss seine Aufmerksamkeit auch nach innen richten. Abgesehen von technischen Hilfsmitteln ist dies das einzige Instrument, das wir da draußen für schwierige Situationen haben, unsere eigene Wahrnehmung. Und die ist nicht nur fürs Wetter oder die Bedingungen am Berg zuständig, sondern sollte uns auch sagen, ob wir gerade in der Lage sind, gute Entscheidungen treffen zu können – oder nicht. Man sollte sich immer auch selber beobachten: Ob man Dinge ausblendet. Getrieben ist. Wichtige Hinweise ignoriert.

*Gibt es besondere Muster bei Unfällen oder Notsituationen?*
Bernhard Streicher: Ich habe viele Unfallberichte gelesen. Fast alle lassen sich grob in zwei Kategorien einteilen. Die erste lässt sich mit „Unwissenheit, Unkenntnis" umschreiben. Die Verunfallten sind hier eher Personen, die über weniger Erfahrung verfügen. In den Unfallberichten tauchen dann oft Sätze auf wie „Das hätte ich nicht erwartet" oder „Ich konnte plötzlich nicht mehr" oder „Ich wurde von dieser Situation völlig überrascht".

Dieses unbedarfte Hineingeraten in gefährliche Situation ist ein großes Problem in der Bergrettung geworden, was sich beispielsweise an den zunehmenden Blockaden an Klettersteigen zeigt. Da wissen es Menschen nicht besser. Sie können die Schwierigkeiten im voraus nicht richtig einschätzen und wissen nicht, für welche Schwierigkeiten ihre Kraft reichen wird. Und sie verpassen den Punkt, umzukehren oder haben nicht das notwendige Wissen, wie sie umkehren könnten.

In Kategorie zwei fallen typischerweise Sätze wie „Eigentlich hätten wir's wissen können" oder „Ich hatte vorher schon ein schlechtes Gefühl" oder „Wir haben von Anfang an gespürt, dass es kein guter Tag war, um draußen zu sein". Unter diese Kategorie fallen Menschen mit Erfahrung und Wissen. Sie haben in einer Situation nicht bemerkt, dass sie nicht mehr in der Lage waren, gut zu entscheiden. Und dass sie gleichzeitig auf die inneren Warnsignale nicht hörten.

*Gleiten wir da jetzt nicht ab in die Esoterik?*
Bernhard Streicher: Im Gegenteil. Wir müssen jetzt mal über Intuition sprechen. Menschen haben ja die faszinierende Gabe, in hochkomplexen Situationen extrem schnell sehr gute Entscheidungen treffen zu können. Wir alle tun das ständig im Alltag.

*Können Sie ein Beispiel geben?*
Bernhard Streicher: Nehmen Sie zum Beispiel eine Tür. Wenn wir jedes Mal lang darüber nachdenken müssten, was das Konzept einer Tür ist, wie sie funktioniert, wären wir nicht mehr in der Lage, von einem Zimmer ins andere zu gehen. Wir handeln kontinuierlich intuitiv. Unser ganzer Alltag funktioniert so, bei einfachen Dingen, bei komplexen Dingen. Wie wir andere Menschen einschätzen. Oder wie wir uns im Straßenverkehr bewegen. Intuitives Entscheiden ist ein Prozess, bei dem eine große Menge Information unbewusst wahrgenommen, mit früheren ähnlichen Situationen verglichen und entsprechend eingeschätzt wird. Das Resultat ist die Entscheidung für ein bestimmtes Verhalten, begleitet von der inneren Wahrnehmung, dass dieses Verhalten passend ist – was oft als positives Bauchgefühl beschrieben wird. Um zu so einer Entscheidung zu kommen, müssen wir nicht nachdenken und können hinter-

her auch nicht genau erklären, wie wir zu der Entscheidung kommen sind.

*Funktioniert das denn immer gut?*
Bernhard Streicher: Das funktioniert im Großen und Ganzen extrem gut. Aber nur, wenn wir Erfahrung haben in diesem Bereich. Das heißt, wenn wir in der Vergangenheit in ganz vielen ähnlichen Situationen schon entsprechende Entscheidungen getroffen haben. Und wenn wir nicht abgelenkt sind. Womit wir wieder bei den zwei Kategorien oben wären. Man weiß nicht genau, wie „Intuition" funktioniert. Vermutlich ist es so, dass das Gehirn eines Bergsteigers viele vorangegangene Entscheidungssituationen sehr detailliert abspeichert. Und zwar nicht nur die äußeren Bedingungen wie Fels, Schneebeschaffenheit, Temperatur und Hangneigung, sondern auch detailliert den Zustand unseres Körpers im Moment der Entscheidung. Haben wir in einer ähnlichen Situation wieder eine Entscheidung zu treffen, vergleichen wir auch automatisch und unbewusst unsere physische Situation mit der damaligen. Passen beide gut übereinander, entsteht ein „gutes Bauchgefühl". Ein „Mismatch", eine ungenügende Passung, erzeugt ein „schlechtes Bauchgefühl".

*Das klingt erstmal einfach…*
Bernhard Streicher: … ist es aber nicht. Da kommen jetzt auch noch andere Einflüsse hinzu, nennen wir es „Stimmungen": Ist das Wetter schön? Ist es nebelig? Sind wir in einer Gruppe unterwegs, fühlen wir uns in Bedrohungssituationen im Allgemeinen sicherer. Sind wir allein unterwegs, neigen wir in derselben Situation eher zu Unsicherheit. Solche Stimmungseinflüsse können unsere intuitive Wahrnehmung stark verzerren, ebenso wie Stress oder

die übermäßige Fixierung auf Ziele. Derlei führt zu paradoxen Dingen: In einer Gruppe bei schönem Wetter fühlen wir uns meist sicher. Aber der erste Schönwettertag nach einigen Tagen Neuschnee ist besonders kritisch – mit jeder weiteren Person in einem Hang steigt die Wahrscheinlichkeit, eine Lawine auszulösen. Zwei Tage davor allein im gleichen Hang bei einsetzendem Schneefall und schlechter Sicht würden wir uns vermutlich eher unwohl fühlen, obwohl die Lawinengefahr geringer wäre. Das passt nicht zusammen.

*Die Dynamik der Gruppe?*

Bernhard Streicher: Unser Verhalten wird stark von sozialen Vorstellungen beeinflusst. Eine große Rolle spielt die Risikokultur einer Gesellschaft oder meines sozialen Umfelds. Nehmen wir das Autofahren: In den 60ern war das Anschnallen im Auto verpönt und alkoholisiertes Fahren nur ein Achselzucken wert. Mittlerweile haben wir Anschnallraten von fast 100 Prozent und Alkohol am Steuer wird gesellschaftlich immer weniger akzeptiert. Unsere Risikokultur hat sich beim Autofahren verändert. Dafür berichten Statistiken zum Beispiel aus Saudi Arabien von vielen Verkehrstoten durch Rasen und unangeschnalltes Fahren. Wenn der Tod allein im Belieben Gottes steht, ist er außerhalb meiner Verantwortung. „Weder Anschnallen noch Tempodrosseln hilft", scheinen sich die Fahrer dort zu sagen.

Dafür finden es viele Menschen in Deutschland und Österreich aktuell legitim, am Steuer ein Smartphone zu bedienen. Es gibt Schätzungen, dass ein Drittel aller tödlichen Verkehrsunfälle auf Smartphonenutzung während des Fahrens zurückzuführen ist. Da hinkt unsere Risikokultur deutlich hinterher.

*Wie würden Sie unsere Risikokultur für Outdoor-Aktivitäten und Bergsteigen charakterisieren?*

Bernhard Streicher: Da gibt es verschiedene Faktoren, die unsere Risikokultur beeinflussen. Zuallererst: Unser Leben wird in allen Bereichen immer sicherer. Ob Lebensmittel, Verkehr oder technische Geräte: Alles wird immer sicherer. In den letzten Jahrzehnten haben wir uns weg von einer Risiko- und hin zu einer Sicherheitskultur bewegt: Wir gehen davon aus, dass die Dinge sicher sind. Und wenn sie es einmal nicht sein sollten, dann hat jemand Schuld daran. Aber das sind nicht wir.

*Unsere Eigenverantwortung delegieren wir an jemand anderen. Ist das so?*

Bernhard Streicher: Ja, weil das Merkmal einer Sicherheitskultur ist, dass die Wahrnehmung vorherrscht, alles sei sicher. In einer Risikokultur geht man davon aus, dass Situationen oder bestimmtes Verhalten auch gefährlich sein können. Ein zweiter Faktor ist, was ich das Eventversprechen nenne. „Jeder kann alles jederzeit machen. Und es wird toll sein."

Das ist eine ungeheure Veränderung gegenüber früher, wo man für „Outdoor" und „Berge" erst hohe Zugangsbarrieren zu überwinden hatte: Wie kam man überhaupt dorthin? Wie kam man an brauchbare Ausrüstung? An Tourenhandbücher? Das war eher eine elitäre Angelegenheit, bei der sich die Mitglieder im Klaren waren, dass sie sich physischen Schaden zuziehen konnten.

Und heute: Nie war der Zugang zu Material und Wissen leichter. Aber im Bergsport gibt es zum Teil eine extreme Misspassung zwischen dem „Jeder kann alles machen" und dem Bewusstsein für die Risiken, die damit verbunden sind.

*Haben Sie da ein Beispiel aus dem Alltag?*

Bernhard Streicher: Ich öffne jetzt hier in Hall in Tirol, wo wir gerade sitzen, im Internet das gemeinsame Tourenportal des deutschen, österreichischen und südtiroler Alpenvereins. Ich suche nach einer Klettersteigtour in der Umgebung. Die App schlägt mir den Absamer Klettersteig hinten im Halltal vor, etwa fünf Autominuten hier vom Campus entfernt und dann laufe ich noch eine gute halbe Stunden zum Einstieg. Das ist hochalpines Gelände mit insgesamt 1300 Höhenmetern Aufstieg und südseitig exponiert. Mit einem steinschlaggefährdeten Abstieg. Wenn ich die Ausrüstung nicht habe, halte ich auf dem Weg zum Halltal kurz vorne bei unserer Supermarktkette und besorge mir im Outdoor-Shop-im-Shop noch Helm und Klettersteigset. Und los geht's.

In Summe heißt das: Der Zugang zu Informationen über mögliche Touren, zu notwendiger Ausrüstung und sogar zur Tour selbst ist sehr einfach. Aber es besteht oftmals bestenfalls eine diffuse Vorstellung des Anwenders darüber, dass er dort oben Verantwortung trägt und was ihn dort erwartet.

*Wann wird der Mensch sich selbst zum Risiko?*

Bernhard Streicher: Studien und Unfallstatistiken liefern schon die klassischen „Fallen" des Bergsports. Der Mensch verunglückt eher am Nachmittag, zum Beispiel kurz vor der Hütte, weil er das Ankommen im Kopf antizipiert und abgelenkt ist. Oder um die Mittagspause. In Momenten also, wenn die Aufmerksamkeit nachlässt.

Der Bergsteiger, der erst durch die Wand klettert und dann absteigen muss, verunglückt vielleicht eher beim unkomplizierten Abstieg. Er hat ja den gefährlichen Teil hinter sich und die Anspannung und damit die Konzentration lassen nach. Beim Mountainbiken und Skitourengehen ist die Abfahrt der gefährliche Teil. Aufgrund der Geschwindigkeit und dem Spaßempfinden bei der Abfahrt, übersieht man schnell kritische Stellen oder verliert die Kontrolle. Gruppen sind ein Fall für sich. Da gibt es eine Gruppendynamik, bei der Gruppen ihre Risikotendenzen selbst verstärken. Sie geraten in Situationen, wo sie sich entweder zu viel zutrauen. Oder plötzlich gar nichts mehr.

*Wie sieht das aus?*
Bernhard Streicher: Eine typische Situation ist diese: Der Erste geht voraus und denkt sich übers Gelände „Oh je! Das wird jetzt aber ganz schön heikel". Der Rest der Gruppe kriegt davon nix mit, weil sie sich unterhalten und dem Ersten einfach folgen. In solchen Situationen ist nicht mehr geklärt, wie Entscheidungen getroffen werden. Der Erste will den Rest nicht stören. Alle wandern geschlossen in die Gefahrensituation, in der sie sich dann urplötzlich wiederfinden.

Ein weiteres Gruppenphänomen: Studien nicht nur aus den Bergen zeigen: Wo viele anwesend sind, wird nicht mehr geholfen. Je mehr Menschen sich an einem Unfallort sammeln, desto mehr sinkt die Bereitschaft des Einzelnen zur Hilfeleistung. Es gibt Verantwortungsdiffusion und wiederum unklares Entscheidungsverhalten. Ich habe aber auch schon erlebt, dass Menschen genau um dieses „Gruppenphänomen" wussten und deshalb aktiv das Gruppenverhalten durchbrachen. „Ich weiß das. Und weil ich es weiß, darum helfe ich jetzt. Sonst geht hier nix vorwärts."

*Gibt es denn Erfahrungen, welche Veränderungen Smartphone, Handy und Soziale Medien bei den Anwendern auslösen?*
Bernhard Streicher: In den Unfallstatistiken sieht man es noch nicht genau. Es gibt zu wenig dokumentierte Fäl-

le. Was man sieht ist: Werden auf den Portalen bestimmte Touren oder Touren von Meinungsmachern gepostet und vielfach geliked, dann werden diese Touren geradezu überrannt. Nutzer von Social Media orientieren sich häufig daran, was die sogenannten Influencer, also die Meinungsbildner, vorgeben. Was damit verloren geht, ist, sich selber auf die Reise zu machen. „Die Entdeckung des Unbekannten", die geht flöten. Das Handy nimmt unglaublich viel Verantwortung ab. Die klassische Bergführerliteratur ist neutral beschreibend, mit minimaler Bewertung. Jetzige Tourenportale sind wertend und vor allem in hohem Maße stimulierend und animierend. Oder: Bestimmte Touren werden nur dieser animierenden Erwartung wegen eingestellt.

Die freie Verfügbarkeit der Information ist ein Segen, aber eben nicht nur. Soziale Medien warten darauf, dass ich ein Selfie mache und einstelle, wie ich die tolle Abfahrt runterfahre. Ich kann aber ein Bild, das entsprechende Aufmerksamkeit zum Beispiel in Form von Likes erzielt, nicht hochladen, wenn ich am lawinenkritischen Hang stehe und auf die Abfahrt verzichte.

Wir alle handeln, wie wir es tun, weil wir einer vermeintlichen sozialen Erwartung nachkommen. Es ist ein Strickmuster, dem wir folgen, nämlich dem, was andere von uns erwarten. Alle anderen laden tolle Bilder von sich hoch, was für tolle Touren sie gemacht haben. Dummerweise überlagert die imaginierte soziale Erwartung die Wahrnehmung einer realen Gefahr im Gelände.

*Krass. Wir geraten in Gefahren, weil wir sozialen Erwartungen entsprechen wollen. Sind wir noch zu retten?*
Bernhard Streicher: Mit meinen Erstsemestern mache ich immer ein interessantes Experiment. Die Handynutzung ist in der Gruppe der 16- bis 20-Jährigen mit circa

4,5 Stunden täglich am höchsten. Ich bitte meine Studenten, eine Woche lang ihr Smartphone nicht zu benutzen. Und ihre Erfahrungen in einem Tagebuch zu dokumentieren. Manche kommen dem uneingeschränkt nach. Manche nutzen nur noch die Telefonfunktion und schränken andere Funktionen ein. Manche meiner Studenten sagen auch: „Das war die krasseste Erfahrung in meinem Leben. Ich habe zwei bis drei Tage total gelitten. Dann im Bus gemerkt, dass eine alte Dame und ich die einzigen sind, die nicht ins Smartphone schauen. Und mit dieser Dame hatte ich dann ein sehr nettes Gespräch".

*Haben Sie denn auch Erfahrungen, wenn Sie selbst dieses Experiment auf sich anwenden?*
Bernhard Streicher (lacht): Oh ja. In gewisser Weise hat mich bei meiner unnötigen Smartphonenutzung der Berg gerettet. Ich hab in diesem Jahr innerhalb von drei Wochen zwei Mal auf Bergtouren mein Smartphone geschrottet. Beim dritten und letzten Telefon hat sich mein Mailaccount nicht mehr automatisch installiert. Ich war es so sehr gewohnt, unterwegs berufliche E-Mails zu lesen, dass es mir erstmal schlecht ging – wie Entzugserscheinungen. Gleichzeitig hatte ich aber plötzlich wieder viel mehr Zeit und Muße da zu sein, wo ich gerade war, und mit den Menschen zu sein, mit denen ich unterwegs war. Jetzt lese ich E-Mails nur noch am Tablet oder am Rechner. Und werde das nicht mehr ändern. Es war offensichtlich nötig, dass der Berg mich rettete.

*Wie vielen Menschen Pankraz Walcher auf der Piste hel-*
*fen konnte in seinem Bergwachtleben, kann er nicht*
*sagen. Über sowas hat er noch nie nachgedacht. Aber*
*wenn man die fast 60 Winter zusammenzählt, die er in*
*seinem Heimatort Reit im Winkl als Bergwachtler auf der*
*Piste verbracht hat, dann kommt einiges zusammen.*

## Pankraz Walcher

# Reit im Winkl. Auf der Piste.

Reit im Winkl ist vor allem Wintersportort. Hier wird Pankraz Walcher 1942 geboren, hier am Wilden Kaiser hat er
früh Klettern und Skifahren gelernt, es gab ja nicht viel anderes, sagt er, was man hätte machen können, als in die Berge
zu gehen. Mit 16 kam er zur Bergwacht, und weil im Sommer halt weniger los war, bestand der Dienst hauptsächlich
darin, von Dezember bis April auf den Pisten in seinem Heimatort zu sein, wo immer er unter der Woche war und wann
immer ihm das sein Beruf als Speditionskaufmann erlaubte.
Pankraz Walcher hat gelernt, im Leben genau hinzu-
schauen. Vielleicht deshalb, weil er als Lehrling den heute ausgestorbenen Beruf des Juwelieremailllierers erlernt
hatte. Weil er genau hinsah, konnte er vielen helfen. Auch
der 20-jährigen Skischülerin, die mit ihrem Skikurs wegen
schlechten Wetters in die Hütte kam und inmitten der Gruppe am Stammtisch Platz nahm, an dem Walcher gerade sein
Mittagessen verzehrte.

„Draußen war es ziemlich ungemütlich. Seit Tagen tobte ein nicht enden wollender Schneesturm und es verirrten sich kaum Leute auf die Winklmoosalm. Sie fiel mir irgendwie sofort auf. Die anderen bestellten ihr Mittagessen, lachten, lärmten. Sie war etwa 20, saß mitten in der Gruppe und rührte ihren Teller nicht an. Ich hab mir das eine Weile angesehen. Dann hab ich mich neben sie gesetzt. ‚Fehlt dir was, Madl?‘, hab ich gefragt. Sie habe keinen Appetit, hat sie geantwortet. Weiter oben sei sie wegen des Schneesturms von der Piste abgekommen und in eine Grube gestürzt. Das war ein wilder Sturz, sie hätte dabei ihre Brille verloren, das wär' ihr arg. Und jetzt hätte sie einfach Schmerzen im Rücken." Pankraz Walcher schaute genauer hin. In seiner Zeit als Sanitäter bei den Gebirgsjägern hatte ihm ein Arzt eine einfache Methode verraten, um Wirbelsäulenverletzungen schnell zu erkennen. Man musste einfach nur den angewinkelten linken Arm des Patienten anheben. Dann würde man an der Reaktion merken, ob das Rückgrat betroffen sei.

„Als ich den linken Arm des Mädchens nur leicht anhob, stieß sie einen gequälten Laut aus. Da war klar, was mit ihr los war. Verdacht auf Wirbelsäulenverletzung … Jetzt war höchste Eisenbahn geboten. Nur ja die Wirbelsäule nicht mehr belasten, sie ruhigstellen.

Ich bat den Hüttenwirt um ein langes Brett. Der starrte mich erst ganz ungläubig an. ‚Frag ned. Brings. Da draußen liegt doch noch eine Schaltafel vom Betonieren. Die bringst.' Wir betteten die Verletzte dann vorsichtig darauf, mit einem speziellen Griff: den Anorak ganz zugezogen und dann zusammengeknebelt. Zwei kümmerten sich um Gesäß und Beine. Zwei oben an den Knebeln. Die Verletzte durfte die Wirbelsäule so wenig wie irgend möglich bewegen.

189

Der Krankenwagen kam dann mit Schneeketten hoch, wir haben sie auf dem Brett in den Krankenwagen geschoben, der sie dann gleich nach Reit im Winkl zum Doktor schaffte. Als ich am Abend wieder in meiner Hütte saß, rief plötzlich der Doktor an und fragte, wer denn die Verletzte auf diese Weise erstversorgt hatte. ‚Au weh‘, dachte ich, ‚da hab ich wohl an Schmarrn g'macht, jetzt gibt's gleich eine auf'n Deckel‘. Aber der Doktor wollte mir eigentlich nur sagen, dass ich mich richtig verhalten hatte. Das Mädchen hatte sich tatsächlich den Brustwirbel gebrochen. Wäre sie abgefahren mit der Gruppe, hätte das übel ausgehen können."

Pankraz Walcher erzählt gern. Und wenn er erzählt, wird es lustig. „In den 60er- und 70er-Jahren mussten wir ja oft Betrunkene aus den Skihütten abholen und mit dem Akia ins Tal transportieren. Heute dürfen wir das ja nicht mehr, aber damals riefen einfach die Hüttenwirte bei der Bergwacht an und sagten: ‚Hier sitzt einer, der kommt vor lauter Rausch nicht mehr runter ins Tal. Könnt ihr ihn holen und runterbringen?‘ Also sind wir zu zweit aufgestiegen, die Blechwanne vom Akia mit den vier langen Holmen auf dem Rücken, und fanden in der Hütte tatsächlich einen jungen Burschen, der uns sofort, als wir mit unseren roten Bergwachtjacken die Hütte betraten, sein linkes Bein in Halbschuhen entgegenstreckte, so als hätte er sich verletzt. Sein Bein war aber heil, nach eingehender Untersuchung sah ich das gleich, doch er blieb bei seiner Verletzung. Seine Schmerzen seien zu groß, so dass an einen Abstieg nicht zu denken wäre. Dabei war er einfach nur betrunken und hatte keine Lust mehr, in seinen Halbschuhen den Schneehang nach Reit im Winkl runterzulaufen.

Wir haben sein Spiel erst mal mitgespielt. Haben unseren ‚Patienten‘ erst nach draußen geführt. Dick in warme

Wolldecken eingepackt. Dann, wie man das mit Verletzten macht, kreuzweise in den Akia geschnallt. Und ihn im Akia aufrecht wie einen Pharao neben den Hütteneingang gestellt. Er war mucksmäuschenstill, wie er so dastand, wir gingen in die Hütte und ließen ihn warten.

Ich weiß noch, wie sich an diesem Tag der Liftbetreiber blicken ließ, dem hatten wir schon öfter geholfen. Er war als nicht sehr spendabel bekannt. Aber an dem Tag waren wir ihm eine Flasche Roten wert, was eine Seltenheit war, das kam uns grad' recht. Als wir ausgetrunken hatten, sind wir raus vor den Hütteneingang, wo immer noch mucksmäuschenstill der Betrunkene neben dem Hütteneingang lehnte.

Dunkel war's, der Mond schien hell, als wir mit ihm abfuhren. Unser Patient sagte keinen Mucks. Vielleicht hatte ihn unsere Art der Behandlung stocknüchtern gemacht? An der Stelle, die sie wegen der vielen Buckel ‚Die Donauwellen' nennen, sind wir etwas schneller drüber, der Akia hüpfte von einem Buckel zum nächsten. Bei der Winklmoosalm bat er uns, die Riemen zu lockern. Kaum, dass wir die Gurte geöffnet hatten, sprang er pumperlgsund aus dem Akia und rannte schnell wie ein Wiesel in Halbschuhen davon. So schnell konnten wir gar nicht schauen, wie er wieder stocknüchtern war und seine Lektion gelernt hatte.

Für uns war die Sache vergessen. Nur der Mittermeier-Heini, der Vater von der Rosi, der kam am nächsten Tag vorbei mit seinem Skikurs und lachte schallend: ‚Habt's gestern no an schweren Einsatz g'habt?'"

Was sich denn bei den Gefahren in den Bergen gegenüber früher geändert hätte? Da stutzt der 75-Jährige. Das Bewusstsein für den Schutz der Natur sei um Längen besser geworden. Auf „Edelweiß-Streife" zu gehen, wie es die Bergwacht in den 60er- und 70er-Jahren noch fest im

Programm hatte, um gedankenlosen Enzian- und Edel-
weißsammlern Einhalt zu gebieten, ist kaum noch nötig.
Heute könne man im Juni wieder Wiesen voller Enzian
durchwandern, kaum einer, der nicht um die geschützten
Pflanzen wüsste.

Bedenklich findet Walcher bei vielen Bergsportlern ein
schwindendes Bewusstsein für die Gefahren am Berg. „Der
typische Alpintourist früher war vorsichtiger. Er kannte die
Gefahren der Berge und er unterschätzte eher seine Fähigkeiten. Heutige Wintersportler kommen häufig medial
aufgeladen auf die Piste – von waghalsigen Abfahrten im
Fernsehen, tollen Snowboard-Stunts im Internet und ver-
wegenen Sprüngen. In der Begeisterung für die Akrobatik
überschätzen viele ihr Können und verfügen nur noch wenig über das notwendige Risikobewusstsein fürs Gelände,
Geschwindigeit und Wetter. Walcher sagt, es wären viele
Unfälle vermeidbar, wenn den Leuten klar wäre, welch
verheerende Energie im Zusammenprall zweier Körper auf
der Piste steckt.

Pankraz Walcher ist ein fröhliches Naturell, selbst mit
seinen 75. Er konnte vielen Menschen helfen und er tut es
immer noch, er wird auch diesen Winter wieder in Reit im
Winkl auf der Piste sein. Bedrückt ist er nur, wenn er an
die denkt, denen er nicht mehr hatte helfen können. An den
16-Jährigen, der bei der Abfahrt von der Skihütte im aufge-
pumpten Reifen unter den fahrenden Omnibus geriet. Oder
an seine Frau, die vor wenigen Jahren bei einem Verkehrsunfall in Sekundenbruchteilen ums Leben kam. Dann wird
er still.

*Als Heiner Brunner selbst in den Bergen abstürzt, verändert dies sein Leben. Doch auch Bergwachtler machen Fehler. Heiner Brunner über seine Motivation, Menschen in Extremsituationen zu helfen.*

Heiner Brunner

# Kaprun. Einsatz am Kitzsteinhorn.

Heiner Brunners Leben begann weit weg von den Alpen, aber die Berge waren schon in seiner Kindheit präsent. Sein Vater, ein „Porzelliner" in der oberfränkischen Porzellanstadt Arzberg im Fichtelgebirge, tat jahrzehntelang Dienst als Bereitschaftsleiter bei der dortigen Bergwacht. Das Tourengehen und Klettern wurde im Fichtelgebirge zu Heiner Brunners Leidenschaft. Aber die Bergwacht? Die interessierte ihn als Jugendlicher nicht wirklich.

Es brauchte anderes, um den gelernten Maler- und Bodenlegermeister zu seiner Berufung zu bringen. „Im Mai 1986 war das, ein paar Wochen nach der Explosion des Atomreaktors in Tschernobyl. Ich war mit meiner Frau auf Klettertour südlich von Garmisch, im Oberreintal. Wir wollten den Unteren Schüsselkarturm an der Grenze zwischen Deutschland und Österreich besteigen, als ich vorauskletterte und abrutschte. Ich konnte mich nicht mehr halten und stürzte ins Seil. Meine Frau, die mich sicherte, konnte meinen Sturz abfangen und mich halten. Im Fallen aber schlug ich mit einem Fuß unglücklich auf einem Felsband auf, mein

Körper knallte in die Wand. Von Schürfwunden abgesehen: Mein Schleimbeutel am Ellenbogen war zerfetzt, meine Achillessehne gerissen und die Nieren geprellt. Doch ich hatte Glück im Unglück. Vielleicht sollte es auch so sein: Die Seilschaft hinter uns bestand aus Bergwachtmännern aus Murnau. Als sie mich fanden, hatte ich höllische Schmerzen, aber vor allem der Aufwand um mich herum war mir höchst unangenehm. ‚Geh, macht's ned so an Wirbel, ich brauch keinen Hubschrauber. Lasst's uns lieber zur Hütte absteigen und miteinander a Weißbier trinken', sagte ich.

Einer der Bergwachtmänner deutete nur nach unten und brummte: ‚Mit dem Fuß gehst du heute nirgends mehr hin'. Minuten später stand der Hubschrauber über uns, den sie gerufen hatten, er winschte mich nach oben.

Drei Wochen später kam ich aus dem Krankenhaus. Während der Zeit hatte mich häufig einer meiner Retter besucht, um sich nach mir zu erkundigen. Irgendwann sagte er dann: ‚Komm zur Bergwacht. Wir brauchen dich in Murnau'. Und irgendwie hab ich das dann aus Dankbarkeit gemacht. Ich musste ja auch die Zeit überbrücken. Bis ich wieder richtig fit war, war es dann September. Bis dahin hab ich meine Ausbildung gemacht. Und im Winter darauf begannen meine ersten Einsätze als Anwärter im Wintersport in Garmisch. Ich ging einfach mit, acht bis zehn Einsätze kamen in diesem Winter schon zusammen."

Der Beruf. Das Geschäft. Die Familie. Trotzdem blieb Heiner Brunner seinen Leidenschaften treu, wenn es seine Zeit nur irgendwie erlaubte. Dem Sich-Austoben in den Bergen, sei es kletternd, auf Skitouren oder mit dem Mountainbike. Und der Bergwacht. „Ich war schon wild drauf damals.

Ein Ereignis gab mir sehr zu denken, damals war ich eigentlich schon das, was man gemeinhin einen erfahrenen

Bergwachtler nennt. Es war tiefer Winter. Für den hatte ich mir ja eigentlich den Innenausbau unseres neuen Hauses vorgenommen, aber an einem Wochenende hielt ich es auf meiner Baustelle nicht mehr aus und fuhr mit Freunden in die Silvretta auf eine Skitour. Wir waren zu sechst und trafen am Nachmittag auf der Hütte ein. Ich war schon häufiger in dem Gebiet unterwegs und kannte mich gut aus und sagte: ‚Komm, eine kleine Skitour muss doch noch drin sein, wo wir so lang gefahren sind‘, und wir machten uns auf den Weg zum Gipfel.

Draußen herrschte denkbar schlechtes Wetter, starker Schneefall mit Sturm, Sichtweite 15 bis 20 Meter. Mir gefiel das. Ich wollte genau das. Und wollte weiter. Nach dem ersten Anstieg klinkten sich zwei von unserer Gruppe aus. Ihnen war das Wetter zu schlecht und sie fuhren zurück zur Hütte. Bei einer kurzen Rast am Skidepot sagte eine jüngere Bergwachtlerin aus der Gruppe: ‚Ich kann nicht mehr. Ich mag nicht mehr weiter. Ich bleib hier. Geht ihr weiter.‘ Wir halfen ihr noch, einen einigermaßen windgeschützten Rastplatz herzurichten und zogen los. Es war bereits 16:00 Uhr, spätestens in eineinhalb Stunden würde es dunkel. In einer dreiviertel Stunde wären wir wieder zurück, zum Gipfel war es ja nicht mehr weit. Tatsächlich kamen wir nach 45 Minuten zu der jungen Frau zurück. Es stand schlimm um sie. Sie zitterte. Sie weinte. Das Alleinsein hatte ihr nicht gut getan, panische Angst vor der Situation stand ihr ins Gesicht geschrieben. Ihre Gedanken kreisten darum, was sie wohl getan hätte, wenn wir in dem Schneesturm nicht mehr zu ihr zurückgefunden hätten? Hätte sie ihren Platz verlassen und wäre in Panik im Schneesturm in die Irre gelaufen, hätte das leicht schiefgehen können.

Erst danach ging mir auf, was für ein Rindvieh ich doch eigentlich war. Ich hatte sie allein hinter einem Felsen gehockt sitzen lassen und war mit den anderen für eine Dreiviertelstunde verschwunden. Meine eigene Gier nach einem Schneesturmerlebnis war größer gewesen als Vernunft und Verantwortungsgefühl. Ich hatte die Situation völlig falsch eingeschätzt. Solche und ähnliche Erlebnisse lassen einen, wenn man sie denn bewusst reflektiert, vorsichtiger werden in der Betrachtung von alpinem Unfallgeschehen. Und toleranter gegenüber Beteiligten."

Vielleicht hatte sich Heiner Brunner einfach verändert. Jedenfalls gehörte er Ende der 90er-Jahre zu den ersten, die sich freiwillig dem neugegründeten KID-Berg anschlossen, dem Kriseninterventionsdienst der Bergwacht, das der Diakon Dr. Andreas Müller-Cyran 1999 ins Leben gerufen hatte.

„Das reizte mich", sagt Brunner heute. „So oft hatte ich erlebt, dass wir Verunglückten helfen konnten. Aber neben den Verletzten standen immer Andere. Menschen, die äußerlich unversehrt waren, denen es aber überhaupt nicht gut ging mit dem Erlebten. Mich störte, dass ich Verunglückten routiniert Hilfe bringen konnte, aber im Umgang mit Betroffenen jedes Mal unsicher war, wie ich mich eigentlich verhalten sollte. Ich entschied mich, eine Ausbildung beim KID zu machen. Das war damals alles neu.

Ich hatte gerade diese Ausbildung abgeschlossen, da kam der 11.11.2000. Das war mein allererster Einsatz im KID-Team der Bergwacht. Das Datum hat sich mir tief eingeprägt. Ich habe es nicht vergessen bis heute. Es war ein wunderschöner Novembertag. Ich war auf einer Bergtour im Allgäu an den Geierköpfen unterwegs. Es war die Zeit, in der die Handys in Gebrauch kamen, ich hatte ausnahmsweise meines mitgenommen, als ein Anruf rein kam.

‚In Österreich brennt eine Bergbahn. Die ziehen uns alle zusammen. Sieh zu, dass du ganz schnell zurückkommst.'

Ich weiß noch, wie ich beim Abstieg dachte, dass ich drei Stunden benötigen würde, bis ich wieder in Murnau wäre. Ich war schnell unterwegs, aber ich rechnete nicht damit, rechtzeitig zum Einsatz zu kommen. Ich war viel zu weit weg. Bis ein zweiter Anruf kam. ‚Beeil dich. Wir haben Hunderte Tote. In Kaprun ist am Kitzsteinhorn eine Bergbahn im Tunnel in Brand geraten.'

Zu dieser Zeit gab es in Europa kaum Erfahrung mit Katastrophen, sogenannten Großschadenslagen. Es gab keine Szenarien für solche Unglücksfälle, wenig Strukturen, was da zu tun sei. Wir machten uns einfach auf den Weg, vereinbarter Treffpunkt war Berchtesgaden. Irgendwann hörten wir, dass man mit 160 bis 220 Toten rechnete. So eine Zahl war überhaupt nicht greifbar. Es war die größte Katastrophe, die sich in Österreich nach dem Zweiten Weltkrieg ereignet hat. Aber das wussten wir damals nicht. Auf der Fahrt waren wir schweigsam. Und nervös. Wir hatten nicht die leiseste Ahnung, was uns erwarten, was genau unsere Aufgabe sein würde.

Unterwegs erfuhren wir, dass viele der Verunglückten aus dem Chiemgau stammten. Aber bei der Menge an Verunglückten wusste niemand, wer nun eigentlich wirklich verletzt, vermisst oder überhaupt im Zug gewesen war. Die Polizei kam. Sie suchten fieberhaft die Parkplätze nach verlassenen Autos ab. Sie hatten wenig andere Chancen, aktiv Vermisste aus dem Chiemgau zu ermitteln.

Wir sammelten uns in der Bergrettungswache Berchtesgaden und waren zunächst einmal zur Untätigkeit verdammt. Wir konnten nichts tun. Bis eine erste Verunglücktenliste gegen 22:00 Uhr durch kam.

Es war mein allererster KID-Einsatz, ich hatte eine Liste mit Namen und Adressen bekommen und wurde von der Polizei vor das Haus mit der ersten Adresse auf meiner

Liste nach Traunstein gefahren. Das Haus der Angehörigen eines Unfallopfers.

‚Das ist das Haus. Geh da rein. Wenn du fertig bist und den Fahrdienst wieder brauchst, melde dich', sagten die Polizisten, sie hatten ja alle Hände voll zu tun, um Verunglückte aus dem Chiemgau ausfindig zu machen. Ich stand allein da. Und klingelte. Ich war ein Anfänger, was psychosoziale Notfälle angeht. Ich habe versucht, meine Aufgabe so gut zu machen, wie es ging.

Um 22:00 Uhr klingelte ich beim ersten Haus. Insgesamt war ich in dieser Nacht bei drei Familien. Ich war die ganze Nacht unterwegs, morgens bis halb fünf. In unserer Ausbildung hatten wir gelernt, Einsätze prinzipiell zu zweit zu machen. Doch in dieser schlimmen Nacht waren meine Kollegen und ich auf uns gestellt. Wir waren alle alleine unterwegs.

Am nächsten Tag hieß es, ‚Wir begleiten heute früh die Angehörigen nach Kaprun'. Ich weiß noch, wie ich damals im Wagen saß. Und einfach fertig war mit mir und der Welt. Ich weiß noch, wie ich mir sagte: ‚Du bringst jetzt diesen Einsatz beim KID zu einem ordentlichen Ende. Dann machst du Schluss. Das war's dann. Das willst du nicht auf Dauer machen.'

Mittlerweile war klar, dass es mindestens 155 Tote gegeben hatte, darunter sehr viele Jugendliche aus dem bayerischen Raum. Meine 10-jährige Tochter war zuvor mit dem Skiclub auf dem Kitzsteinhorn gewesen. Ich war am Anschlag. Habe infrage gestellt, ob ich den Menschen, die einen Angehörigen, ein Kind vermissten, wirklich helfen konnte. Ich war mir sicher, dass ich es nicht vermocht hatte.

In dieser Stimmung sollten wir von der Bergwacht 20 bis 25 Angehörige in vier bis fünf Autos nach Kaprun begleiten. Auch das war alles improvisiert. Unglücklicherweise hatte man die Einsatzleitung und den Angehörigen-Treffpunkt in Kaprun ausgerechnet im Jugendheim untergebracht. Es war eine gespenstische Atmosphäre: Einsatzleitung, Angehörige, alles kunterbunt durcheinander. Auf der anderen Straßenseite stand die internationale Presse.

So schwierig dieser Einsatz war, ich habe dabei viel gelernt, wie ich Angehörigen helfen kann. Manchmal ist es ja vermeintlich nicht viel, was man tun und sagen kann in einer solchen oder ähnlichen Situation. Wenn vor den Augen eines Bergsteigers dessen Gefährte verunglückte. Das Unfassbare, die Sprachlosigkeit gemeinsam auszuhalten, für die Betroffen da zu sein und ein sicherer Bezugspunkt in der Situation zu sein, ist eine der Kernaufgaben unseres Tätigwerdens. Ich habe gelernt, dass nicht wir vom KID es sind, die sich einen Betroffenen auswählen. Sondern dass meist ein Betroffener sich einen Menschen auswählt, zu dem er Vertrauen fasst.

Ich bin nach Kaprun doch beim KID der Bergwacht geblieben. Weil ich gemerkt habe, dass die Bergwacht nach dem Einsatz für uns gesorgt hat, so dass wir gut mit den Belastungen aus dem Einsatz umgehen konnten.

Manchmal ist es vermeintlich wenig, was man tun kann. Und doch ist es unschätzbar viel, was man in einer solchen Situation leisten kann. Vielleicht hat mich mein eigener Unfall sehr geprägt. Ganz sicher noch mehr die häufige Nähe zu Unfällen und dem Tod am Berg. Sie haben mich gelehrt, dass fast immer und überall ein Unglück geschehen kann. Und nicht nur dort, wo es um Risikosportarten geht.

Mit dem Wissen und all den Erfahrungen aus meinen 32 Jahren bei der Bergwacht bin ich heute nicht nur in den Bergen mit sehr viel Dankbarkeit unterwegs."

*Hilferufe am Brünnstein: Birgit Lotter muss als Einsatzleiterin nicht nur einen Schwerverletzten behandeln, sondern auch den Einsatz koordinieren. Über eine Situation, in der man gern mehr als nur zwei Hände hätte.*

Birgit Lotter

# Brünnstein.
# Der Mann am Fuß der Wand.

September 2015, später Nachmittag. Während die Sonne langsam schwächer wird, hören Wanderer an der Nordseite des Brünnstein Hilferufe. Sie trauen sich erst nicht, die Rettung zu alarmieren. Zu schwach sind die Hilferufe, zu schwer lokalisierbar. Weil die Sache ihnen keine Ruhe lässt, rufen sie die Rettung schließlich doch. Birgit Lotter macht sich mit insgesamt zehn Rettern auf die Suche nach einem Verunglückten, von dem sie weder den genauen Aufenthaltsort noch die näheren Umstände eines möglichen Unfalls kennt. Die Zeit drängt. Sie teilen sich in vier Trupps auf, um den Ort, von dem die Hilferufe kamen, schnell im Gelände eingrenzen zu können. Birgit Lotter erzählt:

„Die Nordseite des Brünnstein ist nicht ganz einfach. Das Gelände bekommt wenig Sonne ab, es ist dort nicht nur nach einem Regen matschig. Die Steine sind rutschig. Wir durchkämmten laut rufend das Gelände von vier Seiten. Dann hörten wir die schwachen Hilferufe. Und entdeckten den Mann. Er war etwa 65 Jahre alt. Und stand reglos auf seine Skistöcke gestützt unterhalb des kleinen Wanderweges am Fuß der Felsen. Er bewegte sich nicht. Er stand einfach gestützt auf die Skistecken und blickte wie erstarrt geradeaus."

Birgit Lotter hat in ihrem Leben gelernt, sich zu kontrollieren. Ihren Emotionen nicht freien Lauf zu lassen, vor allem bei ihrer Arbeit nicht. Sie ist Abschnittsleiterin bei der Bergwacht Oberaudorf an diesem Tag – diejenige, die ein Team vor Ort koordiniert, denn der Einsatzleiter arbeitet von der Basis aus. Unfälle und Verletzte hat die 37-jährige Mutter zweier Kinder im Leben viele gesehen. Sie sind ihr Beruf. Birgit Lotter ist nach drei Jahren Ausbildung gelernte Notfallsanitäterin. Und weil ihr Mann wie dessen Vater bei der Bergwacht ist, bewarb sich auch Birgit Lotter. Aus ihrem Beruf kennt sie den Stress, dem ein Retter ausgesetzt ist. Aber auch jemand, der kontrolliert vorgeht, gerät an seine Grenzen. So wie Birgit Lotter als ehrenamtliche Retterin der Bergwacht an diesem Spätnachmittag.

„Der Mann war offensichtlich in dem felsdurchsetzten Gelände auf einem drahtversicherten Steig ausgerutscht und zwei Meter nach unten gefallen. Er stand aufrecht und starr – vor Schmerzen. Er wagte kaum, Luft zu holen. Jeder Atemzug schien ihm fürchterliche Schmerzen zu bereiten. Es war auf den ersten Blick klar: Der Mann war nicht mehr gehfähig."

Birgit Lotter begreift, sie brauchen dringend einen Arzt vor Ort. Und einen Hubschrauber. Sie erbittet beides per Funk bei der Einsatzleitung. Doch einen in der Bergwacht ausgebildeten Arzt, wie er für diesen Einsatz erforderlich wäre, den gibt es in Oberaudorf derzeit nicht, der nächste Arzt muss aus dem 25 Kilometer entfernten Samerberg herbeigerufen werden.

„Die Zeit drängte. Es war inzwischen früher Abend. Noch war das Wetter gut für den Hubschrauber, die Sicht klar. Aber der Verunglückte machte mir Sorgen. Wir durften ihn kaum anfassen. Er hatte schreckliche Schmerzen. Er brauchte vor allem eines dringend: Schmerzmittel. Heute dürfen auch Rettungssanitäter diese verabreichen. Aber noch vor wenigen Jahren durften das nur Ärzte machen.

Die Zeit drängte auch, wenn wir die Bergung per Hubschrauber angehen wollten. Dort wo der Mann stand, konnte ihn der Hubschrauber keinesfalls abbergen. Einer meiner Kollegen hatte einen Landeplatz ausgemacht, 50 Meter weiter oben. Aber dort hinauf mussten wir den Mann erstmal schaffen. Es musste alles gleichzeitig passieren: den Mann medizinisch versorgen. Ihn für den Abtransport vorbereiten, ihn in den Bergesack packen. Gleichzeitig die Seilsicherung aufbauen, um ihn nach oben zu schaffen. Mich um den Hubschrauber kümmern.

Stress gibt es ja eigentlich bei vielen Einsätzen. Aber zum ersten Mal kam ich an meine Grenze. Diejenige zu sein, an der augenblicklich die weitere medizinische Versorgung hängt, das bin ich von Rettungseinsätzen gewohnt. Aber im selben Moment auch die technisch Verantwortliche für den Ablauf zu sein, dafür hätte ich mich am liebsten geklont in der Situation. Es prasselt alles auf dich ein. Die schwere Brustkorb- mit vermuteter Wirbelsäulenverletzung. Der Funkkontakt zur Basis, zum Hubschrauber. Und über allem die Uhr, die tickt: Eine terrestrische Bergung war nicht möglich, das würde länger als zwei Stunden dauern, soviel Zeit würden wir nicht haben.

Ich habe mich zuerst um den Verletzten gekümmert. Wir haben ihn in den Bergesack gebettet. Ich habe mit ihm über die Situation gesprochen, dass der Notarzt auf dem Weg ist, dass das etwas dauern würde. Dann legte ich ihm einen Venenzugang und bereitete ihn so weit wie möglich vor, dass der Notarzt bei seinem Eintreffen sofort Schmerzmittel verabreichen könnte.

Es war weit in der Dämmerung, als uns der Notarzt zu Fuß erreichte. Er war schneller gewesen als Christoph 1, als der Rettungshubschrauber, der unmittelbar nach Eintreffen des Arztes kam. Weil es bereits dunkel zu werden begann, entschloss sich die Hubschrauberbesatzung nicht zur Landung oben am Landeplatz, sondern zur Bergung per Winsch. Durch die hohen Fichten hindurch, mit null Sicht nach unten, das habe ich bei einem Hubschraubereinsatz noch nie erlebt. Doch die Zeit drängte. Die Hubschrauberbesatzung seilte einen Flugretter nach unten ab, er dirigierte den Einsatz von unten zentimeterweise, weil der Pilot oben nichts sah.

Das atemberaubende Manöver klappte einwandfrei. Kaum war der Verunglückte oben, drehte der Hubschrauber auch schon ab. Nicht mal mehr Zeit nahmen sie sich, den Flugbegleiter an Bord zu winschen, so schwierig war die Operation durch die Bäume hindurch gewesen. Er ging mit uns zu Fuß ins Tal, wie er war. Vom Bergwachthaus brachten wir ihn noch in der Nacht mit dem Auto nach München.

Später erfuhren wir, dass das Unfallopfer tatsächlich schwer verletzt war. Seine Rippen waren in Serie gebrochen und er hatte eine Wirbelsäulenfraktur. Alles war in dieser komplexen Situation gut gelaufen. Aber geschlaucht hat mich die Doppelbelastung als medizinisch Verantwortliche und als Organisatorin sehr.

Aber ich habe einen Vorteil. Einen Privaten. Mein Mann und ich. Von uns weiß jeder, was der andere leistet und wie es sich anfühlt. Wir zwei haben nicht die ‚Warum musst du jetzt wieder auf Einsatz?'-Diskussion. Die entfällt. Unser Beruf verbindet uns sehr. Wir machen die Übungen zusammen. Wir sind auf Einsätzen zusammen. Wir versuchen, unsere Kinder spielerisch an unser Thema heranzuführen. Das alles geht nur, weil auch mein Schwiegervater als Bergwachtmann einen Piepser hat. Wenn bei uns dreien der Piepser ging, wussten mein Mann und ich, wir müssen auf Einsatz. Und mein Schwiegervater, der mittlerweile im Ruhestand ist, weiß: Er muss nun zu den Kindern.

Wenn man zusammen arbeitet, muss man auch klar die Kompetenzen des anderen respektieren. Ich bin medizinisch die Kompetentere. Er ist der Organisator mit dem riesigen Hintergrundwissen, der mehr aus dem Hintergrund arbeitet. Diskussionen? Klar haben wir die auch. Es geht entweder um die Erziehung der Kinder. Oder um die Arbeit. Und gelegentlich rutschen wir dann auch in die üblichen Geschlechterthemen, wenn einer stirnrunzelnd zum anderen nach der schnittigen Fahrt zum Einsatzort sagt: ,Nächstes Mal sitz' ich am Steuer. Bei dir trau' ich mich nicht mehr mitzufahren.'"

*Ein Duft, der Hauch eines Parfüms – und Christian Sindl-*
*hauser steht plötzlich wieder vor den Trümmern eines*
*abgestürzten Flugzeugs.*

## Christian Sindlhauser

# Benediktenwand. Das Parfüm.

„Ich kam zur Bergwacht mit 16. So wie man im Dorf Pfad-
finder wurde oder Messdiener. Aufgewachsen bin ich am
Fuß der Benediktenwand, in Benediktbeuern. Ich kletterte
von Früh an. Mein Vater war bei den Gebirgsjägern, aber
was die Berge angeht, hat mich tatsächlich am meisten
mein Onkel geprägt. Ich bewunderte ihn, wie er sich am
Berg bewegte, wie er da stand am Fels. Er nahm mich früh
mit auf anspruchsvolle Touren. Mit 16 stand ich neben ihm
zum ersten Mal auf einem Viertausender, das war Anfang
der 80er-Jahre keine Selbstverständlichkeit für einen Jugendlichen. Die Bergtouren und das Klettern, das hat mich
nicht mehr losgelassen. Es gab Jahre, da war ich ganz wild.
Und wenn die Woche sieben Tage hatte, dann gab es keinen
Tag, an dem ich trotz Schule, trotz Lehre, trotz Job nicht
oben war am Berg. Selbst nach der Arbeit als Zimmerer
am Dachstuhl bin ich manchmal um 20:00 Uhr noch mal
schnell eine Runde Richtung Tutzinger Hütte, eine Einein-
halb-Stunden-Tour.

    Heute lass ich es ruhiger angehen. Nach der Lehre habe
ich meinen Wehrdienst abgeleistet. Mittenwald. Hochge-

birgszug der Gebirgsjäger. Da war ich 22 und schon richtig aktiv bei der Bergwacht.

Ich erinnere mich noch an jenen Abend in der Kaserne in Mittenwald, als es Alarm gab. Ich setzte mich gleich ins Auto, kam irgendwie grad noch raus mit den Letzten aus der Kaserne. Unterwegs erfuhr ich, ein Flugzeug sei abgestürzt vor der Benediktenwand am Südosthang des Enzenauer Kopfes. Ich wusste nicht, worum es im Einzelnen ging, ob noch jemand zu retten war. Es war Nacht, wir konnten jetzt nichts tun, ein Einsatz noch in der Nacht wäre zu riskant gewesen. Am nächsten Morgen stiegen wir in aller Herrgottsfrüh auf. Wo die Schotterstraße endete, stand ein quergestelltes Polizeiauto, es war ganz früh im Oktober. Die Wiesen lagen unberührt da, die Straße stieg steiler an und mündete in den Hochwald. Von da an ging's mit der schweren Ausrüstung zu Fuß weiter rauf. Der Aufstieg war mühsam, unzählige Fahrzeuge von Polizei, Rettung und Luftfahrtbundesamt, die kurz vor uns am Unglücksort eingetroffen waren, hatten den Weg in eine Schlammpiste verwandelt, man blieb sofort knöcheltief stecken. Es war schwierig, dort hoch zu gelangen.

Dann begann der Fichtenwald, in den wir links abbogen. Wir sahen die Polizisten aus Bad Tölz. Dort war es, wo wir zum ersten Mal auf Teile des Wracks hinunterschauten. Etwa ein halbes Fußballfeld weiter unten lag unter uns das, was von der Passagierzelle und dem Rumpf einer sechssitzigen Cessna noch übriggeblieben war. Das Flugzeug war an dem Berghang nicht wiederzuerkennen. Was geblieben war, war ein Haufen verbogener Alubleche, die nach dem Zerschellen eine Schneise den Steilhang hinauf gewühlt hatten. Unkenntliche Teile, die sich um die Bäume gewickelt hatten. Es war nur noch aus den vier Buchstaben der Flugzeugkennung ersichtlich, dass das Trümmerfeld mal ein schnittiges Flugzeug gewesen war. Kaum etwas ließ sich noch identifizieren. Man konnte nicht mal mehr sagen, ob die Trümmer mal ein Flügel, ein Teil des Rumpfes oder des Leitwerks gewesen waren. Der intakte Gummireifen des Fahrwerks, der makaber in die Luft ragte, war das einzige, was heil geblieben schien.

Obwohl mehr als 100 Leute der unterschiedlichen Einsatzteams von Bergwacht, Polizei, Sanitätern und Luftfahrtbundesamt hier oben arbeiteten, waren kaum Stimmen im Wald zu hören. Hier und da vernahm man einen gedämpften Laut. Ein Klappern von Teilen. Eine bedrückende Stimmung lag über allem.

Zu retten gab es nichts mehr. Unsere Aufgabe war es, die fünf Toten zu bergen. Das sagt sich so einfach. Tatsächlich war von den Menschen so wenig übrig wie von der Maschine. Wir mussten das Gelände in weitem Umkreis nach menschlichen Überresten absuchen und diese ins Tal schaffen.

Zu unseren Einsätzen gehört tatsächlich am Ende etwas, das wir das ‚Einsatzbier' nennen. Damals, Ende der 80er-Jahre, war es eine Gepflogenheit, dass die Leute, die gemeinsam auf einem Einsatz gearbeitet hatten, danach auf ein Bier und eine Brotzeit ins Wirtshaus gingen. Unbewusst übernahm dieser Wirtshausbesuch damals eine wichtige Funktion, die auch jeder Stammtisch hat: Jeder konnte etwas über seine Eindrücke vom Geschehenen äußern. Darüber reden. Die anderen konnten beipflichten. Oder korrigieren. Ihre Meinung sagen. Und vor allem: darüber reden, was sie nach einem Einsatz bewegte.

Heute ist das ‚Einsatzbier' bei uns im Kriseninterventionsdienst Berg, dem KID-Berg, bei dem ich einer der Ausbilder bin, ein wichtiges Element, um Einsatzkräften frühzeitig Unterstützung anbieten zu können. Wir setzen sehr stark darauf, denn jeder, der einmal an so einem Einsatz beteiligt war, gibt sich anders.

Nicht immer offenbart, wie einer sich gibt, auch das, was wirklich in ihm vor sich geht.

Aber das alles wusste man ja damals noch nicht. Wir saßen zu dritt bei unserem Einsatzbier, ich war der Jüngste. Da gab es diejenigen, von denen die anderen sagten: ‚Des is a ganz a harter Hund!' Solche, die alles scheinbar wegsteckten und sich nach so einem Einsatz einen Schnaps bestellten und das Erlebte überspielten. Und es gab die, die offen zugaben: ‚Noch mal brauche ich sowas nicht!'

Du weißt einfach nicht, was sich von einem Einsatz in dir festsetzt. Wie unsere Erlebnisse uns prägen. Welche Spuren so ein Einsatz in einem hinterlässt. Am schlimmsten ist für mich auch heute noch die Erinnerung an das Parfüm. Abseits der Trümmer lag da ein einzelner Sitz aus dem Flugzeug. Immer wenn ich daran vorbeiging, roch ich einen Duft – das Parfüm einer jungen Frau. Wir erfuhren später, dass sich unter den Opfern auch ein Model befunden hatte. Ende 20 war sie gewesen. Wahrscheinlich hatte sie sich während des Flugs mit dem Parfüm bestäubt. Ihr Sitz hatte diesen Geruch angenommen, und der hat sich tief in meine Erinnerung geprägt.

Wenn ich heute manchmal in einem Bierzelt stehe und eine junge Frau trägt genau diesen Duft, dann ist plötzlich das Bierzelt weg. Ich bin ganz weit weg. Es ist eine typische Trigger-Situation, das weiß ich heute. Aber damals war das keinem bewusst, dass es nur einen einfachen Auslöser für den ältesten Sinn, den wir Menschen besitzen, nämlich für unseren Geruchssinn braucht, damit das, was ich damals im Oktober an der Benediktenwand erlebte, sofort wieder da ist."

*Andreas Müller-Cyran ist Gründer des Kriseninterventionsdiensts (KID) in München, einem sozialen Dienst, der sich um Angehörige und Hinterbliebene mit Anzeichen einer akuten psychischen Traumatisierung unmittelbar nach einem traumatischen Erlebnis kümmert. Für seine Arbeit erhielt der 56-Jährige das Bundesverdienstkreuz.*

Andreas Müller-Cyran

# Experteninterview:
# „Wenn der Mensch in der tiefsten Krise seines Lebens steckt.“

*Herr Müller-Cyran, Ihre Tätigkeit ist nichts für zart Besaitete. Sie stammen aus einer Seemannsfamilie. Wie kamen sie dazu, beruflich ausgerechnet das zu tun, was sie heute jeden Tag tun?*

Müller-Cyran: Da trafen sich bei mir zwei Neigungen: Philosophie und Medizin. Aber um Arzt zu werden, waren meine Noten weit weg vom Numerus Clausus. Ich war zu schlecht. Deshalb bin ich während meines Philosophiestudiums Rettungsdienst gefahren. Ich war hier in München-Neuhausen als Rettungsassistent unterwegs. Das ist meine Geschichte. Doch vielleicht ist es auch irgendwie die Geschichte meiner Familie. Oder hat damit zu tun. Mein Großvater war Wehrmachtsarzt an der Front gewesen.

Er hatte mir von Traumatisierten im Krieg erzählt. Ich vermute, dass er selbst wie viele andere aus dem Krieg traumatisiert zurückgekehrt ist. Ein Stück ist also Research auch bei mir „Me-Search".

*Was Sie heute tun, fiel vor 30 Jahren noch unter das schöne Wort „Seelsorge". Jemand, der sich um die Seele sorgt. Warum sind Sie nicht Priester geworden?*
Müller-Cyran (lächelt): Aber ja doch, ich bin Geistlicher. Ich habe die Weihe zum Diakon empfangen. Ich wollte nicht ehelos leben, deshalb habe ich keine weiteren Weihen, sondern blieb, was ich bin. Diakon in der katholischen Kirche. Ich bin verheiratet. Und habe zwei Kinder.

*Wie hat die Idee mit dem KID begonnen?*
Müller-Cyran: Bei einem meiner Einsätze im Rettungswagen hier in München war ein kleiner Junge unter die Straßenbahn geraten. Als wir hinkamen, war klar, dass wenig Hoffnung bestand. Im Trubel des Einsatzes sah ich auf der anderen Straßenseite ein junges Paar stehen, offensichtlich keine Passanten. Als ich sie ansprach, sagten sie: „Wir sind die Eltern." Ich konnte die beiden da nicht stehenlassen. Ich habe sie nach der Totenbergung gegen alle Vorschrift im Rettungswagen nachgefahren. Sie wollten ihrem Sohn einfach nur nahe sein.

*Ist man als Helfer nicht gelähmt vor Ohnmacht?*
Müller-Cyran: Als Helfer auch. Aber zunächst vor allem als Angehöriger. Ob auf der Straße oder in den Bergen: Die Erfahrung von Ohnmacht und Hilflosigkeit überwältigt erstmal einen Angehörigen. Kein noch so energisches Tun, kein Handeln, nichts und niemand könnte ihm wieder zurückgeben, was er eben verloren hat.

Es ist eine funktionale Hilflosigkeit. Was ich im KID tun kann: Ich stelle mich dieser Ohnmacht und Hilflosigkeit. Das erste ist, einem Menschen das Gefühl zu geben, dass er in dieser Situation nicht allein ist.

*Ich stelle mir die Situation vor: Gerade in einer Einsatzsituation ist ein Angehöriger doch umgeben von anderen Menschen. Und erst mal überhaupt nicht allein...*
Müller-Cyran: Meistens erreiche ich den Einsatzort eine halbe Stunde, nachdem dort etwas Schreckliches geschehen ist. Dort herrscht Hektik. Stimmen aus Funkgeräten. Einsatzkräfte gehen konzentriert ihrer Arbeit nach. Notärzte. Polizisten. In dieser Szenerie steht ein Betroffener meist irgendwie verloren am Rand.

Ich setze mich dann einfach zu ihm. Er spürt dann schon, dass jetzt zum ersten Mal jemand nur für ihn da ist. Ich muss nur präsent sein. Muss einfach nur meine Einsatzjacke über den Stuhl neben ihm hängen. Nichts sagen. Muss nur neben einem Betroffenen Platz nehmen.

*Die meisten Menschen dürften mit dieser Situation überfordert sein. Sie sagen das so, als könnte das jeder?*
Müller-Cyran: Ja. Denn im Grunde ist es einfacher, als man denkt. Es ist nicht die Sprache, die weiterbringt. Sprache wird heillos überschätzt. Es ist sehr wichtig für einen Betroffenen, dass er sieht: Da gibt's jemanden, der sich der Situation stellt. Das ist das, was ich als KID-Mitarbeiter im Gepäck habe und ihm bringen kann: Er ist nicht allein.

Und zweitens: Es geht tatsächlich weiter. Ein Mensch in dieser Situation macht die Erfahrung, dass die Zeit stillsteht. Dass er sich in einer Art schrecklicher Ewigkeit bewegt. Dass das eigene Leben, Leben überhaupt, zu Ende ist. Vielleicht ist das ja unsere Vorstellung von Hölle.

Aber sobald da jemand sitzt, der sich mit mir beschäftigt, kann mich das aus dieser Schleife herausholen.

*Wie soll man sich konkret verhalten?*
Müller-Cyran: Viele Helfer haben das Gefühl, sie müssten jetzt selbst irgend etwas konkret Wirksames tun. Wie der Notarzt, der eine rettende Spritze gibt. Oder der Sani, der mit einem schnellen Griff ein Bein schient. Ich muss da aber nichts machen. Ich muss da auch nichts sagen. Was hilft, sind nicht goldene Worte. Kein großer Spruch. Kein markiger Auftritt. Was hilft, ist was ganz Kleines: Sich in die Aufmerksamkeit eines anderen Menschen bringen – doch ohne den großen Gestus.
Manchmal ist das ein bloßer erster Blickkontakt. Manchmal eine Geste.

*Das fällt dem einen leicht. Dem anderen aber wirklich schwer ...*
Müller-Cyran: Das zweite ist, beim Bedürfnis des Betroffenen anzuknüpfen in dieser Situation.

*Sie meinen, einem Betroffenen in der Kälte einen Becher Tee zu reichen?*
Müller-Cyran: Ja, das ist ein gutes Bild, weil uns das auf den nächsten Schritt bringt. In den Bergen kann es richtig sein, aus seiner Thermoskanne Tee zu reichen, weil ein Angehöriger das Bedürfnis danach hat. In der Wohnung einer Betroffenen ein Glas Wasser zu bringen, mache ich selten. Besser wäre es, die Betroffene nach Möglichkeit selber in eine Handlung zu bringen. In ihrem Umfeld. Ich möchte sie ja nicht in ihrer Handlungsunfähigkeit belassen. Ich bringe meistens kein Wasser. Ich möchte jemanden wieder ermächtigen, selber etwas zu tun. Ein „Bleiben Sie

ruhig sitzen. Ich nehme jetzt Ihr Leben in die Hand", ist in dieser Situation die zweitbeste Lösung.

*Wie reagiert ein Mensch typischerweise auf eine schwere Krise?*
Müller-Cyran: Da gibt es viele Möglichkeiten, auf der körperlichen Ebene, im Denken und im Fühlen. Typisch für die Ohnmachtssituation ist das Denken, das um die Frage nach dem „Warum" kreist? Die Verführung zu einer schnellen, einfachen Antwort ist groß: Er hat einen Fehler gemacht beim Sichern, zum Beispiel. Aber eigentlich erklärt diese Antwort nichts, sie beschreibt höchstens. Die tiefere Antwort auf die Frage nach dem „Warum" kann sich nur der Fragende selbst geben. Die Antwort auf die Frage nach dem Warum gibt die Trauer des Fragenden, nicht jemand, der ‚Bescheid weiß'.

*Waren Sie selbst schon mal in der Situation des Betroffenen, der Hilfe braucht?*
Müller-Cyran: Vor sechs Jahren wurde in meinem Körper ein Rezidiv meiner überwunden geglaubten Krebserkrankung entdeckt. Der Anfangsverdacht war so heftig und meine Behandlung erschien so aussichtslos, dass die Ärzte mir sagten, meine Erkrankung sei inoperabel und nicht mehr behandelbar. Von einem Moment auf den anderen war plötzlich ich ein Palliativ-Patient. Jemand, der nicht mehr operabel ist, nur noch bis zum Tod begleitet werden kann.

*Gab es denn für Sie als Helfer jemanden, der ihnen half?*
Müller-Cyran (schmunzelt): Man sagt, wir würden in einer Drei-Klassen-Medizin leben: Du bist entweder Kassenpatient oder Privatpatient. Oder du kennst einen Arzt.

Ich kenne eine ausgezeichnete Ärztin in einer Palliativklinik. Der Gedanke daran ist für mich bis heute tragend.

*Ihre Einsatzorte lesen sich wie ein Who-is-Who der Katastrophen. 9/11 in New York. Der Tsunami in Thailand. Flugzeugabstürze. Bergunfälle. Das Attentat auf den Berliner Weihnachtsmarkt oder die Schießerei im Münchner Olympia Einkaufszentrum OEZ. Wo es sogenannte Großschadenslagen gibt, werden Sie hinzugerufen. Mit jedem einzelnen Betroffenen zu sprechen, halten Sie das aus?*

Müller-Cyran: Seit der Gründung des KID in den späten 90er-Jahren hat sich tatsächlich mein Aufgabenfeld verschoben. Bei diesen Großereignissen kümmere ich mich überwiegend um Organisation, Betreuung und Coaching der KID-Mitarbeiter und anderer Einsatzkräfte vor Ort. Hört sich leichter an. Ist es aber keineswegs.

*Haben Ihre Erlebnisse Sie verändert?*

Müller-Cyran: Kürzlich gratulierte mir ein Freund zum Geburtstag, wie man das so tut, mit den Worten „Carpe diem". Ich musste erst überlegen, ob ich das auf mich anwenden mag. Doch vom Hedonistischen abgesehen, hat mein Freund unbewusst das Motto getroffen, nachdem ich lebe: Verschiebe schöne und wichtige Projekte nicht nach hinten!

Die verschiedenen Phasen meiner Krebserkrankung haben mich noch etwas anderes gelehrt: Ich habe viel erreicht. Ich habe 20 Jahre geschenkt bekommen. Wie lebe ich mit meiner Erkrankung? Wer weiß das schon? Vielleicht sterbe ich nicht, wie ich erwarte, in zehn, zwanzig Jahren an Krebs. Sondern – soviel weiß ich von meiner Arbeit – vielleicht sterbe ich in fünf Minuten an einem Herzinfarkt? Es ist eine reale Möglichkeit, dass wir nicht das Alter erreichen, das uns die Statistik zuweist.

*Ein Arzt zieht am Ende seines Arbeitstages den weißen Kittel aus und hängt ihn an die Wand. Sie tragen ja keinen. Was hilft Ihnen, nach einem schwierigen Einsatz, das Erlebte zu überstehen? Haben Sie ein spezielles Vorgehen?*

Müller-Cyran: Meine Familie ist da sehr wichtig. Ich komme heim zu meiner Frau. Sie arbeitet in ihrem Beruf als Hebamme. Sie sieht Leben, wie es auf die Welt kommt. Früher waren da ja auch noch meine Kinder, die längst erwachsen sind. Ich gehe dann sehr bewusst in diese Häuslichkeit hinein, ich versuche am Abend jeden Moment sehr bewusst zu leben: das Abspülen. Die einzelnen Dinge meines Alltags.

*Fahren Sie auch in Urlaub? In die Berge?*

Müller-Cyran: Ich mache leidenschaftlich gerne Frachtschiffreisen. Als einziger Passagier auf einem Schiff für ein oder zwei Wochen. Einfach nur jeden Tag dasselbe sehen: das Meer. Nach einem meiner schwierigsten Einsätze, dem Tsunami in Thailand, habe ich etwas Extremes gemacht: Sechs Wochen Frachtschiffreise nonstop von Hamburg nach Buenos Aires. Das entpuppte sich relativ bald als Strapaze. Nach meinem Einsatz war das für mich ungefähr so, wie für jemanden, der zum ersten Mal auf einen Fünftausender geht. Eben noch in dieser monatelangen Extremsituation, jeden Tag Handy und Hektik. Tage voller sich überschlagender Ereignisse und Entwicklungen. Und plötzlich fragt keiner mehr nach mir. Niemand. Plötzlich ist alles still. Jeden Tag nur derselbe Blick aus dem Fenster auf dasselbe Stück Meer.

Das war eine wirkliche Strapaze. Aber ich habe es gemeistert. Ich habe mir jeden Tag einen strengen Plan gegeben. Und am Ende war's wunderschön. Wenn ich könnte, würde ich das nach jedem Einsatz machen: Für eine Woche raus aufs Meer.

*Ein Ski macht sich selbstständig. Und für zwei Bergwacht-*
*ler – Thomas Küblbeck und Martin Wagner – nimmt ein*
*Ausflug auf einen Gletscher eine völlig neue Wendung.*

Thomas Küblbeck / Martin Wagner

# Am Längfluh-Gletscher. Wenn die Bergwacht einen Ausflug macht.

Ist es ein Zufall, dass Bergwachtler häufig an abgelegenen und zugleich traumhaften Orten leben? Wer sich auf den Weg zu Thomas Küblbeck am Fuß des Untersberg macht, den verlässt erst mal die Technik. Das sonst so hilfreiche Smartphone mit seiner untrüglichen Navigation lässt mich allein. Ich bin unterwegs im südlichen Berchtesgadener Land, irgendwo an der Grenze zwischen Deutschland und Österreich, die nicht nur den Untersberg zerteilt, sondern die nationalen Handynetze auch. Biegt man vom Fluss ab, geht es heftig nach oben an den Ausläufern des Berges, durch steile Windungen und enge Kehren. Wer hier fährt, muss fahren können, erst recht im Winter. Und er sollte wissen, wo es lang geht, wenn die Handynavigation ausfällt.

Doch die „alte Navigation", an Haustüren zu klopfen und fragen, sie funktioniert noch, und manchmal besser denn je: „Zum Küblbeck woin's? Ja mei, do san's ja gans verkehrt! Do z'ruck. Und dann gans nauf!" Nach dem fünften Mal Fragen und mit reichlich Verspätung klingle ich dann an der richtigen Haustür.

Thomas Küblbeck hat seinen Freund und Nachfolger als Leiter der Bergwacht Rettungswache Marktschellenberg mit zum Gespräch eingeladen: Martin Wagner. Das Abenteuer, das sie erzählen wollen, haben sie gemeinsam mit sechs anderen Bergwachtlern erlebt.

„Eigentlich war das Ganze ja geplant als eine Art Bergwacht-Betriebsausflug an Ostern", erzählt Küblbeck. Er ist 56 und Abteilungsleiter in einer sozialen Einrichtung für Menschen mit einer geistigen und teilweise mehrfachen Behinderung. Fragt man ihn nach seiner Kindheit, eiert Küblbeck nicht herum. Eine bombige Kindheit sei das gewesen: Mit zehn die erste Watzmann-Überschreitung. Mit 13 erste Hochgebirgstouren. „Danach bin ich Alpin-Skirennen gefahren, richtig wild. So wild, dass ich nicht bloß einmal beim Rennen stürzte. Mehrmals mussten sie mich im Akia von der Rennstrecke abtransportieren. Als ich zum wiederholten Mal im Akia lag, hab ich mir das Versprechen gegeben: ‚Beim nächsten Mal bin ich nicht mehr der, der im Akia liegt. Sondern der, der ihn schiebt.' So kam ich zur Bergwacht und da bin ich seit 40 Jahren.

Wir wollten also an Ostern auf den Längfluh-Gletscher im Wallis. Gedacht war der Trip als eine Art ‚Ausflug mit Ausbildung' zum Thema ‚Gletscher' und ‚Skitour'. Wir waren zu acht – sieben Männer und eine Frau – und trafen uns auf der Längfluh-Hütte, die war unser Nachtlager.

Schon der Aufbruch am Morgen war verkorkst. Um 02:00 Uhr nachts riss uns das anhaltende Fiepen von Lawinenpiepsern aus dem Schlaf. Irgendeine Seilschaft überprüfte nach dem Aufstehen nacheinander ihre LVS-Geräte. Die machten einen gewaltigen Radau, laut fiepende Elektronik und scheppernde Karabiner, dass wir im Nu wach lagen und sagten: ‚Na, dann können wir ja genauso gut auch gleich aufbrechen'. Wie vorgesehen, wollten wir uns aufteilen. Die eine, größere, Sechser-Gruppe wollte auf den Alphubel. Die andere, eine Zweier-Seilschaft, bestehend aus Martin und Hans wollte auf Skiern hinauf aufs Allalinhorn."

Martin Wagner grinst. Der passionierte Berggeher ist 46 Jahre alt. Und bei der Bergwacht, seit er 16 ist. „Das Allalinhorn ist mit seinen 4027 Metern Höhe der billigste Viertausender, den ein Bergsteiger haben kann. Die Bahn fährt bis auf 300 Höhenmeter an den Vorbau heran. Das ist der Grund, warum auf diesem Berg immer viel los ist. Bei unserem frühen Aufstieg sahen wir schon die Gruppen vor uns auf dem Weg Richtung Gipfel. Wir gingen, soweit wir nach gemeinsamen Frühstück auf der Hütte und fast 1,5 Stunden weniger Schlaf auf Skiern aufsteigen konnten. Am Skidepot schnallten wir die Ski ab, ich sehe den Hans dabei genau noch vor mir. Er löste die Bindung. Hob den Fuß, da setzte sich der Ski erst unmerklich in Bewegung, nach vorne, von uns weg. Er nahm langsam Fahrt auf Richtung Tal, beschleunigte. Wir sahen ihm nach wie zwei Hornochsen, wie er weiter an Fahrt gewann in Richtung Gletscherspalte. Und plötzlich in einer verschwand. Weg war er.

Wir schauten uns erstmal an. Sollte der Hans jetzt zu Fuß ins Tal kommen? Oder auf einem Ski abfahren? Wahrscheinlich wäre das noch die beste Lösung gewesen, aber wir beschlossen, jetzt erstmal Brotzeit zu machen.

Eigentlich sollte es ja um eine ‚Skitour mit Gletschererfahrung' gehen. Eine richtige Gletscherausrüstung hatten wir nicht dabei. Aber wenn wir sie gehabt hätten, so ging uns im Kopf um, dann könnten wir doch in die Gletscherspalte steigen und den Ski vielleicht selber raufholen. Unser Ehrgeiz war geweckt. Aber wir mussten uns von den umstehenden Bergsteigern erstmal die Ausrüstung zusammenbetteln. War das peinlich! Die Superhelden von der Bergwacht gehen auf den Gletscher und haben nichts dabei. Die Leute haben uns halb kopfschüttelnd, halb mitleidig angeschaut, es dauerte, bis ich von einem umstehenden hessischen Skibergsteiger Steigeisen, Seil, Pickel, Gut erbettelt hatte. Derweil versuchte der Hans schon mal, seitlich an die Gletscherspalte ranzukommen. Wir sahen die Spur des Skis. Wir sahen die Spalte. Wir hatten beides im Blick. Der Hans, der kam der Spalte näher und näher."

Thomas Küblbeck unterbricht. „Derweil waren wir anderen sechs durch vergletschertes Gelände zum Gipfel des Alphubel unterwegs. Der Vortag im Gletschergelände hatte uns vorsichtig gemacht. Die vielen Spalten … Vom höheren Alphubel hat man einen guten Blick auf das kleinere Allalinhorn. Irgendwann sah ich drüben über dem Allalinhorn einen Hubschrauber kreisen. Er kreiste. Und kreiste. Stand in der Luft. Mir war klar, was das bedeutete. ‚Da drüben wird doch hoffentlich nichts passiert sein?' Ich wusste, die Gegend war voller Spalten. Ich schalt mich einen Deppen, dass ich zugelassen hatte, dass die Gruppe sich aufgeteilt hatte. Handys hatten wir damals noch nicht, es war also unmöglich rauszufinden, ob nicht bei Martin und Hans etwas passiert war."

Martin Wagner: „An euch auf dem Alphubel haben wir als allerletzte gedacht in unserer Situation. Während Hans sich langsam von der Seite der Spalte näherte, bin ich ihm vorsichtig gefolgt mit der Ausrüstung. Als ich einen Moment zum Allalinhorn herüberschaute, sah ich eine Gruppe, die um einen am Boden liegenden Menschen kniete. Sah ganz so aus, als würden sie die Person am Boden reanimieren. Ich bin schnell zu der Gruppe. Ein 66-jähriger Mann war neben seiner Frau mit Herzkreislaufstillstand zusammengebrochen. Eine zufällig anwesende Krankenschwester hatte mit der Reanimation begonnen als Hans und ich eintrafen. Wir haben sie bei der Reanimation unterstützt. Wegen fehlender Handys nutzten Schweizer Bergretter unerlaubterweise den Flugfunk, um ihre Kommunikation sicherzustellen. Ich habe versucht, den Mann zu beatmen. Der Verunglückte lief blau an, es sah nicht gut aus. Als der Hubschrauber der Air Zermatt nach wenigen Minuten einen Assistenzarzt neben uns absetzen konnte, versuchte der noch zu intubieren. Dann defibrillierte er sechs, acht Mal. Aber das blieb ohne Erfolg, der Assistenzarzt schüttelte nur noch knapp den Kopf, während die Frau des Verunglückten wenige Meter neben ihrem Mann abseits stand und gar nicht begriff, dass er nicht mehr zu ihr zurückkehren würde, obwohl er doch nur wenige Meter neben ihr lag.

Das waren schreckliche Momente. Wir hatten dem Mann einfach nicht mehr helfen können."

„Während ihr für uns verschollen wart, kamen wir um vor Sorge", sagt Thomas Küblbeck. „Ich wusste, die waren genau in dem Gletschergelände, über dem der Hubschrauber unentwegt kreiste. Aber was mich am meisten nervös machte, war, dass der Hubschrauber nach einer Weile ins Tal verschwand. Und wieder zurückkehrte. Als hätte er nicht nur einen Menschen, sondern zwei zu bergen."

Martin Wagner erzählt, was weiter geschah. „Während die Hubschrauberbesatzung den Abtransport des Mannes vorbereitete und sich um die Witwe kümmerte, war ich mit dem Assistenzarzt ins Gespräch gekommen. Wie der Zufall es wollte, war er Abschnittsarzt der Bergwacht Schwarzwald und versprach, uns bei unserem Malheur mit dem Ski in der Gletscherspalte zu helfen. Er hatte auch eine Idee und funkte mit seinem Kollegen im Tal.

Bruno Jelk war bereits damals eine Legende, als Bergführer und Bergretter in der Air Zermatt. Und: Er war einer der ersten, die Rettungseinsätze in Canyons und Spalten flogen, in denen kein Hubschrauber je landen konnte. Am langen Fix-Tau am Hubschrauber hängend. An Longlines, die bis zu 200 Meter unter dem Hubschrauber hingen.

Als der Hubschrauber aus dem Tal zu uns zurückkehrte, kam er nicht allein. Ein Mann hing da im Rettungstau, Bruno Jelk. Er schwebte ungefähr 25 Meter unter dem Hubschrauber im Seil und dirigierte die Hubschrauberbesatzung über ihm entlang der Spur, die Hans einsamer Ski bis zur Gletscherspalte hinterlassen hatte. Dann sprach er etwas in sein Mikrofon.

Langsam senkte der Hubschrauber Bruno Jelk in die enge Gletscherspalte hinab. Er verschwand einfach am Tau in der Spalte. Der Hubschrauber ging tiefer und tiefer, wir sahen nur noch das Tau, das in der Spalte verschward. Er ging tiefer, bis er nur noch fünf Meter über dem Gletscher stand und das Tau unter ihm wie ein Strich in die Spalte führte. Bruno Jelk musste nun tief in der Spalte sein, wir schätzen, er befand sich 20 Meter tief zwischen den engen Eiswänden. Dann stieg der Hubschrauber langsam nach oben, ganz vorsichtig, mehr und mehr.

Zuerst kam immer nur Tau aus der Spalte. Immer mehr Tau. Aber an dessen Ende hing Bruno Jelk. Und hatte einen Ski in der Hand. Wie die Freiheitsstatue sah er aus, wie er da mit dem Ski in der Hand der Spalte entschwebte, auf drei Meter Höhe zu uns heran flog. Und uns den Ski zuwarf, der im Schnee vor uns stecken blieb. Er winkte uns noch einmal fröhlich zu. Dann drehte der Hubschrauber ab und verschwand mit dem unter ihm hängenden Bruno Jelk am Tau Richtung Tal.

Wir? Schnallten uns die Ski an. Und gingen in der Karawane mit gefühlt 100 anderen Bergsteigern hinauf zum Gipfel des Allalinhorn", schließt Martin Wagner seinen Bericht.

„Und das war ein wirklich guter Moment", erzählt Thomas Küblbeck, „als ihr zwei uns heil entgegen kamt. Der Tag wurde schön, als ich euch heil wiedersah. Das war ein wunderbares Lehrstück. Ich muss selbstkritisch sagen: Wir hatten damals das Gefühl, unverwundbar zu sein. Wir waren ja die Bergwacht. Bei uns besaß von zehn Leuten nur einer einen Helm. Wenn ich heute auf einen Gletscher gehe, nehme ich grundsätzlich ein Seil mit.

Wir dachten damals: ‚Brauchen wir doch alles nicht!' Auch die Gruppendynamik spielt da eine große Rolle. Der Übermut. WIR? Brauchen das nicht. Mich hat dieser Tag nachhaltig geprägt, weil ich ja verantwortlich war, dass alle wieder heil heimkommen. Es ging ja nicht nur um mich wie bei den Alpin-Skirennen. Ich habe gelernt, dass immer mehrere Faktoren zusammenkommen, damit etwas schiefgehen kann. Das Gletschergebiet. Die getrennte Gruppe. Da fehlt dann nicht mehr viel."

„Für mich war das Schlimmste", sagt Martin Wagner, „dass wir dem Mann nicht hatten helfen können. Und die Peinlichkeit, mit der ich wegen nachlässiger Ausrüstung hatte zu Kreuze kriechen müssen. Seitdem gehe ich nie mehr, ohne meine Ausrüstung akkurat beieinander zu haben. Ich will einfach, dass ich das, was ich brauche, dabei habe. Und meistens passiert dann genau Folgendes: Ich brauche die Sachen selber gar nicht. Aber es ist gut zu wissen, gut ausgerüstet zu sein, falls jemand Hilfe braucht. So wie ich damals."

*Selten wurde eine Drohne für die Vermisstensuche erfolg-*
*reich eingesetzt. Simon Gillich und Alex Hausmann über*
*eine Premiere bei der gefährlichen Suche*
*nach einem Vermissten.*

Simon Gillich / Alex Hausmann

# Am Hahnenkopf. Die Drohne.
# Die Nacht. Und der Schnee.

Stockdunkle Nacht liegt über dem Oybachtal am Fuß des
Hahnenkopfs. Es ist Anfang November, die ersten kalten
Nächte, die Neuschnee bringen. Vier junge Männer machen sich seit Stunden in der Finsternis neben dem einsam
rauschenden Oybach keine drei Kilometer von Oberstdorf
in den Bergen zu schaffen. Schnee fällt in dicken Flocken
vom Himmel, zwei der Männer stehen vor einem abgedun-
kelten VW-Bus mit Instrumenten.

„Siehst du was?", fragt der eine. Doch der andere antwortet nicht. Er schaut angestrengt auf die Steuerkonsole, deren Instrumente in der Dunkelheit sein Gesicht matt
erhellen. Und dann wieder starr durch leise schwebenden
Schneeflocken, als könnte er sie durchdringen bis zu den
winzigen Positionslichtern, die irgendwo 500 Meter weiter
oben fast lautlos über dem Grat östlich des Hahnenkopfs
schweben. Und zu den auswandernden Lichtern, die für
Augenblicke oben am Grat kurz aufblinken. Dann wieder

223

verlöschen. Plötzlich quäkt das Funkgerät durch die Nacht. „Sucht weiter westlich. Talauswärts. Versucht's noch mal. Wir kommen hier gerade nicht weiter, das Gelände ist zu schwierig. Das wird zu gefährlich. Sucht weiter unten. Weiter westlich. Da, wo wir nicht hinkommen."

Ohne eine Miene zu verziehen, richtet der eine der beiden wieder den Blick auf seine Konsole und betätigt zwei Hebel. Schaut wieder nach oben, durch die Nacht, zu dem winzigen roten Licht oben über dem Berghang, während der andere im Inneren des VW-Bus flüsternd die Meldung bestätigt. „Die Drohne ist in Position, Simon", sagt der junge Mann an der Steuerkonsole leise nach hinten zum Bus. „Ich mach noch mal ein Foto, sobald die Drohne ruhig steht. Achtung. Jetzt."

Acht lange Sekunden hält er die Drohne über dem Hang still in der Luft. Sie darf sich nicht bewegen, wenn die Nachtaufnahme des Geländes tatsächlich etwas anderes zeigen soll als grauschwarze Schlieren. Der andere im Bus beugt sich über den matt schimmernden Bildschirm seines Laptops. „Ich hab's", sagt er. „Lädt gerade. Dass das immer so lang dauert", sagt er, während sich sein Bildschirm Zeile für Zeile mit einem Foto des nächtlichen Hahnenkopf-Hangs unter dem Grat füllt. Plötzlich spannt sich sein Gesicht über dem Bildschirm. Schnell tippt er in die Tasten. „Da ist was", ruft er erregt. „Du hast was. Du hast ein winziges Licht fotografiert. Verdammt, was ist das?"

Simon Gillich und Alex Hausmann sind in derselben Woche geboren, im Herbst 1994. Gerade sechs Tage liegen die beiden 24-Jährigen altersmäßig auseinander. Und so verschieden sie äußerlich sein mögen, so verbunden scheinen sie in dem, was sie in ihrer Freizeit tun. Technik. Und Berge. Kennengelernt haben sie sich erst als Jugendliche in der Jugendgruppe des Alpenvereins in Immenstadt.

„Das war ziemlich cool da", erzählt Simon Gillich. „Der Leiter der Jugendgruppe des Deutschen Alpenvereins DAV in Immenstadt ist bei der Bergwacht, so kam ich dann auch dazu." Heute arbeitet Simon Gillich als Kachelofenbauer im elterlichen Betrieb.

Für Alex Hausmann lief der Weg anders. Er war im Leistungssport, in der Leichtathletik, aktiv. „Aber irgendwie war mir das zuviel Wettkampf, mir fehlte was. Ich ging dann in die Jugendgruppe des DAV. Da traf ich auch Simon. Mich hat die DAV-Jugendgruppe vor allem technisch fasziniert, das hat mich alles technisch sehr gefordert. Die neuesten Sicherungstechniken am Berg lernen – das machte mir so sehr Spaß, dass ich dann ebenfalls zur Bergwacht bin und eine Ausbildung zum Fachinformatiker in Immenstadt einschlug."

Aber damit war es für die beiden mit den Bergen und der Technik nicht vorbei. „Vor einigen Jahren wurde ein besonderes Fahrzeug für die Bergrettung angeschafft, es ist Teil einer speziellen Technikgruppe, bei der man sich für Spezialeinsätze weiterbilden kann. Wir sind beide seit zwei Jahren in dieser Gruppe, insgesamt besteht sie aus fünf Leuten. Das Technikfahrzeug, der VW-Bus, ist aber keine statische Sache, wir konnten den Bus bereits sehr früh weiterentwickeln. Wir haben uns für Vermisstensuchen eine weitere Drohne angeschafft, das wollten wir für unsere Bergwacht schon lang. Sie sollte unser Auge aus der Luft sein, wenn der Helikopter mal nicht starten kann. Gekauft haben wir sie uns vom Preisgeld, das wir bei der ‚Helfenden Hand' des Bundesinnenministeriums gewonnen haben. Wir engagieren uns neben den Einsätzen vor allem in dieser Technikgruppe. Sie und unser Fahrzeug werden vor allem einsatzunterstützend genutzt. Nicht jede Bereitschaft verfügt über solches Equipment. Wenn andere Bereitschaften oder die Polizei uns benötigen, dann kommen wir dazu. So wie vorletztes Jahr bei unserem Einsatz am Hahnenkopf.

Anfang November kam gegen 20:00 Uhr über den Piepser die Meldung rein: ‚Vermisste Person im Bereich des Hahnenkopfes.‘ Der Verunglückte hatte sich selbst über sein Handy gemeldet. Er war am frühen Abend irgendwo am Grat abgerutscht und hatte eine Kopfverletzung. Glücklicherweise konnte er sich übers Handy selbst melden, er war allerdings nicht in der Lage, in der Dunkelheit im Schnee seinen genauen Ort anzugeben.

Die Umstände waren alles andere als gut. Es lag gut Schnee. Für die Nacht waren weitere Schneefälle vorhergesagt. Ein Hubschrauber hatte wegen schlechter Sicht kehrt machen müssen, die Helikopter in Österreich und der Schweiz hatten wegen des Wetters erst gar keine Starterlaubnis erhalten.“

„Der Verunglückte war vom Oytalhaus aufgestiegen, gegen halb neun brachen wir dorthin auf“, erzählen die beiden. „Schon auf der Straße, die ins Oytal führt, lag sehr viel Schnee. Für den frühen November waren das Bedingungen wie sonst im tiefen Winter. Die Bergwacht Oberstdorf hatte eigentlich eine konventionelle terrestrische Rettung geplant, einen ganz normalen Einsatz über zwei, drei Stunden: ‚Wir gehen da rauf. Holen ihn runter.‘ Aber das Gelände am Hahnenkopf war schwierig und durch den Neuschnee auch noch lawinengefährdet.

Es ging ja zunächst erst mal darum, den Verletzten überhaupt zu lokalisieren. Bloß auf Verdacht die Kollegen in Finsternis und gefährliches Terrain zu jagen, war einfach nicht gut. So kamen wir dazu, als Einsatzunterstützung, während die Rettungskräfte schon oben vom Gipfel abstiegen. Wir sahen von unten aus dem Oybachtal ihre hellen Lichter.

Als erstes versuchten wir von unserem Standort aus mit einer speziellen Schwarzweißkamera zu arbeiten, die zu unserem Technikequipment gehört. Wir nennen sie etwas despektierlich ,das Fernrohr'. Tatsächlich hat sie aber mit einem herkömmlichen Fernrohr nicht viel zu tun. Die Kamera kann auf große Distanz aus mehreren dunklen Aufnahmen technisch ein helles Bild erzeugen. Das schien uns für die Vermisstensuche am aussichtsreichsten. Wir stellten den Bus im Dunkeln ab und bauten davor also das Fernrohr auf. Wir planten, damit die Rinne aus drei Kilometer Entfernung abzusuchen. Es fielen dicke Schneeflocken, die das Restlicht reflektierten. Die große Vergrößerung ist nicht nur ein Vorteil, sondern manchmal ein Nachteil, wenn man erstmal nur ganz groß Gras und Felsen sieht und überhaupt nicht mehr weiß, was die Kamera jetzt eigentlich gerade aufnimmt. Wir arbeiteten uns visuell vom Grat aus entlang, probierten über eine Stunde rum. Mit bloßem Auge war sowieso nichts zu erkennen. Aber das Kamerabild brachte uns auch nicht weiter.

Wir überlegten dann: Unsere Handwärmebildkamera kann zwar sehr gut im Dunkel Wärmequellen wie einen menschlichen Körper entdecken, aber dies nur auf kurze Distanz. Und wenn eiskalte Schneeflocken rumschwirren, ist's mit der Wärmebildkamera gar nichts.

Also entschieden wir uns für den Einsatz mit der Drohne. Wir hatten vor, sie nach oben über den Unfallort zu fliegen und dort systematisch Acht-Sekunden-Fotos vom Gelände zu machen. Man braucht vier bis fünf solcher Aufnahmen, bis eine mal brauchbar ist. Erst suchten wir zu zweit im Tal. Das Einsatzteam korrigierte uns von oben. Wir verlegten unseren Standort mit dem Bus erneut. Starteten dann noch mal neu. Flug auf Sicht mit der Drohne: Eigentlich reicht das Signal bis auf 1000 Meter Distanz, wo längst keine Sichtverbindung zur Drohne mehr ist. Wir haben uns 800 Meter entfernt, das war riskant. Wir machten mehrere Langzeitbelichtungen.

Und plötzlich war da dieser winzige Fleck. Ein kleiner Lichtpunkt, der in der Aufnahme erkennbar war. Es konnte ein Kamerafehler sein. Aber in der Vergrößerung war das nicht nur ein Pixel. Da oben hatte tatsächlich irgendetwas kurz aufgeleuchtet. Ob das der verunglückte Bergsteiger war?

Wir waren uns unschlüssig. Wir waren jetzt seit zwei, drei Stunden im Gelände. Hatten angestrengt gesucht. Uns war nicht klar, was das war. Und weil es uns nicht klar war, fuhren wir zurück in die Einsatzleitung Oberstdorf, um unsere Aufnahmen dort vorzulegen. Während der Fahrt setzten wir den Lichtpunkt am Laptop in eine 3-D-Karte des Hahnenkopfgeländes. Das Rettungsteam hatte den Vermissten immer noch nicht lokalisieren können. Als wir in die Einsatzzentrale kamen, meinten die anderen Bergwachtler nur: ‚Volltreffer!'

Alle Einsatzkräfte oben am Berg wurden zu unserem Punkt beordert. Aber das Gelände tat uns keinen Gefallen. Mit Neuschnee bedeckte Grashänge auf der Nordseite … stockdunkel. Allen war klar, wie gefährlich das werden würde. Eigentlich hätte man in diesen Bereich niemals jemanden hineingeschickt.

Die Suchmannschaften entdeckten dort, wo wir den Lichtpunkt identifiziert hatten, tatsächlich Schleifspuren, die talwärts führten. Gegen Mitternacht fanden sie den Mann 200 Meter weiter unten von unserem Lichtpunkt, schwerverletzt, mit Schädel-Hirntrauma und leicht unterkühlt, er hatte einen Handschuh verloren. Er hatte sich am Spätnachmittag verirrt, war unfreiwillig im Schnee vom Weg abgewichen und in schwieriges Gelände geraten, wo er dann abstürzte.

Für uns war die Arbeit getan. Wir dokumentierten von unserem Standort aus mit dem Fernrohr, wie sich die Retter zu dem Verunglückten abwärts kämpften. Was auch immer die Kamera fotografiert hatte. Dies war das erste Mal, dass eine Drohne einen entscheidenden Hinweis zur Entdeckung eines Vermissten geben konnte. Drohnen werden nicht jedes Problem bei der Vermisstensuche lösen. Sie eignen sich vor allem, um große Freiflächen abzusuchen. Das schafft man mithilfe einer Drohne schneller als mit einer Mannschaft. Aber in bewaldetem Gelände eine Person zu suchen, dafür ist sie nur bedingt geeignet.

Auch wenn das so ist: Wir trainieren mit den Jüngeren den Einsatz zur Vermisstensuche bei schlechtem Wetter. Denn eines ist jetzt schon klar: Bei derart schlechtem Wetter wollen wir lieber die Drohne riskieren als das Leben von Bergrettern aufs Spiel setzen."

*Anderen zu helfen – das liegt ihnen im Blut. Einem Freund und Kameraden nicht mehr helfen zu können, ist wohl das Schlimmste, was einem Bergretter zustoßen kann. Rudi Fendt, Bereitschaftsleiter der Bergwacht im Bergsteigerdorf Ramsau, über einen Unfall am Hochkalter.*

Rudi Fendt

# Ramsau – Am Blaueis.
# Der eine Moment.

Wenn Rudi Fendt über jenen Tag am Hochkalter berichtet, ist er immer noch bedrückt. Er spricht ruhig, aber wenn er die Brille abnimmt, malt sich im Gesicht des pensionierten Lehrers seine Betroffenheit über das, was oben am Blaueisgletscher geschah. Als wäre es gestern gewesen und nicht an einem Oktobertag wie heute, vor 26 Jahren.

„Ich war in der Schule, als es am späten Vormittag Alarm gab. Als Lehrer war das nicht immer einfach hier in der kleinen Schule in Ramsau im Unterricht mitten im Satz aufzustehen und zu sagen: ‚Ich muss rauf auf den Berg. Da ist jemand verunglückt'. Aber die Schulleiterin hatte Verständnis. Ich bin raus aus der Schule, schnell nach Hause, die Kameraden haben mich auf dem Hinweg abgeholt, Ausrüstung, Haken, Seile, Steigeisen, Gebirgstrage schon im Fahrzeug. Danach Aufstieg zu Fuß. Unser Bereitschaftsleiter Peter Hillebrand war mit dem Lenzi und zwei anderen schon vorausgestiegen. Die vier hatten den Unglücksort eher erreicht als wir: die Randkluft, ein etwa drei Meter breiter, mehr als zehn Meter tiefer Spalt, den man überwinden muss, wenn man den steilen Blaueisgletscher endlich hinter sich hat und rechts hinauf zur Gipfelschlucht des Hochkalters will. Ein Bergsteiger war, gesichert von seiner Begleiterin, gegen 09:00 Uhr Morgens in die Randkluft gestürzt und hatte sich schwere Verletzungen zugezogen.

Das Wetter war trocken während des Aufstiegs, doch oben machte uns dichter Nebel zu schaffen. Obwohl ich hier in Ramsau seit meiner Kindheit lebe und auf dem Weg hinauf jeden Stein kenne, verändert Nebel eine vertraute Landschaft so sehr, dass man sie nicht wiedererkennt. Wir verliefen uns kurz im Nebel, fanden aber zurück auf unsere geplante Route und stiegen dann mit Steigeisen und gesichert den Blaueisgletscher hinauf. Es war schwierig: steiles Eis, im oberen Teil blank, das sich im 50-Grad-Winkel nach oben zieht.

Auf halbem Weg, am Felsenband, wo die Felsen das Gletschereis waagerecht teilen, hatten wir Kontakt nach oben und erhielten die Nachricht, unser Bereitschaftsleiter Peter Hillebrand und der Lenzi hätten bereits mit der Bergung des Verunglückten begonnen. Sie hatten gleich nach dem Erreichen der Unfallstelle zusammen mit den anderen Bergrettern auf 2400 Meter Höhe Sicherungspunkte am Fels und im Eis errichtet, seilten sich in die Spalte, versorgten den Verunfallten medizinisch soweit es ging. Bauten einen behelfsmäßigen Flaschenzug, bargen damit den Schwerverletzten aus der Spalte und begannen mit der Abseilaktion über das steile Eis.

Es war ein schwieriger Einsatz: Wegen des Nebels konnte ein Hubschrauber nicht fliegen. Also musste der in der Gebirgstrage liegende Verletzte von Hand übers steile

Eis nach unten geschafft werden, Seillänge für Seillänge. Als er das Felsenband bei uns erreicht hatte, war es später Nachmittag – der Moment, in dem sich der Tag neigt und die Dämmerung einsetzt. Wir waren knapp an Seilen für das nächste Wegstück und funkten Peter und Lenzi oben an, die noch mehr Seil übers Eis zu unserem Standort im Felsenband herunterlassen sollten.

Zischend gleiten die Seile von oben übers Eis zu unserem Felsenband. Dann ist da plötzlich dieses Geräusch in der beginnenden Dämmerung. Kein weiteres Seil, das zu uns herunter gleitet. Es hörte sich an, als würde ein Bob übers Eis zu uns runtersausen, mit hoher Geschwindigkeit, nicht zu stoppen. Ein Rumpeln übers Eis, das unaufhaltsam auf uns zukommt, kurz verstummt, dann näher ist für Sekundenbruchteile. Ein Aufschlag im Nebel in den Felsen etwas rechts über uns. Dann Stille.

Wir wollen in diesem Augenblick nicht wahrhaben, was wir bereits ahnen. Dass einer von den beiden, einer von uns, da oben ausgerutscht und von der Randkluft die 200 Meter übers blanke Eis abgestürzt ist! Dass wir schemenhaft einen Körper sahen, der wenig oberhalb von uns in den Kamin im Felsband verschwand.

Wir steigen schnell das kurze Stück hinauf. Es ist Peter. Er ist ansprechbar. Wir sprechen miteinander, er hat Schmerzen im Rücken. Wir brauchen jetzt auch die zweite Trage, die vorsorglich per Nachschub bei uns am Gletscher ist. Wir wagen nicht an die Schwere von Peters Verletzungen zu denken, betten ihn in die Trage, versorgen ihn, wärmen ihn, auch unser Arzt Christoph ist da, tut sein Möglichstes.

‚Warum?' ... fragt mich Peter. ‚Warum ausgerechnet ich?' Für einen Moment lichtet sich der Nebel. Es ist fast dunkel, doch wir haben klare Sicht. Ich fordere den Hubschrauber an. Er könnte fliegen. Ich habe plötzlich wieder

Hoffnung, Peter auch. Er weiß, was es bedeutet. Plötzlich verschlechtert sich sein Zustand. Wir verlieren ihn, müssen ihn beatmen, es sieht nicht gut aus. Nach endlosen Minuten endlich das vertraute Knattern der Bell UH 1-D, die Crew der SAR-Staffel aus Penzberg nimmt Peter in einem waghalsigen Manöver über die Winsch auf und verschwindet wieder nach unten im Nebelmeer Richtung Salzburg.

Noch heute fragen wir uns, wie das passieren konnte. Peter war ein erfahrener Mann. Ausbildungsleiter. Heeresbergführer. Das heißt schon was. Er war ein Mann von stillem Humor, er wusste, was er tat. Ich erinnere mich, wie er mit uns Jüngeren am Hintersee das Kajakfahren trainierte und still in sich hineinlächelte, wenn wir die Eskimorolle übten und Mal um Mal unter Wasser aussteigen mussten, weil wir nicht wieder hochkamen, was ihm ein Leichtes war. Er hatte nur einen kurzen Augenblick nicht aufgepasst oben am Blaueisgletscher. Einen kurzen Moment war der erfahrene Mann auf dem Eis über etwas gestolpert, er hätte fast Lenzi mitgerissen. Ein winziger Augenblick. Und nichts konnte seinen Sturz übers blanke Eis aufhalten."

Was sich seit damals geändert hat, oben an Hochkalter und Watzmann? Rudi Fendt muss nicht lange nachdenken. Als das Unglück geschah, war er 38. Jetzt ist er 65, er hat viele weitere Einsätze auf dem Schicksalsberg erlebt. „Wir sind Retter. Nicht Richter", sagt er. Trotzdem warnt er. „Es sind zuviele Menschen da oben. Früher waren es 50 an einem Tag, die sich die Watzmannüberschreitung zutrauten. Heute sind es manchmal 150, gelegentlich 250, die diese schwierige Tour an einem Tag machen. Wenn ich manchmal sehe, wie manche auf den Berg gehen, muss ich feststellen, dass nur 50 Prozent der Leute physisch wie psychisch auf diese Tour richtig vorbereitet sind. Der Rest hat streng genommen da oben nichts verloren. Ihre Kondition reicht nicht für die Tour, deren Schwierigkeiten eigentlich erst beginnen mit dem Abstieg über den schwierigen Südwesthang. Nach Überschreitung des Watzmanngrates und Erreichen der Südspitze meinen die meisten, sie hätten jetzt bereits alles geschafft und hinter sich. Dabei geht's noch 1400 Meter runter."

Zudem seien viele „overequipped", wie Rudi Fendt es nennt. Viel zuwenig dabei zu trinken, dafür allerhand, was man nicht braucht und einfach nur Kraft kostet. „Daumendicke Frühstücksbrettl. Haarspray. Pralle Waschbeutel und Schminkaccessoires. Nichts davon hat auf einer Tour im Hochgebirge wirklich etwas verloren. Als wüssten die Leute nicht mehr, wie sehr all das beim Aufstieg oder Abstieg Kraft kostet."

„Es sind die Bilder", sagt plötzlich Rudi Fendts Frau, die an den Tisch getreten ist. „Oft geht es auf dem Watzmann nur noch um den einen winzigen Moment, in dem man von sich und seiner Tour ein Foto schießt. Ich habe manchmal den Eindruck, es geht nur noch um den einen Moment. Den des Fotos."

Ein Donnerstagabend im Oktober: Rudi Fendt hat eben den Wetterbericht fürs Wochenende gelesen. Samstag und Sonntag wird es wolkenlos sein über dem Watzmann, mit 5 bis 23 Grad Celsius. Er weiß, das anhaltend schöne Oktoberwetter wird am Wochenende erneut viele Menschen auf den Watzmann locken.

„Am schlimmsten ist bei so einem Wetter das Warten auf einen Einsatz. Man weiß, dass er kommt. Man weiß nicht, was kommt. Man hofft, dass es nicht kommt. Aber die Erfahrung weiß es besser. Man kann an solchen Tagen nichts unternehmen. Man wartet einfach. Und für mich ist es manchmal fast eine Erlösung, wenn dann der Alarm kommt." Er blinzelt hinauf zum Watzmann, der im Abendlicht durch die Bäume leuchtet. „Dann hat die Warterei endlich ein Ende."

*„2015 war das Jahr der gefährlichen Selfies mit schweren Verletzungen, da die Menschen extreme Risiken auf der Suche nach dem perfekten Bild eingingen. Ein Selfie ist es nie wert, dafür zu sterben. (...) Der Fokus der #besafie-Kampagne liegt darauf, Touristen zu helfen, zuerst an Sicherheit zu denken, bevor sie sich in die Wildnis wagen. Wir möchten, dass Sie Spaß haben, die Natur zu erkunden, und sicher nach Hause zurückkehren."*
*(www.visitnorway.com/about-besafie, aus: Riki Daurer, Postest Du noch oder bergsteigst Du schon?, in: bergundsteigen #102, 2018, S.19)*

Gerhard Opperer / Roland Ampenberger

# Experteninterview: „Wie Smartphone und Internet unser Verhalten verändern."

Gerhard Opperer war langjährig in der Bergwachtzentrale verantwortlich als hauptberuflicher Geschäftsführer tätig und ist im Priental als Bergwacht Einsatzleiter aktiv. Heute begleitet der gelernte Elektriker und Rettungsassistent als Bordtechniker die Einsätze der gelben Rettungshubschrauber der ADAC Luftrettung in Murnau. Er ist 45 und hat einen zwölfjährigen Sohn im smartphonefähigen Alter.

Roland Ampenberger ist Leiter des Bergwachtzentrums für Sicherheit und Ausbildung in Bad Tölz. Der 46-Jährige ist Vater zweier Töchter im Alter von 11 und 13. Wenn er mit ihnen in die Berge geht, verlässt er sich nicht nur aufs Smartphone, sondern fühlt sich erst dann sicher, wenn er eine gedruckte Karte dabei hat.

*„Tod durch Selfie" in Norwegen ... aus unseren Bergen gibt es da sicher keine Zahlen. Aber es gibt vermutlich eine Dunkelziffer, sonst hätte man nicht in Norwegen mit einer offiziellen Kampagne gegen Selfies an Klippenrändern und exponierten Stellen reagiert. Ich frage mal vorsichtig Sie beide: Ändert das Smartphone unser Verhalten in den Bergen?*

Gerhard Opperer: Wir erleben es ja täglich, dass sich unsere Art zu Kommunizieren ändert. Bereits die Verbreitung des Handys hat dazu geführt, dass der Gipfelanruf zu Hause für viele zum festen Bestandteil einer Bergtour wurde. Jetzt ist es halt zusätzlich das Gipfel-, Etappen- oder Essensbild, das zu einer Tour dazugehört. Je nach persönlicher Situation und Veranlagung entstehen die Fotos bei der Brotzeit oder an der exponiertesten Stelle.

*Haben Sie denn Ihr Smartphone immer dabei, wenn Sie in die Berge gehen?*

Gerhard Opperer: Ja natürlich. Das Smartphone ist ja schon ein vielseitig einsetzbares Gerät. Auf das möchte ich am Berg keinesfalls verzichten. Telefon, „Kommunikator", Karte mit integriertem GPS und Höhenmesser, Infos zu Bahnen und Hütten ... Alles in einem Gerät. Und jeder hat den Zugang dazu. Das ist doch toll.

Roland Ampenberger: Handy ist ja schon eine Erleichterung. Ähnlich wie „Bergbahn" oder „E-Bike" erleichtert es den Zugang zu den Bergen. Ich hab Wetterinformationen. Lawinenwarndienst. Die Webcam, die mir sagt, wie das Wetter am Gipfel ist. Wanderkarten konnten das alles nicht. Und waren anstrengender.

Gerhard Opperer: … nicht zu vergessen: Ich verfüge über meine genaue Position bei einem Unfall. Aber das hat auch alles Nachteile: Alle diese Funktionen sind plötzlich weg, wenn das Internet weg ist. Wenn Karten nur online aufgerufen werden können, wenn der eigene Standort nicht klar ist, weil Betroffene kein Grundwissen mehr haben, wo sie sich gerade befinden. Da wir die Anfahrt und den Zustieg durchs Gerät erledigen lassen, entwickeln wir im Kopf vielfach keine Orientierung mehr. Ich habe erlebt, dass in Not geratene nicht einmal mehr wussten, in welchem Tal sie losgegangen waren.

Roland Ampenberger: Trotzdem. Die Informationen sind heute viel besser. Ich schau in die Webcam und weiß, wie das Wetter aktuell droben ist oder wie die Schneelage sich darstellt. Dagegen war doch der Radiowetterbericht früher mager.

*Beeinflussen uns Smartphone und Internet, wenn wir auf den Berg gehen?*

Gerhard Opperer: Ich stelle an mir selber fest: Mit den unendlich vielen Informationen aus dem Internet verstärke ich gerne meine eigenen Argumente. Ich gehe mehr an meine Grenzen. Wenn's heute im Westen blitzt, wären wir früher nicht losgegangen. Heute schauen wir uns die Blitzentwicklung im Internet an und sehen, dass das Gewitter „nur" im Nachbartal ist. Mir ist das klargeworden durch meinen Vater. Er checkt das Regenradar, bevor er radelt. Obwohl er das tut, wird er trotzdem immer noch häufig nass.

*Verführt uns da die vermeintliche Sicherheit?*

Gerhard Opperer: Ein Stückweit ja. Ich habe die größte Datenbank der Welt in der Hosentasche. Ich weiß, wo die nächste Apotheke ist. Der Arzt. Ob die Hütte offen hat – sogar die Speisekarte kann ich während des Aufstiegs lesen. Ich fahr' einfach spontan irgendwohin mit dem Gefühl: Ich hab' ja alles dabei. Weil ich dieses Gefühl habe, reduziere ich die gründliche Vorbereitung. Die Verführung wächst, einfach in die Berge zu fahren und zu sagen: Wenn ich oben bin, schau ich mal, wie das wirklich ist.

Roland Ampenberger: Ich oute mich jetzt. So richtig traue ich dem Handy nicht. Ich wollte am Wochenende mit meiner Familie auf den Rauschberg und bin gestern schnell noch in den Laden, um mir eine Wanderkarte zu kaufen. Ich will auch einen Überblick haben. Wo geht's links runter. Wo geht's rechts runter.

Gerhard Opperer: Ich nutze die Offline-Karte eines Markenanbieters. In dieser wird auch meine Position angezeigt. Aber auch das hat Tücken: Viele Navigationsgeräte zeigen ein Gelände jedoch nur zweidimensional an. Nicht die Vertikale. Die Bergwacht Grainau hat vor einigen Monaten zwei Jugendliche vollkommen erschöpft an der Zugspitze gerettet. Denen hat das Navi für ihre Tour zum Gipfel drei Stunden angezeigt. Nach zehn Stunden waren sie aber immer noch mitten im Höllental. Sie waren vollkommen erschöpft ...

Roland Ampenberger: Ich fürchte auch das schlechte Wetter und den Ausfall der Technik. Wenn du mit nassen Fingern das Handy bedienst, schaust du schnell alt aus. Die Displays funktionieren mit Wasserfilm schlechter.

Gerhard Opperer: Der Akku ist ebenfalls ein wichtiges Thema. Schlechter Empfang verursacht häufige Netzsuchen und -wechsel. In diesen Situationen benötigt das

Handy aber deutlich mehr Strom. Im Gebirge ist der Akku oft schneller leer als in der Stadt. Die Kälte leert den Akku schneller als man denkt. Ich hab im Winter das Smartphone sogar schon mal in die Unterhose geschoben, damit der erwärmte Akku zumindest noch einen Anruf ermöglicht.

Roland Ampenberger: Was für ein Stress. Das Handy in deiner Unterhose. Was tust du, wenn's klingelt?

Gerhard Opperer: Naja. Da ist es halt am wärmsten im Winter. (Sucht auf dem Smartphone.)

Aber mal im Ernst. Es ist doch ein Hammer, wie viele Filme beispielsweise von Touren am Jubiläumsgrat in YouTube zu finden sind. Dort finden wir nur die Spitze des Eisbergs. Ich denke, dass unendliche viele solcher Videos, Bilder und Eindrücke in den Sozialen Medien eingestellt werden. Das beeinflusst die Menschen natürlich. Es ist aber sicher sehr schwer, von diesen oft positiven Darstellungen auf die tatsächlichen Bedingungen vor Ort zu schließen.

Roland Ampenberger: Naja. Der Jubiläumsgrat ist aber doch eher ein Extrembeispiel …

Gerhard Opperer: Natürlich ist die Tour eine der bekannteren. Aber wir als Retter erleben auf dem Jubiläumsgrat oft Menschen, die hierfür keine der erforderlichen Voraussetzungen wie Trittsicherheit, Schwindelfreiheit, Kondition und Erfahrung mitbringen. Ich denke, dass die unzähligen geposteten ‚Werbefilme' hier eine Rolle spielen. Wenn sich dann auch noch die Gruppe für die Tour im Internet findet, ist das Chaos oft perfekt. Die Bergpartnersuche geht dort echt schnell. Mit ultrakurzen Reaktionszeiten. Heute stelle ich das ein. Und habe fast sofort eine Antwort. „Morgen Bergtour" – und ich habe einen Partner.

*Inwiefern beeinflusst die Partnersuche via Internet denn das Verhalten?*

Gerhard Opperer: Häufig kennt keiner den anderen gut genug. Was er kann. Wie er konditionell drauf ist. Das ist auch ein Grund, warum wir zu Einsätzen kommen, bei denen Leute ihre schwächeren oder langsameren Partner einfach im Gelände haben stehen lassen. Oder bei denen sich Gruppen in unmöglichen Situationen einfach trennten.

Roland Ampenberger: Ja. Das kommt jetzt häufig vor, dass Gruppen sagen: „Wir haben uns oben getrennt".

*Hat das mit Moral am Berg zu tun? Es galt doch mal „Wir laufen gemeinsam los. Wir kommen gemeinsam an." Ist das passé?*

Gerhard Opperer: Mit fehlender Moral eher weniger. Das hat mehr mit einer unklaren Vereinbarungsstruktur zu tun. Die Rollen in einer Gruppe sind nicht mehr klar. Wenn sich eine Gruppe erst während einer Bergtour kennenlernt und ohne einen Struktur gebenden Bergführer loszieht, wird es im schwierigen Situationen spannend.

Aber auch das Gefühl jemanden immer sicher telefonisch erreichen zu können, beeinflusst unser Verhalten am Berg. Ich erinnere mich an einen Einsatz, bei dem Eltern ihrem Jungen nach einer Auseinandersetzung sagten: Du hast ja ein Handy. Du steigst jetzt allein ab. Hier ist der Autoschlüssel. Drei Stunden später alarmierten die Eltern die Bergwacht. Ihr Sohn ist nicht beim Auto angekommen. Das Handy ist nicht im Netz erreichbar. Er wird vermisst. Daraus wurde letztlich ein Einsatz. Im Sommer wurde ein Bergsteiger gesucht, da er übers Handy nicht mehr erreichbar war. Er schlief selig auf einer Hütte. Allein die fehlende Erreichbarkeit reichte als Alarmierungsgrund.

*Was steckt dahinter?*

Gerhard Opperer: Das Vertrauen in die ständig verfügbare Kommunikation. „Wenn was nicht passt, rufen wir uns halt einfach zusammen." Wir bekommen häufiger Berichte, dass Seilschaften sich gerade in Gefahrensituationen trennen. Ein Beispiel: Ein Paar, das den Weg beim Abstieg verloren hat und sich trennte, um den Weg getrennt zu suchen. Es ist das Vertrauen in die ständige Verfügbarkeit der Kommunikation untereinander. Und es ist eine Scheinsicherheit.

*Das Handy verändert also tatsächlich das Verhalten am Berg. Es kann sogar geltende Verhaltensregeln außer Kraft setzen?*

Gerhard Opperer: Die Hürde, sich zu trennen, sinkt auf alle Fälle aus dem Gefühl der vermeintlich jederzeitigen Erreichbarkeit heraus. Selbst in unübersichtlichen Gefahrensituationen.

Roland Ampenberger: … und wir haben jetzt noch kaum über Social Media gesprochen. Das Phänomen der Lawinenvideos, das Riki Daurer in ihrem Fernsehbeitrag auf Youtube beschrieben hat.

Ich merke auch bei meinen Kindern: Etwas ist nur selbst erlebt, wenn es festgehalten ist. „Ich hab' heute den Papst gesehen!" Das ist nichts wert ohne das zugehörige Foto. Das Erlebnis wird erst zum Erlebnis, wenn ich es (mit-) geteilt habe. Das beeinflusst vor allem bei touristischen Highlights wie der Zugspitze und dem Watzmann, aber auch beim populären Skitourengehen das Verhalten am Berg erheblich.

*Für viele Menschen ist allein der Gedanke, in eine Höhle zu steigen, beängstigend. Für Höhlenforscher aber ist der Untersberg die Königsklasse unter den Höhlen und noch längst nicht ganz erforscht. Was passiert, wenn jemand in der Tiefe verletzt wird? Andreas Wolf über einen unvergesslichen Einsatz.*

Andreas Wolf

# Riesending-Höhle im Untersberg. Im lichtlosen Dunkel.

„Eine Höhle wie das Riesending bei Berchtesgaden? Das ist wie eine Expedition in eine rätselhafte, unbekannte Welt. Wie ein Gang in den Weltraum außerhalb der Raumstation. Nirgendwo in Deutschland gibt es noch so viel unerforschtes Terrain zu entdecken wie unter unseren Füßen." Wenn Andreas Wolf über Höhlen spricht, dann ist der 50-jährige Ingenieur aus dem Häuschen. Dabei kennt er Höhlen von innen nicht erst seit gestern. Mit 17 war er zum ersten Mal in einer Höhle, es folgten über drei Jahrzehnte, in denen er regelmäßig in Höhlen unterwegs war. Was in den 80er-Jahren für die meisten noch spleenige Kletterei einiger Weniger war, hat sich zu ambitionierten Forschungsexpeditionen entwickelt, seit im Sommer 1996 eine Gruppe junger Männer bei der systematischen Suche nach Karsthöhlen auf dem Untersberg unter Latschengestrüpp den vergessenen Felstrichter mit dem schmalen Eingang zu ihrem Ziel machte.

„Das ist ja ein Riesending", soll einer der Entdecker überrascht ausgerufen haben, so hatte die Höhle auf dem Untersberg ihren Namen weg. Wie groß sie tatsächlich war, ahnte damals keiner. Zwar gab es Sagen und Märchen über die verborgenen Gänge und Grotten im Untersberg, in denen Karl der Große auf seine Wiederkehr wartet. Zwar hatten österreichische Höhlenforscher seit den 90ern auf der Salzburger Seite längst das Gamslöcher-Kolowrat-System, eine Ansammlung von Höhlen, Stollen und Schächten auf sagenhaften 33 Kilometern, vermessen und kartiert, aber auf der deutschen Seite hatte sich lange nichts gefunden. Es waren die Entdecker aus Cannstatt, die sich in einer ARGE zusammentaten und sich in ihrer Freizeit der professionellen Erforschung, Vermessung und Kartierung der Riesending-Höhle verschrieben.

Erst nach einigen Jahren war klar, was die Gruppe da entdeckt hatte: die mit Abstand tiefste Höhle, die jemals in Deutschland gefunden wurde. Und eine, die es in sich hat. Vom Eingang weg fällt die Höhle in zwei senkrechten Schächten erst 60, dann 180 Meter in bodenlose Dunkelheit ab. Die ersten Begeher erschraken, als sie Steine in die Tiefe warfen und langsam bis sieben zählen mussten, bis sie aus der bodenlos scheinenden Tiefe den Aufschlag hörten. Wasser fällt die Schächte hinab, bevor es danach noch einmal über 500 Meter durch enge Spalten, Schächte und Schlote weiter fast senkrecht nach unten geht. Auf knapp 1000 Meter Tiefe geht das Höhlensystem in eine kilometerlange Waagrechte mit zahllosen Hallen, Canyons, Tunneln über. Mit Seen, die nur in Schlauchbooten überwunden werden können. Mit Tunnels, die durch Lehmwände gegraben wurden.

Bis in eine Tiefe von 1150 Meter reicht das Höhlensystem, die bislang erforschten Gänge sind 20 Kilometer lang.

Es sind die Schwierigkeiten dieses langen Weges und der Logistik, die der weiteren Erforschung der Höhle Grenzen setzen. Höhlen sind Orte, an deren Eingängen unsere technisierte Welt endet. Handy, E-Mail, Internet, Telefon, GPS, Google Maps ... Dort drinnen funktioniert nichts davon. Wenige Meter unter dem Erdboden ist man in einem anderen, unentdeckten Kontinent. In einer Umgebung, die schaurig und schön zugleich ist. Schön, weil es unglaubliche Landschaften dort drinnen zu entdecken gibt: kirchturmhohe Hallen und Gänge von verzaubernder Größe und Schönheit. Schaurig, weil diese enge Welt, in der es nur Wasser, Fels, Lehm und undurchdringliche Finsternis gibt, menschenfeindlich und überlebensfeindlich ist. Und manchmal auch gefährlich. Herrschen draußen Unwetter, können weite Teile der Höhle blitzschnell überflutet werden. Es ist das Wasser, das die Höhle geschaffen hat und täglich in ihr weiter schafft. Wer dort unten unterwegs sein will, muss entsprechend gerüstet sein. Mit Kletterausrüstung.

Wer im Riesending forscht, muss sich hervorragend am und im Berg bewegen können. Er darf die absolute Dunkelheit nicht scheuen. Und auch nicht, dass in ihr der gewohnte Tag-Nacht-Rhytmus verloren geht. Er muss tagelang in dem ganz eigenen Höhlenklima zurechtkommen: In der Höhle herrschen zwischen 2 und 5 Grad Celsius – die Temperatur im Inneren eines Kühlschranks. Durch lange Gänge weht wetterabhängig heftig der Wind. Wer in der Dunkelheit reglos in seinem Schlafsack liegt, fröstelt leicht, stets streicht feuchte Zugluft über den Ruhenden.

Der Weg führt durch die Gischt von Wasserfällen, entlang reißender Bäche, durch Nebel und über verschlammte

Lehmstrecken, die zu durchkriechen sind. Dusche, Toilette, eine heiße Badewanne auf der tagelangen Reise durch die Finsternis? Fehlanzeige.

Wer sich in der Höhle aufhält, ist vor allem auf das Wasser angewiesen, das er in der Höhle vorfindet. Und auf dessen Trinkbarkeit in diesem äußerst sensiblen Ökosystem: Der Gang auf die Toilette darf nur an den beim Biwak ausgewiesenen Stellen erfolgen, die keine Verbindung zum Wasser haben. Sonst würde das Wasser verunreinigt werden und könnte, Tagesreisen entfernt von der Oberfläche, zu Erkrankungen führen. Nach Möglichkeit soll in der Höhle nichts zurückbleiben. Wer drin ist, trägt seinen Fäkalienbeutel am besten wieder mit nach oben.

Nach den ersten Begehungen ist allen Beteiligten klar, schon ein gebrochener Finger oder ein verknackster Knöchel wären fatal und hätten schwerwiegende Folgen. Unter keinen Umständen, das war die Maxime, durfte irgend etwas passieren. Sicherheit ist oberstes Gebot, jede Verletzung muss vermieden werden. Die Chance, jemanden durch die Engstellen, durch verwinkelte Kriechpassagen, durch Wasserfälle, über Tropfwasserseen und dann 1000 Meter nach oben, durch 180 Meter senkrecht nach oben führende Schächte zu schaffen – sie bestand einfach nicht.

Um die Sicherheit zu erhöhen und unfallträchtige Stellen zu entschärfen, hatten die Höhlenforscher mittels Bohrmaschinen sichere Seileinrichtungen verlegt und nacheinander sieben Biwakplätze eingerichtet.

Die Forscher hatten sich eine sichere Strategie für ihre Arbeit zugrundegelegt. Dazu gehörten wasserdicht verpackte Behälter mit Lebensmitteln, Schlafsäcken, Wäsche zum Wechseln. Zur Kommunikation mit der Oberfläche war ein Cavelink-System eingerichtet worden, um in kurzen Textnachrichten rechtzeitig Wetterberichte wegen der latenten Überflutungsgefahr einzuholen. Keine Crew ging in die Höhle, ohne dass draußen oder sogar auf halbem Weg Helfer für den Notfall bereitstanden. „Wir gingen davon aus", schrieb die ARGE Bad Cannstatt in ihrer Veröffentlichung, „dass ein verletzter Kamerad in der Höhle gesundgepflegt werden, ein gebrochenes Handgelenk oder Schienbein in der Höhle wieder zusammenwachsen müsste. An eine schwere Kopfverletzung wollte keiner von uns denken."

Mittlerweile betrug die größte Entfernung in der Höhle zum Eingang drei Tage.

Es war mehr oder weniger eine Routineexpedition, genaugenommen eine Materialtransporttour, die sich am Freitag vor Pfingsten 2014 in die Höhle aufmachte. Drei Männer, allesamt Riesending-erfahren, die sich mit viel Material auf den 1000 Meter langen, steil abfallenden Abstiegen nach unten machten. Sie waren gut ausgerüstet. Zwei zusätzliche Männer sollten in einem weiter oben gelegenen Biwak mit weiterem Material warten. Nur die Cavelink-Geräte waren diesmal wegen eines Akkuschadens zuhause geblieben.

Der Abstieg der drei Forscher klappte gut. Nach einer Nacht im Biwak machten sich die drei Männer auf den Weg in die entfernteren Hallen der Höhle. Knapp 16 Stunden später, gegen 01:30 Uhr Morgens löste sich in der großen Halle auf dem Rückweg zum Biwak ein Brocken aus der Wand und traf den am Seil stehenden Kletterer am Helm. Er verlor sofort das Bewusstsein und hing einen Meter über dem Boden leblos im Seil. Nach eineinhalb Minuten hörten die beiden Begleiter den Verletzten röchelnd atmen, er war langsam wieder ansprechbar.

An eine Rückkehr in das eine Stunde entfernte Biwak aus eigener Kraft war nicht zu denken. An den Aufstieg zur

Oberfläche schon gar nicht. Eine halbe Stunde nach dem Unfall machte sich einer der beiden Begleiter auf den Weg nach oben, um Hilfe zu holen. Er ließ den Schwerverletzten in der Obhut seines Kameraden zurück. Am nächsten Tag, dem Pfingstsonntag, erreichte er gegen 13:00 Uhr den Schachteinstieg und das Tageslicht.

Zwölf Stunden, nachdem er den Verletzten zurückgelassen hatte, löste er in der nahen Hütte Alarm bei der Bergwacht aus. Wie es aktuell um den Verletzten stand, konnte er nicht sagen. Zwölf Stunden waren vergangen. Die Entfernung zu groß. Es gab keine Möglichkeit, direkten Kontakt zum Verletzten unten in der Höhle aufzunehmen.

Andreas Wolf gehörte zu denen, die sich in Marktschellenberg am Fuß des Untersbergs in der Einsatzzentrale der Bergwacht trafen und versuchten, sich ein Bild der Lage zu machen. „Das erste, was uns zu schaffen machte, war die fehlende Sofort-Verfügbarkeit der Information. Das sind wir nicht mehr gewohnt, dass eine Information zwölf Stunden alt ist."

Während sich Andreas Wolf in der Einsatzleitung Gedanken über mögliche Szenarien und Rettungskonzepte machte, war bereits am Nachmittag nach dem Notruf ein Voraustrupp gestartet. Stephan Bauhofer, Bergwacht-Rettungssanitäter aus Berchtesgaden und ein sehr erfahrener Salzburger Höhlenforscher erreichten als erstes den Verletzten, fast 24 Stunden nach dem Unfall und konnten mit der Versorgung entsprechend ihrer Möglichkeiten beginnen.

Normalerweise ist es in solchen Fällen üblich, einen Notarzt zum Unfallort zu schicken. Zwar war klar, dass der beim Verletzten Gebliebene bei der Feuerwehr war und lebensrettende Maßnahmen einleiten konnte. Aber ein Arzt, der eine Fachmaßnahme vornehmen konnte, um den Verletzten zu stabilisieren, war er nicht.

„In diesen ersten Stunden nahmen wir an, dass der Verletzte sich ein schweres Schädel-Hirntrauma zugezogen hatte. Wir wussten nicht einmal, ob der Patient noch am Leben war. Es gab keine Möglichkeit, irgend etwas Sicheres herauszufinden. Unsere Zweifel über das richtige weitere Vorgehen haben wir schnell überwunden, wir folgten ab jetzt der Handlungsmaxime:

,Solange wir keine Nachricht haben, dass der Verunglückte tot ist, werden wir alles unternehmen, um sein Leben zu retten. Und wenn es die Bergwacht den letzten Knopf kosten sollte'.“

Noch in der Sonntagnacht macht sich ein Notarzt aus Österreich auf den langen und gefährlichen Abstieg nach unten. Er ist ein erfahrener Bergsteiger und Höhlenforscher. Doch nach einigen Stunden schickt er einen Melder nach oben, dass er nicht weiterkommt. An den Herausforderungen der Höhle ist er an seine physischen Grenzen gelangt. Er beschließt einsichtig, aus Sicherheitsgründen nicht weiter vorzudringen.

„Die Höhle und ihre Schwierigkeiten sind sehr vielfältig, selbst für einen erfahrenen Bergsteiger“, erzählt Andreas Wolf. „Es geht erst 60 Meter runter. Dann 180 Meter noch mal gerade abwärts. Den ganzen Weg über nach unten tropft Wasser. Und nach dem Schacht kommt ein Canyon. Pfingstmontag um 07:30 Uhr in der Einsatzleitung stellten wir fest: ,Wir kommen so nicht weiter.' In Deutschland waren die fähigen Einsatzkräfte unerreichbar in den Pfingstferien. Wir hatten definitiv keinen Arzt, dem man die Schwierigkeiten der Höhle hätte zutrauen können und der verfügbar gewesen wäre. Zudem waren wir verunsichert durch unseren Misserfolg. Wir waren extrem vorsichtig geworden. Diese Höhle, soviel war uns da schon klar, war alles andere als ein Ort für einen normalen Bergwachteinsatz.“

Die Einsatzleiter beschließen, neben Österreich nun auch eine dritte Nation einzubinden. In der Ostschweiz findet sich ein Team von vier Leuten mit ausreichend medizinischer und alpinistischer Erfahrung, um in die Höhle abzusteigen. Am frühen Nachmittag wird das Schweizer Team aus St. Gallen eingeflogen und per Hubschrauber nach oben zum Einstieg gebracht. Unter Anleitung mehrerer mit der Höhle vertrauter Höhlenretter macht sich dieses Team auf den Weg hinunter in die Schächte zum Verunglückten.

Unterdessen nehmen die Schwierigkeiten bei den Rettungskräften weiter zu: „Was uns komplett überrannt hat, war die Presse", berichtet Andreas Wolf. „Bis dahin waren wir bei der Bergwacht nie groß mit der Presse konfrontiert. Man kennt die Lokalredakteure ja, weil alles vor Ort spielt. Jetzt war das plötzlich ein mediales Großereignis. Mit Medienteams aus aller Welt. Wir mussten uns erstmal professionelle Pressehilfe in Form eines erfahrenen Pressereferenten organisieren. Wir sind in die erste Pressekonferenz unvorbereitet hinein und mit den spärlichen Informationen, die wir zu diesem Zeitpunkt hatten."

In diesen ersten Tagen ist es der Informationsmangel, der den Rettern die Koordinierung des Einsatzes erschwert. Ein großer Teil der Überlegungen geht dahin, wie man eine Kommunikation zum Unfallort aufbauen könnte. Was unten los ist, wie es um den Verletzten steht, das weiß man nur über die Melder, die in 12- bis 24-stündigen Abständen die Nachrichten kletternd nach oben aus der Höhle tragen. Telefondraht hatte sich bei Höhlenexpeditionen als mangelhaft erwiesen, Kabelsysteme funktionierten nur bis in Tiefen von 300 bis 400 Metern. Dann erschwerten häufig Kabelbrüche die Dinge. Und das vorhandene Cave-Linksystem, die kabellose Kommunikation via Erdströmen, war

zwar in der Riesending-Höhle eingerichtet, aber die End-
geräte waren weder unten noch bei der Bergwacht vorhanden.

An der Oberfläche werden langsam die Dimensionen
des Einsatzes deutlich. Und dass ganz andere Dinge benötigt werden als bei einem üblichen Bergwachteinsatz.
Die Einsatzleiter entschließen sich zu einem ungewöhnli-
chen Schritt. Sie fahren den Einsatz noch einmal komplett
herunter, als sie feststellen, dass sie mit dem antrainierten
und in den Bergen bewährten Vorgehen nicht mehr wei-
terkommen. Sie starten den Einsatz noch einmal komplett
von vorn.

„Die Logistik war ungeheuer", berichtet Andreas Wolf.
„Was wir benötigten, waren: Licht. Batterien. Ernährung.
Wasser. Und vor allem Wärme, um den Verletzten vor Unterkühlung zu bewahren. Wir wussten zwar, dass unten im
Biwak ausreichend Schlafsäcke vorhanden waren. Aber
je mehr Menschen immer weiter in die 3 Grad Celsius
kalte Höhle vordrangen, desto mehr musste die Logistik
das im Voraus einplanen, um nicht ungewollt neue Eng-
pässe oder sogar Gefährdungssituationen aufzubauen. Ab
Dienstagmorgen versuchten wir, entsprechende Strukturen einzurichten: Die Sachen mussten ja erst einmal
organisiert werden. Dann auf den Einstieg in 1800 Metern heraufgeschafft werden. Und dann erst in die Höhle
selbst gebracht werden. Selbst wenn man das alles irgendwie unbeschadet über die 60 und 180 Meter abfallenden
Schlote heil nach unten schaffen konnte: Die Höhlengän-
ge, die Canyons unten, waren teilweise so schmal, dass
da nur ein Mann einen einzigen Schleifsack mit sorgfältig
verstautem Material hinter sich her schleifen oder tragen
konnte. Wie sollte man das alles dorthin bringen, wo es
benötigt wurde?"

Eine erste Entspannung zeichnet sich gegen Mittwochabend ab. Das Schweizer Team hat den Verunglückten erreicht. Vier Tage nach dem ersten Alarm dringt zum ersten Mal die Nachricht an die Oberfläche: Der Verunglückte lebt. Er ist ansprechbar. „Sein Zustand hatte sich gebessert", berichtet Andreas Wolf, „und vor allem hatte er ausreichend Wärme und war ruhiggestellt. Mehr hätte er in einem Krankenhaus auch nicht bekommen. Wir rätselten allerdings immer noch über die Schwere seiner Kopfverletzung. Es war nicht klar, ob nicht in der Höhle am Unfallort ein Noteingriff am Schädel wegen einer möglichen Gehirnblutung und des sich aufbauenden Drucks im Schädel vorgenommen werden musste."

Doch diese Überlegungen erweisen sich als unbegründet. Tiroler Bergretter können mittlerweile ihr Cave-Linksystem in Betrieb nehmen, erste kurze Textnachrichten gehen zwischen dem Unglücksort aus 1000 Meter Tiefe im Berg und der Oberfläche hin und her. Noch am Mittwochabend fällt die Entscheidung, dass der Verunglückte transportfähig ist und an die Oberfläche zurückgebracht werden soll.

„Es war ein ziemliches Lehrstück, wie wir immer meinen, in unserer extrem technisierten Welt alles und jedes zur Verfügung zu haben. Hier zeigte sich, wie die Natur all unseren Fähigkeiten und Möglichkeiten immer wieder Grenzen setzt. Manches ist selbst über Digitalisierung nicht lösbar. Was am Ende bleibt, sind häufig: Hände. Körperkraft. Erfahrung am Berg und in der Höhle. Darauf allein kam es jetzt an. Und auf die Logistik."

Der Bedarf an Spezialmaterial wird immer größer. „Wir mussten viel Sondermaterial organisieren. Zum Beispiel Telefondraht. Wo kriegt man den her? Im Baumarkt im Regal liegt sowas nicht. Und sowieso nicht in dieser Menge.

Sowas haben nur die Grubenwehren im Bergbau in Norddeutschland und in den neuen Bundesländern. Wir mussten alles abtelefonieren. Die Solidarität in Deutschland und im Ausland war überwältigend. Teilweise bekamen wir die benötigten Sachen kostenlos, teilweise wurden sie ohne Umstände einfach auf Rechnung geliefert. Die Bundeswehr stellte unkompliziert eine Kaserne in Berchtesgaden für die Einsatzstäbe zur Verfügung. Einfach so. Auch aus der Bevölkerung gab es große Unterstützung. Bundeswehr und Polizei flog laufend Personen und Material auf das Karstplateau. Und stellte als Verpflegung die EPAs, die Ein-Mann-Verpflegungskisten, zur Verfügung. Der Einsatz, der Hubschrauberlärm, das dauernde Rauf und Runter der Hubschrauber ... Die Anwohner ertrugen das nicht nur, sondern unterstützten es. Sie wussten, es war ein Forscher, der da unten in der Höhle liegt. Eines Tages stand ein Pralinenproduzent in der Einsatzleitung, der einfach Kartons mit Pralinen vorbeibrachte.

Wir wussten aber auch: Wir brauchten mehr qualifizierte Höhlenretter. Wir brauchten mehr Leute, die in der Lage waren, auf 1000 Meter abzusteigen. Wir konnten das nicht mehr alleine stemmen. Da mussten Leute, die seit Tagen im Einsatz waren, auch mal schlafen. In Deutschland, Österreich und der Schweiz waren wir personell mit unserem Latein am Ende, die personellen Ressourcen waren erschöpft. Wir beschlossen darauf hin ‚Wir holen weitere Fremdleistung hinzu' und baten auch italienische und kroatische Bergretter um Mithilfe. Gerade die Italiener haben hervorragende Alpinisten, sie haben Leute, die Einsatzerfahrung mit mehreren Tausend Metern Abstieg haben. Aber plötzlich gab es neue Herausforderungen vor allem sprachlicher Art: Eine reibungslose Verständigung auf Englisch war mit italienischen Bergrettern nur schlecht

möglich. Selbst ein hiesiger italienischstämmiger Bergwachtmann, der dolmetschte, schaffte es nicht, die baby-
lonische Sprachverwirrung aus der Welt zu schaffen. Erst
als wir einen Südtiroler Bergretter live zwischenschalteten,
klappte zumindest die Verständigung vor Ort."

Andreas Wolf schmunzelt, als er das Folgende erzählt:
„Nur bei der Verpflegung kamen wir nicht zusammen: Die
italienischen Bergretter hatten ihre liebe Müh und Not, sich
aus den EPAs, den Bundeswehr-Ein-Mann-Packs, zu ver-
pflegen. Sie sind beim Essen einfach eine andere Qualität
gewohnt, selbst bei ihren Rettungseinsätzen in den Bergen."

Zwei Tage bereiten die Retter an der Oberfläche und in
der Höhle den Transport akribisch vor. Am Freitagabend,
fast sechs Tage nach dem Unfall, beginnt der Transport des
Verunglückten. In fünf Etappen, von Biwak zu Biwak, wird
der Verletzte in seiner Trage Meter für Meter zum Ausgang
getragen und gezogen. Alles, was in der Berg- und Höhlenrettung zu diesem Zeitpunkt möglich ist, wird angewandt,
berichtet später die ARGE Bad Cannstatt in ihrer Veröffentlichung: „Vor allem Seilbahnen und Aufzüge mit mensch-
lichem Gegengewicht. Von Hand zu Hand wurde die Trage
weitergereicht oder über die Oberschenkel oder Rücken der
Helfer gezogen." Dennoch dauert der Transport Meter für
Meter weitere sechs Tage. Am Donnerstag, den 19. Juni,
erreicht der Verletzte den Einstieg auf dem Untersberg,
zwölf Tage, nachdem er mit seinen beiden Kollegen in den
Schacht eingestiegen ist.

Wie ihn dieser Einsatz verändert hat? Andreas Wolf
muss nicht lange nachdenken. „Es war schon überwältigend, wenn 728 Menschen aus sechs Nationen zusammen-
arbeiten und am Ende bei so einem komplexen Projekt das
auch noch so hinbekommen, dass die Rettung gelingt und

kein weiterer Mensch verunglückt. Ich hatte mich kurz vor dem Einsatz beruflich verändert. Im Nachhinein war dieser Einsatz für mich ein Crashkurs über die Zusammenarbeit mit anderen Nationen und darüber, wie unterschiedlich wir Europäer kommunizieren. Ich habe beobachtet, dass es für italienische Einsatzkräfte ein Zeichen von Normalität ist, am Handy zu hängen und möglichst viel zu kommunizieren, während die österreichischen Kräfte lieber schwiegen und es erst kritisch wurde, wenn sie zu reden begannen.

Wir hinterfragen seitdem mehr: Bei einem Einsatz dieser Größe mussten wir lernen und genau überlegen, auf wessen Belastbarkeit und Einsatzfähigkeit wir vertrauen können.

Für uns bei der Bergwacht war das insgesamt ein Lehrstück, wie für alle Beteiligten. Ein normaler Bergwachteinsatz dauert einen, manchmal drei Tage. Mehr nicht. Der Einsatz hier über zwölf Tage brachte uns organisatorisch, physisch und psychisch an unsere Grenzen. Er zeigte uns auch als Organisation bei so einem Großeinsatz unsere Grenzen und Schwächen auf.

Auf der anderen Seite hat sich gezeigt, wie richtig es war, sich bei der Erforschung von Höhlen gründlich auf ein Projekt vorzubereiten. Die Männer in der Höhle hatten ein Forschungskonzept. Sie waren gut vorbereitet. Sie haben in der Notsituation gut reagiert. Haben sich sogar zum Verletzten in den Schlafsack gelegt, damit er warm bleibt. Wenn ich selbst heute eine Höhle betrete, gehe ich mehr denn je da nur vorbereitet rein. Vielleicht ist das ein mentaler Vorteil, den wir bei der Höhlenforschung haben: Wir wissen, dass wir keine Chance haben, übers Handy Hilfe zu holen. Man geht anders mit der Gefahrensituation um, wenn man sich das vor Augen führt. Jeder, der in die Berge geht, sollte sich das klarmachen.

Die Höhlenszene in Deutschland ist ja klein. Man kennt sich. Wir kannten den Verunglückten natürlich gut, seitdem frage ich mich schon: ‚Kann mir das auch passieren?' Der Einsatz hat dazu geführt, dass ich heute vorsichtiger bin. Es auch mal sein lasse, wenn ich mich nicht fit fühle, um dann sagen zu können: ‚Ich gehe heute nicht in die Höhle. Ich mach es heute nicht.' Es ist wichtig, sagen zu können: ‚Mach es nur dann, wenn du ein gutes Gefühl hast. Wir ziehen die Tour heute mal nicht durch."

Und die Riesending-Höhle? Wie hat sie es verkraftet? „Seit dem Einsatz Pfingsten 2014 räumen wir immer noch die Höhle auf", berichtet Andreas Wolf. „Auch in 2018. In fast 5000 Einsatzstunden haben Freiwillige von Bergwacht und ARGE Cannstatt 1,5 Tonnen Material wieder rausgeschafft. Abfälle, Verbrauchsgegenstände. Wir haben fast 5000 Stunden aufgewendet, um die Höhle wieder rückzubauen."

*Als Notarzt unterweg mit der Bergwacht. Was schon im Alltag eines Arztes schwierig werden kann, ist unter den besonderen Bedingungen, unter denen eine Bergrettung zustandekommt, eine elementare Herausforderung.*

Johannes Schiffer

# Am Hochries.
# Der rätselhafte Verletzte.

Das mit den Bergen war Johannes Schiffer sowenig in die Wiege gelegt wie die Medizin, die er später zu seinem Beruf machen würde. „Ich bin in Köln aufgewachsen", erzählt der Arzt. „Eines Tages – ich war etwa vier Jahre alt – kreuzte ein entfernter Freund meiner Eltern auf, ein Wahlonkel. Er stammte aus Garmisch. ‚Ich will klettern. Wie macht man das?', fragte ich ihn und bekam auch postwendend eine Antwort. ‚Du musst einfach drei von vier Extremitäten immer am Fels haben'.

Heute würde ich sagen, meine Affinität zu den Bergen war bereits früh da. Wie sich eben oft bei einem Menschen seine Anlagen schon früh zeigen. Die Kletterei, das Bergsteigen waren auch die Gründe, warum ich zum Medizinstudium nach München ging.

Danach erst machte ich die Innere Medizin und die Chirurgie im Allgäu und später Kinderheilkunde in Rosenheim. Notarzt war ich von Anfang an." Und als Notarzt ist der vierfache Vater seit Jahren mit der Bergwacht unterwegs.

Im Januar 2012 ging bei der Bergwacht ein Alarm von der Hüttenwirtin auf dem Hochries ein. Auf einer 500 Meter entfernten Hütte wäre am frühen Vormittag ein junger Mann zusammengebrochen. Reglos läge er jetzt auf dem Boden ihrer Hütte, seine Freunde hätten ihn durch den Schnee herüber geschleift. Er zeige keine Reaktion mehr.

Johannes Schiffer erzählt: „Der Weg den Berg hinauf war nicht einfach, alles war tief verschneit. Wir mussten das kettengetriebene Quad nehmen, um hochzukommen. Als ich oben in Begleitung eines Sanitäters ankam, waren bereits mehrere Kollegen von der Bergwacht da. Der 17-Jährige lag tatsächlich ohne Reaktion da. Während ich mich in der engen Stube an die Untersuchung machte, befragten die Bergwachtler die beiden Begleiter des Jugendlichen. Er sei erschöpft gewesen, vom anstrengenden Aufstieg am Vortag. Sei dann plötzlich aus dem Stockbett auf den Boden geknallt wie ein Sack. Hätte sich dann aufgerichtet und noch auf eine Bank gesetzt. Und sei danach besinnungslos zusammengesackt.

Mein erster Gedanke war natürlich Alkohol. Zumindest die anderen beiden hatten, wie sie berichteten, am Vortag reichlich Alkohol genossen. Sie verneinten aber entschieden die Frage, ob der Patient Alkohol zu sich genommen hätte. In diesem Moment setzte bei dem reglos daliegenden ein heftiger Krampfanfall ein, verbunden mit sofortigem Atemstillstand und jenem typischen Strecken und Zucken eines epileptischen Anfalls. Ein schweres Schädel-Hirn-Trauma war damit die wahrscheinlichste Diagnose. Ich musste zusehen, dass uns der Patient nicht erstickte und begann, ihn zu intubieren.

Jeder Notarzteinsatz ist anders. Doch Bergwachteinsätze und ihre Umstände sind noch einmal etwas ganz anderes. Und so war es auch diesmal. Die Situation in der Hütte war alles andere als einfach. Die Enge des Raums, in dem wir steckten. Ich kniete in Skischuhen auf dem Boden. In der Kammer lag dämmriges Licht. Ich merkte, dass ich mit dieser Diagnose ganz auf mich alleingestellt war. Die mich begleitenden Bergrettungssanitäter waren nicht unbedingt die Hilfe, auf die ich sonst im Rettungswagen vertrauen konnte in so einer Situation. Hinzu kam, dass mein erster Versuch, den Bewußtlosen zu intubieren, schief ging. Was mir als Notarzt Hunderte Male leicht von der Hand gegangen war, klappte diesmal erst im dritten Anlauf und mit einem tiefen Griff aus meiner Trickkiste.

Endlich war der Mann intubiert. Doch hier oben konnten wir nichts weiter für ihn tun, am allerwenigsten zu einer klaren Diagnose gelangen. Wir mussten uns die Frage stellen, wie wir ihn schnellstens ins Tal und in die Klinik schaffen könnten, um Gewissheit über die Ursache seines Zustands zu bekommen. Der Akia war die einzige Möglichkeit. Ein Skifahrer vorn. Einer hinten.

Ich klemmte mich irgendwie zwischen die beiden hinteren Holme des Akia, nahm den Kopf des Patienten zwischen meine Beine, um ihn mit dem Beatmungsbeutel auf jedem Meter des Weges talwärts manuell beatmen zu können. Es war denkbar unbequem, besonders für die beiden Bergwachtkollegen, die den Akia mit der merkwürdigen Gewichtsverteilung ins Tal zu steuern hatten.

Ich suchte nach Halt, während der Akia über die Buckel rutschte. Saß ich ein kurzes Stück sicher, widmete ich mich wieder ganz dem grünen Beatmungsbeutel. Meine Hände wurden kalt vom Fahrwind, dem aufstäubendem Schnee, den niedrigen Temperaturen, bis mir die Hände ganz steif wurden und mir der Daumen verkrampfte von der immergleichen Handbewegung und der mühsamen Suche nach Halt zwischen den Holmen.

Weiter ging die Fahrt durch den Neuschnee die Rodelbahn hinunter. Glücklich unten angekommen schloss sich ein langes Flachstück an die Bahn an. Die Zeit drängte. Den Akia über das ausgedehnte Flach Schritt für Schritt zu schieben, hätte unnötig Zeit gekostet. Also schob das Kettenquad vorsichtig den hinteren Skifahrer samt Akia und mir auf dem Holmen vor sich her. Der Fahrer musste ganz vorsichtig schieben, damit der Bergretter und auch wir vorne im Akia nicht überrollt wurden. Wir hätten auch ein Gespann mit einem Bergseil knüpfen können, doch um Zeit zu sparen, war unsere ‚Nashorn-Methode' die bessere.

Sobald es wieder bergab ging, begann mein wilder Ritt zwischen den Holmen von neuem. Nein, diese Schlittenfahrt konnte ich nicht genießen. Meine Aufmerksamkeit gehörte dem Beatmungstubus, der Sauerstoffsättigung und der ständigen Frage, ob ich erneut Medikamente geben musste, die uns zwischenzeitlich schon ausgegangen waren und aus dem Tal nachgeliefert werden mussten.

Nach einer Zwischenversorgung in einem Seitenraum der Frasdorfer Hütte, deren Tisch wir zur Schockraumliege umfunktionierten, hatten wir noch 500 Meter bis zum Hubschrauber zu bewältigen, der in der tief verschneiten Wiese stand. Also wieder rauf zwischen die Holme des Akias. Uns schieben lassen, den Blick nicht abwenden vom Kopf des Patienten.

Als wir den Rettungshubschrauber erreichten, gab es die nächste Komplikation. Das Beatmungsgerät in der Maschine funktionierte nicht. Aufregend, wenn die Sauerstoffversorgung nicht funktioniert, wir brauchten mehrere Zwei-Liter-Flaschen, doch die nachgelieferten passten nicht auf unsere Ventile. Irgendwie brachte die Hubschrauberbesatzung das Atemgerät wieder in Gang, sodass der Patient dann zügig in die Klinik geflogen werden konnte.

Der Verdacht auf Schädel-Hirntrauma bestätigte sich übrigens nicht. Heraus kam lediglich ein erhöhter Alkoholpegel. Er war nicht mal besonders hoch. Aber es hatte gereicht, den Jugendlichen da oben in einen kritischen Zustand zu versetzen. Er hatte die übriggebliebenen Reste des Abends am Morgen getrunken, weil er abends zu erschöpft gewesen war, um wach zu bleiben.

Gezeigt hat mir dieser Einsatz, dass die Verhältnisse in der Bergrettung schnell die alltäglichsten Handgriffe schwierig werden lassen. Und dass man sich immer gut überlegen muss, ob man in der Lage ist, medizinische Maßnahmen wegen der unerwarteten und ungewohnten Umstände auch bis zum Ende gut durchziehen zu können.

Mach nur das Erforderliche, zuerst Nötige. Und hab immer einen Plan B."

*Sind wir immer sicher, die richtige Entscheidung zu tref-*
*fen? Erst recht in einer Notsituation? Ein Bagatellunfall*
*wird plötzlich zu einer lebensbedrohlichen Situation.*
*Über eine Wanderung mit Folgen ...*

Sebastian Nachbar

# Die Wanderin vom Rauschberg

Es gibt Berge, die haben einen Nimbus, sagt Sebastian
Nachbar. Die ziehen einen an, weil etwas Besonderes um
sie ist. Und es gibt Berge ohne Nimbus, so wie der Rauschberg, östlich von Ruhpolding. Er ist mit seinen 1670 Metern nicht sonderlich hoch. Er ist nicht besonders steil. Aber
der Rauschberg hat eine Seilbahn. Und weil eine Seilbahn
hochführt, ist er ein Magnet, der viele Menschen anzieht,
nicht in der Saison, nicht bloß Wanderer, sondern auch Ski-
Tourengeher, Biker, Drachen- und Gleitschirmflieger. Und
weil Berge wie er Magneten sind, darum muss die Bergwacht an einem nicht sonderlich schwierigen Berg wie dem
Rauschberg erstaunlich oft zu Einsätzen ausrücken. Und
dies das ganze Jahr über. So wie im späten Oktober 2017,
keine zwei Wochen vor der Suche nach einem vermissten
Jäger.

Es ist ein kalter, doch sonniger Spätsommertag. Ein
Ehepaar um die 60, Urlaubsgäste in Ruhpolding, fährt mit
der Gondel zur Rauschberg-Bergstation, um von dort die
zweieinhalb Stunden lange Wanderung hinunter zur Talsta-

261

tion am Taubensee zu unternehmen. Die Nachmittagssonne scheint warm auf den Gipfel und die Südseite des Berges, an der die Route zunächst flach entlangführt. Die beiden sind schon eine gute Stunde unterwegs, als der Weg sich verengt und ein kurzes Stück etwas steiler durch Absturzgelände führt. Von ihrer zweieinhalb Stunden langen Tour hat das Paar etwa die Hälfte des Weges zurückgelegt, als die Wanderin genau an dieser Steilstelle mit dem Fuß so unglücklich umknickt, dass sie sich schwer am Sprunggelenk verletzt. Sie ist nicht mehr in der Lage, auch nur einen Schritt zu gehen.

Ihr Partner beschließt, rasch Hilfe zu holen. Von der Unglücksstelle haben sie bereits Sicht hinunter auf die Häuser Ruhpoldings, sie hören den Autolärm der unten entlang führenden Bundesstraße 305. Sie haben kein Handy dabei. Weil außer ihnen an diesem Oktobernachmittag niemand mehr unterwegs ist, beschließt der Mann, weil es ihm das Sicherste scheint, zurück zur Bergstation zu gehen. Er kennt ja jetzt den Weg nach oben, vielleicht erscheint ihm das vor ihm liegende Steilstück nach unten, in dem der Unfall geschah, zu riskant. Er versorgt seine am Boden liegende Partnerin so gut es geht, mit Kleidung aus seinem Rucksack und etwas zu trinken.

Es ist weit nach halb vier, als der Mann seine Partnerin im Steilstück verlässt und nach oben aufbricht. Die Herbstsonne verliert allmählich ihre Kraft am Berg. Die Schatten werden länger und die Kälte, die am Morgen geherrscht hatte, kehrt über dem Berg zurück. Der Mann beeilt sich, den bekannten Weg zur Bergstation zurückzulegen. Er ist kein schneller Geher, doch er erreicht die Bergstation außer Atem, jedoch wohlbehalten gegen Viertel nach vier. Doch bei der Bergbahn ist seit wenigen Tagen der Winterfahrplan in Kraft, die letzte Gondel hat die Bergstation einige Minuten zuvor pünktlich um 16:00 Uhr verlassen. Als er an die Türen klopft, öffnet niemand mehr. Die Bergstation liegt verlassen wie der Berg.

Der Wanderer begreift schmerzlich, dass er seinen Weg umsonst gemacht hat, dass er hier die dringend für seine Partnerin benötigte Hilfe keinesfalls finden wird. Dass er allein ist. So allein wie seine Partnerin, an die er denkt. Er sieht sie in Gedanken, wie sie ihm von ihrem Liegeplatz am schmalen Steig zwischen den Bäumen hilflos nachsah.

Auch im danebenliegenden Gasthaus, dem Rauschberghaus ist niemand mehr. Als der Wanderer an Fenster klopft und an Türen schlägt, antwortet an diesem Donnerstag niemand. Es ist gegen 17:00 Uhr, als der Mann begreift. dass er hier oben keine Hilfe für seine Partnerin finden wird. Die Schatten sind länger geworden oben auf dem Rauschberg. Er überdenkt seine Lage. Zurück zu seiner Partnerin? Und von dort den Abstieg zum Auto? Und von da in der Ort? Das hätte den Vorteil, dass er auf dem Weg nach der Verunglückten sehen, sie informieren könnte. Doch der Gedanke an das schwierig zu gehende Steilstück ist ihm jetzt, wo das Tageslicht bald ganz verschwunden und die Nacht anbrechen wird, noch weniger geheuer als am Nachmittag. Er irrt ein Stück des Weges zurück Richtung Unglücksort. Doch statt vom Rauschberg-Gipfel wie ursprünglich geplant im Uhrzeigersinn in zweieinviertel Stunden abzusteigen, wendet er sich in seiner Not nach Osten, wo genau entgegengesetzt eine alte Fahrstraße hinunterführt.

Die Kienberg-Abfahrt wurde vor vielen Jahren von Skifahrern benutzt. Und führt genau im Gegenuhrzeigersinn und im weiten Bogen östlich und nördlich um den Rauschberg herum nach Ruhpolding. Der Wanderer ist sich nicht bewusst, dass er jetzt den weitaus längeren Weg gewählt hat. Er ist Feriengast und nicht ortskundig, er sieht die scheinbar gut gangbare Straße und schlägt diesen Weg ein, nicht ahnend, dass auf der Nordseite die Nacht und die Kälte noch schneller kommen werden, weil er von jetzt an im Schatten des Rauschberges unterwegs sein wird. Er weiß auch nicht, dass er zwar den leichteren, aber auch längeren Weg eingeschlagen hat.

Doch er hat das Gefühl, das Richtige zu tun. Und beeilt sich, voranzukommen. Wahrscheinlich denkt er fortwährend an seine Partnerin, die er vor bald drei Stunden, als die Sonne noch schien, auf dem schmalen Felsweg im Steilstück zurücklassen musste. Wie es ihr wohl geht? Allein dort oben, wo es ebenfalls gerade dunkel wird? Die Autos unten im Tal fahren zum Greifen nah vorbei wie Spielzeuge. Sie kann sie sehen vom Felsboden, auf dem sie liegt, wie die Fahrzeuge ihre Lichter anschalten. Wie die Dämmerung sinkt und ihr die in Ruhpolding anspringende Straßenbeleuchtung unmissverständlich sagt, dass es nun dunkler werden wird. Und kälter. Mit jeder Minute.

Der Mann beeilt sich. Eigentlich ist er am Ende seiner Kräfte, doch so müde er auch sein mag: Die Sorge treibt ihn weiter die unbeleuchtete Forststraße hinunter, die nun in engen Kehren um den Berg führt. Wo er genau ist, kann er nicht sagen. Er weiß nur, dass es jetzt, nach Stunden, kein Zurück mehr gibt, dass er weitergehen muss Richtung Tal, solange, bis er irgendwo wieder auf Licht trifft. Kuhnacht ist es im Schatten des Rauschbergs, kein Licht nirgendwo, er stolpert durch die Nacht einfach weiter. Zwei Stunden später, nach 20:00 Uhr, hat er gerade den halben Weg um den Berg zurückgelegt, da sieht er den grellen Schein zweier Autoscheinwerfer langsam durch die Bäume gleiten. Die Lichter kommen näher, er kann den Fahrer zum Anhalten bewegen. Ein Förster, dem der einsame nächtliche Wanderer mit dem verzweifelten Ausdruck im Gesicht merkwürdig vorkommt, hält an. Und kurbelt die Seitenscheibe herunter.

Um 20:38 Uhr löst die Bergwacht Ruhpolding unmittelbar nach dem Anruf des Försters vom Rauschberg Alarm aus. Die verunglückte Wanderin liegt nun seit mehr als fünfeinhalb Stunden einsam im Gelände, mehr als zweieinhalb Stunden davon allein auf den Steinen in der kalten Nacht. Mit Unterkühlung ist zu rechnen, wie so oft ist jemand losgelaufen bei 15 bis 20 Grad Sonnenschein mit der Ausrüstung, die zu diesem Wetter eben passt. Aber keinesfalls mit mehr. Die Bergretter wissen in diesem Moment nur vage von einer Beinverletzung. Sollte es ein ausgerenktes Sprunggelenk sein, tut Eile not. In diesem Fall kann Gewebe absterben, weil Blutgefäße und Nervenbahnen an dieser sensiblen Stelle des Bewegungsapparates durch die Verletzung abgequetscht werden. Der Fuß der Verletzten könnte absterben.

Hinzu kommt, dass die Position der Wanderin nicht klar ist. Wo genau liegt sie? Kann sie abstürzen? Können die Retter abstürzen? Wie bekommt man die Verletzte aus dem Steilstück? Routinemäßig telefoniert die Einsatzleitung der Bergwacht nach dem Alarm erst einmal mit dem Melder, dem Förster, der das Telefon an den Partner der Verletzten reicht. Die Beschreibung des Steilhangs und des Blicks hinunter zur Talstation lässt keine Zweifel aufkommen. Auf die Retter kommt eindeutig eine schwierige Bergung zu, dies zu wissen spart Zeit, denn sie können ihre Ausrüstung jetzt darauf ausrichten. Und auf das dortige Gelände.

Der Unfall ereignete sich zwar auf der einfachen Abstiegsroute, aber im einzigen Abschnitt, in dem eine Rettungsaktion tatsächlich schwierig werden könnte. Eben im Steilstück, dem kurzen Stück des Weges, das durch Absturzgelände führt.

Die Ersten machen sich im Einsatzfahrzeug auf den Weg, den wenige Minuten vor ihnen der Förster mit seinem Fahrgast um den Rauschberg herum genommen hat. Von Süden soweit wie möglich die Straße hinauf. Und dann 20 Minuten zu Fuß hinüber ins Absturzgelände.

Als Sebastian Nachbar zusammen mit einem Berg-wachtsanitäter bei der Frau eintrifft, ist es 21:20 Uhr. Das Gelände ist tatsächlich die schwierigste Stelle, die man sich für eine Bergung aussuchen kann. Hätte man einen Ruck-sack dort abgestellt, wäre er den Berghang hinuntergeku-gelt. Die Bergretter müssen ihre Rucksäcke an dieser Stelle mit Seilen sichern. Wenige Minuten zuvor ist der Förster bei der Verletzten angekommen, hat sie mit einer groben Decke versorgt. Als die beiden Bergwachtmänner sie er-reichen, ist sie apathisch. Sehr erschöpft. Und angespannt. Sie weiß, dass sie waidwund ist, weiß um ihre gefährdete, hilflose Lage im Steilhang. Ein Schmerzenslaut entfährt ihr, als sich die Helfer daran machen, sie zu sichern und ihr schnellstens Wärme zu bringen. Um dann das verletzte Sprunggelenk zu untersuchen. Es muss tatsächlich schleu-nigst versorgt werden, doch die Helfer wissen, dass sie der Frau nun wehtun müssen. Ein Rettungsassistent darf zu diesem Zeitpunkt noch kein Schmerzmittel verabrei-chen – noch, denn ab 2018 wird es nach entsprechender Qualifikation erlaubt sein. Noch ist dies nur dem Notarzt gestattet.

Aber unter den Ersthelfern ist keiner Notarzt, nur einer von ihnen ist Rettungsassistent. Er ist so erfahren, dass er sofort sieht, dass das Sprunggelenk nicht ausgerenkt, son-dern wahrscheinlich gebrochen ist und mit einer Vakuum-schiene fixiert werden muss – ein schmerzhafter Vorgang. Sie besprechen ihr Vorgehen mit der Frau, die versteht. Und ihr OK gibt. Hätte sie das verweigert, hätte sich die Rettung durch das Warten auf den Notarzt mit dem Schmerzmittel weiter verzögert. Doch der Griff gelingt: Abhilfe schaffen durch Zug auf den Fuß und Entlastung des Gelenks. Geübt haben sollte man das, bevor man es anwendet. Die Schmerzen werden leichter, als die beiden Retter den verletzten Fuß fixiert haben.

In der Zwischenzeit treffen weitere Retter ein, die den Unfallort mit Seilen für die Bergung sichern. Sie heben die Frau in eine einrädrige Gebirgstrage. Und dann beginnt der komplizierteste Teil der Bergung: Das Wegstück aus dem Absturzgelände. „Das ist das, was für einen Patienten wirklich schmerzhaft sein kann: Wenn du als Retter Angst haben musst, selber abzustürzen, dann wird es manchmal schmerzhaft. Doch die Frau war tapfer. Für den Weg, den ein geübter Wanderer in 20 Minuten geht, brauchten wir mit der Trage eine Stunde. Das sagt genug darüber aus, wie schwierig es war. Doch die Wanderin biss die Zähne zusammen. Erst als wir sie ins Auto gehoben hatten, fiel die Anspannung von ihr ab. Und sie jammerte ein wenig. Das war alles.

Für mich ist immer wieder überraschend, wie Menschen in Grenzsituationen reagieren. Was in einer Krisensituation abläuft in einem Menschen, kann niemand sagen. Einen klaren Kopf zu bewahren – dies zeichnet ausgewählte Menschen aus, das kann nicht jeder. Solche Menschen werden dann Krisenmanager. Niemand kann sagen, wie er in einer Krisensituation, die ihn selber betrifft, reagiert. Bei einem Unfall. Einem technischen Unglück. Einer Entbindung. Einem Börsencrash. Selbst Professionelle können nicht sagen, wie sie in so einer Situation reagieren. Unfälle passieren. Katastrophen auch. Und Unfälle entstehen, weil eins zum anderen kommt und mindestens drei Dinge gleichzeitig schiefgehen. Irgendwas passiert unvorhergesehen. Es kann noch so klein sein. Es bringt dich aus der Spur. Und schon triffst du Entscheidungen, die dich noch weiter wegbringen aus der Spur.

Was heute anders ist als früher, ist das reflexhafte Vorwurfsgebell, auf das man vor allem in den sogenannten „sozialen" Medien trifft. Vor dem Tablet auf dem häuslichen Sofa aus ist die Neigung groß, ganz schnell mit dem Finger auf einen anderen zu zeigen und zu sagen: ‚Wie konnte der bloß?' Doch wir sind Retter. Keine Richter.

Der Wanderer? Er hat sein Bestes in dieser Situation gegeben. Er wusste nicht, wo er war. Er hatte keine Übersicht am Berg. Er saß im Wald. Er wusste es nicht besser. Er hat reagiert, wie eben jemand in einer Grenzsituation reagiert.

Die Wanderin vom Rauschberg? Ein Jahr später stand sie plötzlich vor uns. Beim Bereitschaftsabend auf der Wache. Ich komme gerade zur Tür rein. Ziehe meine Jacke aus. Hole mir etwas zu trinken. Da sagt eine Frau leise in einem Akzent, den ich schon mal hörte, zu mir: ‚Dieses Gesicht kenne ich.'

Sie sagte wenig. Aber ihr Gesicht drückte Dankbarkeit aus.

Sie hat ein Jahr gebraucht, bis sie wieder gehen konnte. Und während sie mir das erzählte, begann sie zu weinen. Dass das Warten das Schlimmste für sie war. Das Warten, ob überhaupt jemand zu ihr käme. Dass wir dann kamen. Da waren.

Und sie geholt haben."

# Orte und Berge.

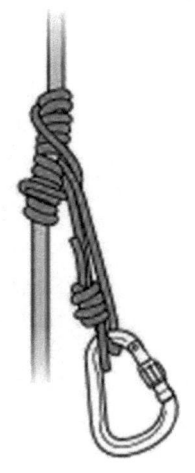

# Mit dem Erwerb dieses Buches unterstützen Sie die Bergwacht!

Wir vom Verlag millemari. spenden der Stiftung

Bergwacht pro verkauftem Buch 25 Prozent vom Erlös.

### Stiftung Bergwacht

Zweck der Stiftung ist die Sicherheit der Bergretter. Die Stiftung Bergwacht wurde 2012 von der Bergwacht Bayern gegründet. Für die Ausbildung und das Training von Einsatzkräften betreibt sie das Bergwacht-Zentrum für Sicherheit und Ausbildung in Bad Tölz. Auch für die Freiwilligen in der Bergwacht gilt das Risiko, beim Bergsport oder im Rettungseinsatz zu Schaden zu kommen. Wenn Versicherungsleistungen fehlen und/oder zusätzliche finanzielle Hilfen notwendig sind, leistet die Stiftung Bergwacht Unterstützung. Die „Nothilfe für Bergretterinnen und Bergretter" unterstützt die Aktiven in der Bergwacht – Bergsteiger die sich für die Rettung für in Not geratene Menschen am Berg freiwillig engagieren.

## Bergwacht Bayern

Seit mehr als 100 Jahren engagieren sich Menschen ehrenamtlich für die Rettung von Menschen in den Hoch- und Mittelgebirgen in Deutschland. Mit der Entwicklung des Alpinismus im 19. Jahrhundert richtete der Deutsche u. Österreichische Alpenverein erste Alpine Rettungsstellen in den Gebirgsorten der Ostalpen ein. Auf Initiative des Deutschen Alpenvereins entstand 1920 eine Naturschutzwacht unter dem Namen „Bergwacht". Die Aufgabe zur Rettung von Menschen rückte dabei sehr schnell in den Vordergrund. Mit Ende des Zweiten Weltkriegs fand das Thema Bergrettung und Naturschutz ein neues Zuhause unter dem Dach des Roten Kreuzes.

### Heute

Der Einsatzort im Gebirge ist sicherlich einer der Schönsten. Die Frauen und Männer der Bergwacht sind auf Wanderwegen, Skipisten, steilen Bergpfaden, im winterlichen Gelände und im steilen Felsgelände unterwegs, um in Not geratenen Menschen Hilfe zu leisten. Die notfallmedizinische Versorgung von Patienten und der Transport sind dabei eine besondere Herausforderung. Dennoch erwarten unsere Patienten zeitnah eine fachgerechte Behandlung, die dem Stand der Technik und der Notfallmedizin entspricht.

Um diesen Herausforderungen gerecht zu werden, engagieren sich rund 3500 Bergretterinnen und Bergretter ehrenamtlich in den bayerischen Alpen und den Mittelgebirgen und stellen den Rettungsdienst 24 h an 365 Tagen im Jahr am Berg und in Höhlen sicher. Zusätzlich zum Rettungsdienst sind die Aktiven der Bergwacht Bayern in die Absicherung von Veranstaltungen, in den Katastrophenschutz und den Naturschutz eingebunden.

Auch in den weiteren Mittelgebirgen Deutschlands ist die Bergwacht des Roten Kreuzes verantwortlich für den Rettungsdienst am Berg und im unwegsamen Gelände.

### Im Einsatz

Rund 8.000 Notfalleinsätze werden jährlich in Bayern durch die Bergwacht bewältigt. In über 1500 Fällen davon findet die Zusammenarbeit mit den Einsatzhubschraubern des Rettungsdienstes, der Polizei und der Bundeswehr statt.

### Alarmierung

Im Notfall am Berg kann die Bergwacht bzw. die Bergrettung über die *europaweite einheitliche Telefonnummer 112* erreicht werden.

### Finanzierung

Als Rettungsdienstorganisation wird die Bergwacht über das Bayerische Rettungsdienstgesetz in Teilen finanziert. Die Bergwacht ist daher immer auch auf finanzielle Unterstützung durch Spender und Sponsoren angewiesen, auch wenn die Aktiven in der Bergrettung selbst unentgeltlich arbeiten.

### Kontakt

Bergwacht Bayern / Stiftung Bergwacht
Am Sportpark 6 83646 Bad Tölz
www.bergwacht-bayern.org

### Spenden

Stiftung Bergwacht Sparkasse Bad Tölz-Wolfratshausen BLZ 700 543 06 Nr. 111 111 50
IBAN: DE92 7005 4306 0011 111 1 50
SWIFT: BYLADEM1WOR

## Über den Autor.

Der Journalist und Historiker Thomas Käsbohrer hat sich als Chronist unerzählter Leben einen Namen gemacht. Rund sechs Monate im Jahr lebt er an Bord seines Segelboots LEVJE und bereist die Küsten Europas. Während seiner Reisen entsteht der Blog marepiu.blogspot.de – einer der meistgelesenen Segel- und Reiseblogs. Mit seinen Erzählungen folgt der Blog locker der Route, die Thomas Käsbohrer mit seinem Boot zurücklegt. Seine Bücher und Filme „Einmal München – Antalya, bitte." oder „Ein Sommer lang Sizilien." sowie „Sturm. Segler über ihre dramatischsten Stunden." erscheinen im Verlag millemari. Im Frühjahr 2018 erschien „Die vergessenen Inseln. Eine Reise durch die Geschichte der Welt" in Europas größtem Belletristikverlag Penguin/Random House. Als Segler entdeckte er eine erstaunliche innere Verbundenheit mit den Grenzgängern am Berg. So entstand das Projekt „Am Berg." in Zusammenarbeit mit der Bergwacht Bayern.

## Über die Coverfotografie.

Daniel Hug arbeitet von Innsbruck aus als freiberuflicher Fotograf. Als Allroundsportler nutzt er seine alpine Erfahrung, um authentische Sportfotografien zu erstellen. Der Skihochtourenführer des DAV musste selbst schon auf die Hilfe der Bergrettung zurückgreifen als er bei einer Skitour zum Schweitzer Gipfel Piz Bernina in eine 30 Meter tiefe Gletscherspalte stürzte und am Seil in 4 Meter Tiefe hängend in der Nacht und bei schlechter Witterung auf Rettung aus der Luft wartete.

# Impressum

© 2019 millemari. UG (haftungsbeschränkt)
Postanschrift: Nymphenburger Str. 101, 80636 München.
Web: www.millemari.de   Mail: info@millemari.de
Geschäftsleitungssitz: Osterseenstraße 10 B, 82393 Iffeldorf.

Autor: Thomas Käsbohrer
Lektorat: Susanne Guidera
Korrektur: Joanna Barck
Layout: Susanne Guidera, Wolfgang Appun – bora-dtp
Coverfotos: © Daniel Hug, www.daniel-hug.com
Illustrationen: © www.petzl.com
Covergestaltung: Susanne Guidera, Thomas Käsbohrer

978-3-946014-80-5 (Paperback)
978-3-946014-82-9 (gebunden mit Schutzumschlag)
978-3-946014-88-1 (eBook)

Mehr von millemari.: www.millemari.de